KB271691

긍정과 힐링의 메시지를 전하는

꼴찌 교수의

긍정 혁명

꼴찌 교수의

긍정 혁명

김성삼 지음

차례

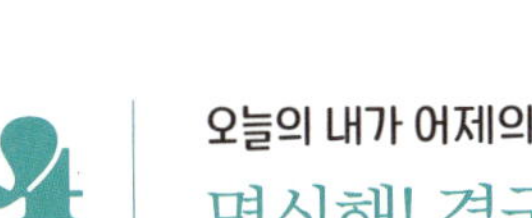

수많은 우리의 시간들.
짙은 폭풍우가 몰려왔다.

돌아보니

나의 긍정은
폭풍이 지나가길
마냥 기다리는 것이 아니었고
비를 맞으면서 즐겁게 춤추는
방법을 배우는 것이었다.

나의 긍정은 감성으로부터 시작되었다

생각해 보니 내 긍정은 태어날 때부터였던 것 같다.

사랑했던 쌍둥이 동생은 딱 17년만 이 땅에서 살았다. 동생이 죽고 난 다음 날 아버지는 나를 조용히 부르셨다.

"네 동생은 하늘에서 잠시 내려와 어제까지만 우리와 함께 살다가 하늘의 부름을 받고 간 천사였다. 그러니 너무 슬퍼하지 말거라!"

이해할 수 없다는 내 마음을 아셨던지 전날 밤 아버지가 꾼 꿈을 조용히 말씀해 주셨다.

동생을 병실에서 밤새 돌보시던 아버지가 새벽녘에 깜박 잠이 드셨단다. 그리고 그 짧은 시간에 꿈을 꾸셨는데 하늘에서 천사 두 분이 꽃바구니를 가지고 내려오시면서 동생을 데리고 가야 한다고 했다. 아무리 중증 소아마비 장애를 가지고 태어난 자식이지만 아들을 쉽게 내어 줄 부모가 세상 어디에 있겠는가? 동생을 뺏기지 않겠다는 일념으로 침상을 이리저리 옮기며 한참을 막아섰지만 한순간 천사들은 꽃바구니에 동생을 태우고 하늘로 올라갔단다. 동생의 이름을 큰 소리로 부르다 아버지는 잠에서 깼고 동생은 조용히 자고 있었다고 하셨다. 그리고 3시간 뒤 동생은 거짓말처럼 천사의 얼굴을 하고 우리 모두의 곁을 떠났다. 43년 전의 이야기가 어제 일처럼 생생하다.

하늘에서 천사로 있었던 아이가 무슨 연유로 오게 되었는지 알 순 없지만, 그 천사의 동무로 나를 함께 이곳에 보냈다는 아버지 말씀의 속뜻은 아주 많은 시간을 보내고 나서야 알았다. 장애인 동생과 너무 잘 지내는 모습을 보면서 너무너무 고마웠다는 아버지의 말씀이 '쿡' 하고 가슴을 찔렀다.

"천사의 동무로 함께 태어난 너다. 하늘에 있는 네 동생이 너를 잘 보살필 거다!"

돌아보니 아버지의 말씀이 맞았다. 동생은 항상 나와 함께 있음을 몸으로 느꼈다. 나의 긍정은 내 동생과 함께한 그 강렬했던 시간이 만든 감성의 선물이었다.

1

긍정 혁명의 시작

2021년 전국 대학 교수들 가운데 딱 한 명만 뽑아서 우리나라 최고의 스승이란 이름으로 대통령이 수여하는 제10회 대한민국 스승상을 수상했다. 그리고 국가의 이름으로 된 근정 포장을 서훈받았다. 2016년과 2017년에는 대한민국의 국가 재난에 몸과 마음을 바쳐 봉사했다는 의미로 정부에서 그 공로를 인정해서 주는 국민안전처 장관상과 행정안전부 장관상을 2번 연속으로 받았다.

2016년에는 경주 지진, 2017년에는 포항 지진. 나는 이 땅에서 처음으로 일어난 자연 재난을 마주하고 보름 동안 경주와 포항에서 심리적 트라우마로 힘들어하시는 분들을 온몸으로 껴안으며 아침부터 밤까지 상담을 진행했다. 그렇게 상담한 분들의 숫자가 250분의 개인 상담과 3,200여분의 집단 상담으로 이어졌다. 그때 내 작은 희생이 대한민국 최초의 국가 재난 트라우마 상담의 체계적인 성공 모델이 되었다. 그즈음 미국 CNN 뉴스에서 나의 포항 지진 심리 치료 활동 영상이 방송되었다. 미국에 있는 친구가 보고 제보를 해 줘서 알았다.

여기에 2016년, 2017년에는 교육부 산하 대학 고등 교육 교수 학습 자료 공동 활용 서비스KOCW 주최 '전국 최우수 인기 강좌 어워드' 공개 경연에서 2년 연속으로 1등을 했다. 서울대, 연세대, 고려대를 비롯한 무려 3만 2,500여 개 강연 콘텐츠 중 1위였다. 마지막으로 '전국 공무원 및 공공 기관에서 다시 듣고 싶은 강연 0순위', '교수님들을 가르치는 교수님', '대학생들이 가장 좋아하는 교수' 등의 카피는 나를 지칭하는 여론의 수식어다.

대략 이정도의 약식 프로필을 강연을 듣는 주최 측에 보내면 모두 내 이력에 깜짝 놀란다. 대단한 실력자 교수님을 모셨다고 말이다. 하지만 초등학교 시절 내가 반에서 꼴찌를 여러 번했고 선생님께서 수학 문제로 반에서 제일 공부 못하는 학생 3명을 남길 때 빠지지 않고 들어갔다는 사실은 아무도 모른다. 그 때문이었을까? 아직도 나머지 공부 하는 꿈을 가끔 꾼다. 역시 해결되지 않는 트라우마는 유효 기한이 없는 게 맞다.

여기가 끝이 아니다. 초등학교 시절 개울가에 멱 감으러 물가에 갔다가 큰 물웅덩이에 빠져 죽을 뻔한 걸 지나가던 고등학생이 구해 줘 살아났던 일은 소소한 에피소드에 불과하다. 설사약이 없을 때 성인이 반 톨만 먹어도 설사를 한다는 피마자 열매를 한 움큼 먹었다가 보름 동안 토를 해 어머니가 송장 치를 뻔했다며, 그때만 생각하면 몸서리가 쳐진다고 두고두고 말했던 시기는 내 말썽의 전성기였다.

초등학교 6년을 산으로 들로 돌아다니며 놀았다. 여름에는 개울가에서 친구들과 물고기를 잡으며 놀았고 겨울에는 앉은뱅이 스케이트를 나무로 어설프게 만들며 놀았다. 내가 추억하는 어린 시절의 기억은 얼굴과 손등이 새까맣게 그을린 개구쟁이 12살 어린이의 환한 미소, 그리고 소아마비 중증 장애인 쌍둥이 동생과 엎드려 하하 호호 웃으며 그림을 그리던 모습뿐이다. 분명 학교를 간 기억은 있는데 공부한 기억은 없다. 그래도 그 시기에 내가 한글은 뗀 건 천행이었다.

이 정도로 공부도 못했고 개구쟁이를 뛰어넘어 문제아였는데 요즘 학부모라면 어찌했을까? 아마 오은영 박사님께 제보하거나 포기하거나 했을 것이다. 그럼에도 불구하고 내 어린 시절을 돌이켜 보면 한없이 즐거웠고 행복했다. 그 배경에는 내 무지를 나무라지 않고 묵묵히 지켜보며 기다려 주시던 아버지의 큰 기침이 있었다. 여기에 사고뭉치 아들의 장점만 꼭 집어 가능성과 나중은 심히 장대할 것임을 단 한 번도 의심하지 않았던 어머니의 심심한 배려가 있었기 때문이었다. 방임이 아닌 방목형 지지. 생각해 보니 이것은 아무리 찾아도 자랑거리가 없었던 아들을 위한 어머니의 마지막 자기 방어가 아니었을까? 지금 생각하면 어머니의 선택은 탁월했다. 그 시절 내 긍정의 한 축은 지독히도 못났던 아들의 장점을 애써 찾아 나의 자존감으로 만들어 준 어머니의 기다림이 만든 기적이었다.

그리고 긍정 혁명의 씨앗이 된 또 한 축.

식물인간이 되어 버린 내 쌍둥이 동생.

우린 한날한시에 태어났다. 천재의 머리를 가졌지만 중증 뇌성 마비에 걸린 장애인 동생. 왼손 엄지와 검지, 머리만 살아 있었던 아이큐 150의 식물인간 동생. 꼴찌 대장에다 사고뭉치 쌍둥이 형인 나. 세상에 이렇게 아이러니한 조합도 없을 것이다. 그 시절 어머니의 마음은 물도 없이 뻑뻑한 고구마를 꾸역꾸역 삼켜야 했던 먹먹함 같지 않았을까? 철없는 나는 그 시절 어머니 마음의 1,000분의 1도 알아차리지 못했다. 다행인 건 모든 사람이 부러워할 정도로 동생과 잘 지냈다는 사실. 그 시절 나는 이타심이 뭔지 몰랐다. 사랑과 희생이라는 단어도 몰랐다. 인내라는 단어도 몰랐다.

1982년 고2의 나이에 나는 처음으로 사랑과 희생, 인내와 이타심을 한꺼번에 배웠다. 가난한 부모님의 호주머니 사정을 통해 결핍을 몸으로 배웠다. 17년 동안 중증 뇌성 마비 장애인으로 살았던 동생의 매사에 감사하고 기도하는 모습을 통해 사랑과 인내를 배웠다. 다친 어머니를 대신해 수년 동안 동생을 간호하고 함께해 온 지난 시간들이 인내와 이타심이란 걸 동생이 죽고 나서야 비로소 알았다.

유년 시절 내 모든 지식은 교실이 아닌 동생과 함께 읽었던 수많은 책과 자연에서의 경험, 그리고 결핍의 환경이 만들어 준 사랑과 희생의 결과물이었다. '꼴찌 교수의 긍정 혁명'은 어쩌면 장애인 동생의 죽음이라는 슬픔의 빛에서 만들어진, 신이 내게 준 작은 기적 같은 선물이 아니었을까?

2

긍정 혁명의 씨앗 '감성'

여러 전문가가 전한 긍정 혁명의 재료는 많다. 하지만 그중 으뜸은 '감성'이다. 어린 시절 감성을 경험한 아이와 경험하지 않은 아이의 차이는 상상 그 이상이다. 많은 사람은 감성을 '부드러운 정서'라고 한다. 혹은 '유약한 정서'라고까지 거칠게 말한다. 물론 틀린 말은 아니다. 하지만 한 걸음만 더 깊이 들어가면 감성이 얼마나 많은 힘과 에너지를 가졌는지 알 수 있다.

스페인에는 스페인의 상징, 나아가 심장이라고까지 말하는 사그라다 파밀리아Sagrada Familia 성당이 있다. 일명 가우디 성당이라고 불리는 이곳은 세계에서 가장 유명한 성당 중 하나이다. 스페인 최대 규모의 항구인 바르셀로나에 위치하고 세계적인 천재 건축가 안토니 가우디가 만들었기 때문만은 아니다.

1882년부터 착공에 들어간 후 무려 144년, 가우디 사후 100주년인

2026년 완공을 앞두고 있는 대성당이다. 지금도 건축 중인 이 성당의 모든 건축 과정이 건축사의 역사라고 하니 그저 놀라울 뿐이다. 몇 년 후면 완성이 눈앞이다. 가히 신을 위한 건축물이라 불릴 만하다. 엄청난 스피드로 건물을 뚝딱뚝딱 완성하는 현대 건축의 기준으로 보면 도저히 이해가 안 된다. 머리가 아닌 가슴으로 짓는 건축은 인간이 아닌 신을 위한 구조물이기 때문이다.

그 성당을 둘러본 관객들의 감탄사는 전 세계인이 똑같다. '와~!' 딱 이 한마디가 끝이다. 감탄은 자연과 인간 능력에 대한 경외감이면서 동시에 놀라움이다. 그 속에 신에 대한 찬미가 숨어 있다. 가우디는 곡선은 신의 영역이고 직선은 인간의 영역이라고 말했다. 그래서인지 가우디 성당은 곡선과 곡선이 만나 빛의 성전을 완성하는 신의 공간으로 지어지고 있다. 곡선이 감성이라면 직선은 감정이다. 곡선이 여성이라면 직선은 남성이다. 부드러움이 감성이라면 단단함은 감정이다.

분노를 품고 있는 감정은 그래서 다툼의 단초가 된다. 세상 모든 갈등의 시작은 감정이 발화점이다. 그래서 감성의 발견이 곧 신에게 다가가는 가장 빠른 길이다.

아시아 최초의 여성 노벨 문학상 수상자인 한강 작가도 2024년 노벨 문학상 수상 소감에서 '문학을 읽고 쓰는 일은 생명을 파괴하는 행위들의 반대편에 서 있습니다.'라는 말로 순수 감성이 가진 저항의 힘을 언급했다. 그런 측면에서 세계인이 사랑하는 노벨 문학상 수상 작가인 헤르만 헤세의 어록이 최근 지구촌 곳곳의 전쟁과 정부의 12월 3일 계엄 사태와 더불어 새롭게 조명 받고 있다.

전쟁의 유일한 효용은 사랑은 증오보다,
이해는 분노보다, 평화는 전쟁보다 훨씬 더
고귀하다는 사실을 우리에게 일깨워 주는 것뿐이다.

　감성의 효용 가치를 이것보다 명확하게 정의 내린 명언이 또 어디 있을까? 파시즘의 광풍 속에서 독일 조국의 배신자란 비난으로 정신과 치료까지 받았던 그가 그림을 선택한 것은 어쩌면 감성의 확장이 트라우마를 극복하는 가장 큰 힘이 되었기 때문이지 않았을까?

　돌아보니 내 감성 발견도 우연이 아니었다. 오감의 만족과 자극이라는 감성으로 2010년에 '감성 교수법'을 개발했다. 그것으로 학생들을 가르쳤고 그 교수법 덕분에 많은 학생과 대중들에게 지금까지 사랑받고 있다. 나에게 감성은 곧 신의 길로 향하는 '긍정의 힘'이다.

　그러나 내가 이러한 감성을 일깨우는 긍정의 힘을 계발하게 된 데 개인적인 슬픈 사연이 있다는 걸 아는 사람은 적었다. 자랑처럼 이야기하지 않았기 때문이다. 지금 와서 생각해 보니 내가 동생과 함께 쌍둥이로 태어난 것은 분명 운명이었다. 어쩌면 그 운명이 지금의 나를 만든 뿌리였을지도 모른다. 어른들은 가끔 어린 시절 감성적 경험이 한 사람의 인격을 형성하는 가장 중요한 모태가 된다고 말씀하시곤 했다. 맞는 말이다. 성장기에 사랑과 애정, 결핍과 한계를 고루 받는 아이가 중심 잡힌 성인으로 성장한다는 주장에는 분명 근거가 있었다.

　그런 면에서 나와 동생과의 경험은 내 전 생애를 통해 가장 드라마틱한 감동적 경험임에 틀림이 없었다. 나와 동생은 쌍둥이로 태어났다. 하지만 얼굴이 달랐으니 이란성 쌍둥이다. 5분 먼저 태어났단 이유로 난 형이 되었고 지금까지 영원히 형이다. 동생이 지금까지 잘 자랐더라면 나보다 훨씬 잘생기고 똑똑했을 것이다.

어릴 적 나는 약했고 어눌했다. 그에 비해 동생은 튼튼했고 총명했다. 그런 동생을 삼신할머니가 시기한 것 같다. 태어난 지 얼마 되지 않아 동생은 소아마비에 걸렸다. 왼손의 엄지와 검지, 머리 쪽만 빼놓고 모든 기능이 마비되었다. 소위 말하는 '식물인간'이다. 소변을 가리기는커녕 자신의 의지대로 돌아눕지도 못하고 얼굴에 날아온 모기 한 마리도 쫓을 수 없었다.

동생의 이 지독한 고통은 매일 산의 정상까지 바위를 올리는 시시포스의 모습과 코카서스의 바위산 위에 매달려 독수리에게 자신의 간을 매일 쪼이는 형벌을 받은 프로메테우스의 모습을 그대로 닮았다. 그 형벌의 시간이 무려 17년이었다.

17살! 숨을 거두기 직전까지 동생의 모든 대소변을 다 받아 내야만 했다. 그 일은 온전히 내 어머니와 나의 몫이었다. 유년 시절의 기억이 오래전 불에 덴 흉터처럼, 화인火印처럼 나의 왼쪽 가슴에 남아 있다. 글을 쓰는 이 순간에도 무의식 깊은 곳에서 스멀스멀 내 상처의 트라우마가 올라온다. 어머니의 왼쪽 손목이 부러진 후로 그 일은 자연스럽게 내 담당이 되었다. 초등학교 때부터 기억이 나는 것으로 보아 10년을 꼬박 동생의 대소변을 받았던 것 같다.

그런 지독한 고통을 품은 기형의 몸으로 태어났지만 동생은 단 한 번도 자신을 원망하지 않았다. 장애는 동생이 입었지만 형인 나를 항상 챙겼고 위로했다. 새벽에 소변을 뉘어 주는 내게 미안하고 고맙다는 말을 단 한 번도 빠트리지 않았다. 그런 배려심과 감사의 습관 그 자체가 인격을 가진 것 같은 아이였다.

온몸이 뒤틀리고 폴더 폰처럼 접혀 휠체어조차 탈 수도 없었던 몸뚱이. 왼손 엄지와 검지만 살아 있고 눈, 코, 입만 제 기능을 하는 망가진 몸. 나머지 신체 기능은 식물인간 그 자체였다.

그럼에도 불구하고 어설픈 한 손으로 그림을 그렸고, 한글을 썼으며, 천자문을 뗐고, 띄엄띄엄 영어까지 읽었다. 아무도 가르쳐 주지 않았는데 말이다.

내가 그림을 그려야겠다고 생각한 시점이 평생 불구인 동생을 죽을 때까지 돌보며 살 수 있는 유일한 직업이 화가라고 생각했을 때니 꽤 오래된 신념이었다. 확실히 시련과 결핍은 사람을 빨리 철들게 하는 묘약인가 보다.

손가락으로 글자를 가리키며 동화책을 읽어 달라고 할 때 그걸 그림처럼 외울 거라 생각조차 못 했다. 한글을 겨우 뗀 어린 내 실력으로 누구를 가르치랴. 난 그때 동생을 가르친 것이 아니다. 내가 가진 온 힘으로 동생과 즐겁게 놀아 준 것뿐이었다. 눈빛으로 소통할 수 있음을 그때 처음 알았고, 오감으로 체득할 수 있음도 그때 배웠다. 긍정의 에너지가 있다는 걸 그때 알았고 이타심의 실천도 그때 배웠다.

어쩌면 내 안의 긍정 혁명은 그 무렵부터였는지도 모른다. 지금도 가끔 동생을 돌보는 꿈을 꾼다. 살아 보니 그렇더라. 세상에 상처가 없는 사람은 없더라. 그저 조금 덜 아픈 사람이 조금 더 아픈 사람을 안아 주며 살아가는 것, 그것이 긍정의 세상이더라. 동생과 나는 몇 달에 한 번 꿈속에서 만난다. 꿈이라는 공간은 동생과 내가 만날 수 있는, 신이 허락한 유일한 오작교다.

　내가 동생에게 배웠던 감성이 나중에 보니 감사였고 감동이었다. 긍정의 씨앗이 된 감성의 발견이 긍정 혁명의 시작이었다. 이 위대한 발견을 선물처럼 주고 간 내 동생을 영원히 애정하고 추앙한다.

5

두려움 없이 당당하게

죽음의 문턱까지 가 본 사람!
바닥까지 내려간 삶을 살아 본 경험이 있는 사람!

이 두 가지의 공통점은 무엇일까? 모두의 대답을 듣지 않아도 무슨 말을 하려는지 안다. 우리 모두가 그 주인공이라는 사실. 교감이란 그런 것이다. 어설픈 위로와 충고는 쓰레기통에 던져 버려라. 눈 맞추며 함께 눈물 흘려 주고, 토닥토닥 어깨를 도닥여 주며 헤어질 때 든든하게 밥 사 먹으라고 꾸겨진 봉투 속 10만 원을 호주머니에 푹 찔러 넣어 주는 공감력이 때론 세상 최고의 위로가 되기도 한다. 젊은 MZ 세대들에게 부모, 선생님의 가르침과 훈육은 꼰대들의 훈시일 뿐 파급력이 작다고 한다. 그들에게 스승과 멘토는 자신들이 갈망하거나 갖고 싶은 것들을 보유하고 있는 사람들이 던지는 몸의 언어뿐이다.

그들은 청각이 아닌 시각으로 성공을 확인하는 세대다.

'대구한의대학교 상담 심리학과 교수'는 나의 현 직장의 타이틀이고, '카우보이 교수'는 학생들이 붙여 준 닉네임이며, '꼴찌 교수'는 긍정의 역설을 설명하는 책 속의 카피다. 상담 심리학과 교수라고 하니 나의 전공이 심리학이나 상담학이라고 생각하시는 분들이 의외로 많다. 하지만 나의 원래 전공은 동양화라는 미술 분야이다.

동양화를 전공해서 어떻게 먹고살지? 많은 사람이 궁금해한다. 사실 나도 궁금했다. 그래서 ROTC와 홍익대 대학원으로 진로를 잡았다. 어디에고 비빌 언덕이 없었던 20살 대학생이 떠올릴 수 있는 최고의 선택지였다.

제대를 앞둔 어느 날 학군 장교들에게 취업 모집 공고 두 장이 날아왔다. 한 곳은 안기부라 불리던 국가안전기획부(현 국정원), 또 한 곳은 삼풍백화점. 이 두 곳은 동양화라는 미술을 전공한 내가 도전할 수 있었던 최선의 선택지였다. 당연히 1순위는 안기부, 2순위는 삼풍백화점이었다.

1순위인 안기부의 모집 요강은 심플했다. 전공 불문! 법정 계열, 행정 계열 우대. 시험은 국어, 영어, 수학, 역사 이렇게 딱 네 과목. 당연히 지원했다. 며칠 뒤 받은 편지 한 통에는 불합격이라는 소식만 달랑 들어가 있었다. 법정 계열과 행정 계열에서 너무 많은 지원자가 몰려 미술 전공자까지 뽑을 수 없었다는 사유였다.

이후 다시 공정하게 시험을 칠 수 있는 기회를 달라며 안기부장 앞으로 야무지게 항의하며 보냈던 내 편지에 안기부에서 답장을 보내왔다. 당시 '나는 새도 떨어뜨린다'는 제6공화국의 실세이자 안기부

기획조정실장이었던 엄삼탁 씨가 나에게 직접 편지를 보내 와 한바탕 화끈한 필담 논쟁을 벌였던 것은 두고두고 부대에서 회자되었다. 두려움 없이 당당했던 20대 중반 청춘의 근거 없는 자신감으로 달려든 결과였다.

마지막 남은 카드는 삼풍백화점. 더 이상 물러설 곳은 없었다. 안기부에 전력하느라 면접날이 다음 날인 줄도 몰랐다. 아침 일찍 중대장님께 보고를 드리고 휴가를 얻어 서울로 향했다. 면접 양복도 준비하지 못한 채 하계 장교 군복 차림이었다. 어스름 저녁 무렵 백화점에 도착해 삼풍백화점을 둘러보았다.

당시 매출액 기준 대한민국 백화점 업계 1위의 초호화 백화점. 그곳이 삼풍백화점이었다. 1989년 12월 1일 개장했고 신규 채용도 공격적이었다. 업계 최고 인재를 만들기 위한 채용도 전투적으로 이루어졌다. 우리 쪽 모집 부문은 미술·디자인이었다. 채용 인원은 1명. 디자인이 아닌 동양화 전공이라 요구 분야와 100% 일치하지 않는 게 약간 걸리긴 했지만 좌고우면할 상황이 아니었다.

다음 날 면접이 시작되었다. 시간은 오전 10시. 나의 면접 순서는 3번째. 5명씩 들어가는 집단 면접이었다. 면접 전 주위를 둘러보니 모두 양복을 입고 왔다. 나만 장교 군복을 입었다. 예의와 준비성이 없어 보일까 봐 2번째 면접을 보고 나온 모르는 ROTC 동기에게 넉살 좋게 웃으며 말했다.

"친구야, 내가 전방에서 급히 오느라 양복을 준비 못 했다. 미안하지만 양복과 와이셔츠, 그리고 넥타이 좀 빌려주라!"

어렵게 동기의 옷을 빌렸다. 면접 전 대기실 좌우측에 앉아 있는 동기들에게 물었다. 디자인 전공자가 아닌 친구가 한 명이라도 있으면 좋겠다는 간절한 마음으로…….

"혹시 출신 학교와 전공은 뭐니?"

왼쪽 한 명은 S대 출신의 디자인 전공, 오른쪽 한 명은 K대 출신의 디자인 전공이었다. 4명 모두 서울권 대학의 디자인 전공자인 와중 나만 지방 대학 동양화 전공자였다. 비전공자는 나뿐이었다. 떨어질 확률 200%! 게다가 내 옆 사람은 대한민국 최고의 학부 S대가 아닌가? 이래저래 최악의 면접 대진표였다.

더구나 옛날에는 지금처럼 블라인드 면접도 아니었다. 면접관은 내 신상의 모든 것을 꿰뚫고 있었고 면접 서류에는 내 빈손의 모든 것이 올라가 있었다. 돈을 대 줄 부모도 든든한 인맥도 없고, 게다가 전공도 안 맞았다. 이런 젠장! 내가 대한민국 최고의 위치, 최고의 매출, 최고의 백화점에 합격할 이유를 대는 것보다 떨어질 이유를 찾는 것이 훨씬 더 빠를 것 같았다.

면접관은 총 5명. 많다! 가운데 나이가 가장 많아 보이는 분의 질문에 무게가 실리는 것으로 보아 아마 면접위원장 정도로 추정되었다. 질문이 송곳처럼 느껴지긴 처음일 정도로 날카로웠다. 흔히 말하는 압박 면접의 달인이다. 왼쪽에서 오른쪽 순으로 질문을 했고 특별히 S대 친구에게는 이것저것 많이도 물었다. 느낌이 싸하다.

"김성삼 씨, 전공이 동양화던데 여기에 왜 지원했지요?"

불길한 예감은 틀리지 않는 법이다. 질문 끝에 칼날이 실렸다. 잘 벼린 날은 내 심장의 한 조각을 베었다. 순간 복잡해진 머리. 입술이 마르고 식은땀이 귓전을 타고 흘렀다. 피할 수 없는 질문이었고 물러설 곳도 없다. 나는 위원장의 예리한 칼날을 그대로 받았다.

"네, 맞습니다. 저는 디자인이 아니라 동양화 전공자입니다. 하지만 동양화 전공의 강점은 점 하나, 선 하나를 찍고 그리기 위해 수많은 상상과 발상의 전환을 수십 수백 번 연습한다는 것입니다. 제게 2달만 시간을 주신다면 요구하시는 모든 디자인적인 실무는 완벽히 숙지하겠습니다. 그리고 제게 100%를 요구하신다면 200%로 돌려드리고, 200%를 요구하신다면 400%로 돌려드리겠습니다."

작두 위에 올라탄 무당처럼 나의 말은 거침이 없었다. 도전이 아니었다. 그 순간은 분명 도발이었다. 왜 그랬을까?

'어차피 떨어질 거.'

그 순간 내가 걸 수 있는 가치는 나의 미래뿐이라는 생각이 들었다. 세상에서 제일 무서운 사람이 누군지 아는가? 바로 배수진을 친 사람이다. 배수진을 치지 않은 사람은 결코 배수진을 친 사람을 이길 수 없다. 그 짧은 순간 심사 위원장님의 입가에 번지는 미소. 난 그 미소를 놓치지 않았다. 'One time, One chance.' 죽을 만큼 힘든 순간, 그 절망의 순간에도 한 번의 기회는 반드시 주어진다. 아버지가 물려준 유일한 유산이자 유언이다. 평생을 신념처럼 믿고 살았던 그 한 문장. 그 순간, 그 문장은 세상에서 가장 든든한 나의 백이 되었다.

결과가 궁금하다고?

합격자 발표는 일주일 뒤였는데 인사팀장께서 직접 부산 집으로 전화를 주셨다.

"김성삼 씨! 저희 삼풍백화점 디자인 부문에 합격했습니다."

내일부터 출근하라는 팀장님의 다급한 전화였다. 당장 올라갈 여

비도 잘 곳도 없다고 하니 그럴 줄 알고 별도의 일비 지급과 찜질방까지 모두 준비해 두었다고 한다. 너무 놀라 전공자도 아닌 저를 왜 뽑았냐는 당돌한 질문에 인사팀장님은 웃으며 한마디 하셨다.

"면접위원장님이신 부사장님께서 김성삼 씨를 무조건 뽑으라고 하시더군요!"

34년이 지난 지금도 'One time, One chance'의 기적을 믿고 있다. 아니, 추앙하고 있다. 현재 대학과 국가 기관의 면접관으로 활동하고 있는 나는 34년 전의 나를 닮은 20대 디오게네스Diogenes, BC 412~BC 323 같은 사람을 찾고 있다. 긍정의 힘은 그렇게 빈손인 내게 선물처럼 다가왔다.

삼풍백화점에서 운명을 달리한 동료들과 맑은 시민들의 영혼을 위해 이 지면을 통해 주세페 베르디Giuseppe Verdi, 1813~1901의 레퀴엠을 바친다.

4

마음이 물고 있는 사탕 한 알

살면서 죽음의 고비를 총 6번 넘겼다. 간발의 차이로 살았다. 천행이었다.

이 정도면 인생의 항로가 엄청 울퉁불퉁할 거라 생각하겠지만 천만에 말씀이다. 지금 내 삶은 스스로가 자랑스러워할 만큼 만족스럽다. 마치 가난하지만 세상에서 제일 행복 지수가 높은 부탄의 국민처럼 말이다.

어릴 적 죽음의 고비는 초등학교 시절 냇가 깊은 곳에 빠져 죽을 뻔했던 아찔한 기억이 첫 번째다. 이후 어머니는 7~8월엔 절대 물에 가서는 안 되는 사주라며 목숨 걸고 나를 말렸다. 어머니의 주문 같은 염원 덕분에 물과의 거리 두기는 지금까지 계속되고 있다. 두 번째는 앞에서도 언급했던 피마자 열매 사건이다. 참 신기하다. 옛날의 기억을 떠올려 그때 상황을 글로 쓰고 있는 지금도 속이 매스껍고 토할 것 같다. 역시 몸으로 기억하는 트라우마는 유효 기한이 없는가 보다.

세 번째에서 다섯 번째는 국가 재난과 관련된 죽음의 고비다. 모르고 지나갔지만 가끔 돌이켜 생각해 보면 등줄기에 땀이 흐른다. 자연이든 인공이든 큰 재난 앞에서 인간의 운명은 바람 앞의 등불이다. 개인의 좋은 운도 하나의 작은 바람일 뿐이다. 그런 측면에서 나의 첫 직장이었던 1995년 삼풍백화점에서의 생존은 내 운명에 있어서도 거대한 사건이었다. 그리고 삼풍백화점 붕괴 사고 1년 전인 1994년, 강북과 강남을 연결하던 성수대교가 무너졌다. 강남에서의 알바를 위해 열심히 지나던 다리였다. 성수대교가 무너지던 10월 21일의 알바는 다행히 하루 전에 취소되었다. 간발의 차로 나는 생존했다.

이후 나는 1998년 대구한의대학교 교수로 임용되었다. 수업이 없을 땐 서울의 인사동 같은 대구의 봉산동에서 전시도 보고, 미술 재료도 구입할 목적으로 지하철을 타고 자주 대구로 나갔다. 당시 지하철은 나의 가장 편리한 교통수단이었다. 대구 지하철에서 화재가 나던 2003년 2월 18일 화요일 오전 9시 53분! 그날은 마침 학교 수업이 있었다. 대구로 나가지 않았다. 그 간발의 차이가 내 운명의 생과 사를 갈랐다. 천운이다. 그날 이후 안도와 안타까움의 양가감정은 붉은 엉겅퀴가 되어 가슴 한 모퉁이에서 가시처럼 자라기 시작했다. 그 뒤로 나는 모든 공공 기관을 이용할 때면 습관적으로 비상구부터 살핀다. 여러 사지에서 살아남은 생존자의 본능이다.

이 세 번의 국가 재난으로 난 내가 무엇을 해야 하는지 명확하게 알았다. 그리고 2014년 세월호 사건이 발생했다. 이 땅 위에 사는 대한민국 국민 모두가 트라우마에 시달렸다. 국가는 처음으로 국민들의 아픈 마음을 읽기 시작했다. 세월호 사건 이후 행정안전부 위탁 사업으로 전국 17개소 적십자사에 재난심리회복지원센터를 만든다고 담당 과장에게서 연락이 왔다. 그 일이 하늘이 나에게 준 미션이라고 생각해서 기꺼이 TF팀 구성에 도움을 주었고 지도 교수가 되었다. 이후 2022년 코로나19까지 9년을 국가 재난의 현장을 누비며 시민들의 마음을 살피고 심리 치료를 도왔다.

그리고 마지막 6번째 죽음의 고비는 수년 전의 교통사고였다. 강연을 끝내고 집으로 오는 겨울, 얼어 버린 청도 고속 도로 커브 길에서 승용차의 핸들이 갑자기 잠겼다. 자동차가 3바퀴를 굴렀다. 나의 자동차는 폐차를 해야 할 만큼 부서졌다. 모두가 죽었다고 생각했을 그 순간, 기절한 나의 정신이 돌아와 앞문 유리창을 깨고 기적적으로 탈출했다. 탈출 30초 뒤 25톤 트럭이 멈춰 있는 내 차와 정면충돌했다. 20m를 불꽃을 튀기며 끌려가다 종잇장처럼 구겨지는 내 차의 최후를 생생히 목격했다. 이후 나는 또 혼절했다.

청도 모 병원 응급실에서 정신이 드냐는 의사의 질문에 비몽사몽간에도 선생님의 입에서 나는 니코틴 냄새 때문에 진료를 못 받겠다며 의사를 바꿔 달라고 말했단다. 담당 의사의 어록은 아직까지 청도 모 병원 응급실의 전설로 전해 온다고 한다. 그 덕분일까, 난 죽지 않았다. 어렴풋이 기억이 난다. 의사의 독백이……

"이 환자 절대로 죽지 않겠습니다. 죽을지도 모르는 순간에 농담이라니……."

내가 사고 나던 그날 어머니는 돌아가신 아버지 꿈을 꾸었다. 나중에 들어 보니 꿈속에 아버지가 나타나 나를 안고서 '네 아들 내가 절대로 죽도록 안 만들 거다'라며 어머니에게 나를 건넸다고 한다. 사고 7일 후 어머니에게 간단한 접촉 사고로 전화를 못 드렸다고 안부를 여쭈니 그렇게 말씀하셨다. 아침, 저녁으로 하루에 두 번씩 문안 인사를 드리던 아들이 7일 동안 연락이 없었으니 걱정이 얼마나 많으셨을까? 미루어 짐작이 가고도 남는다.

이래저래 조상줄이 강하거나 예전에 처음 본 만신께서 말씀하신 것처럼 먼저 간 동생이 나의 수호신이라서 그런지 내 생명줄은 길었다. 17살 된 소아마비 동생의 죽음과 이어진 40대 형님의 교통사고! 아들 셋 중 나만 살아남았다. 죽음의 운명은 끝까지 나를 따라다녔다. 아는가! 죽음의 두려움보다 생존의 공포가 더 크다는 사실을?

이후 나는 운명보다 기도의 힘을 믿게 되었다.

운명이 타고난 팔자라면 기도는 팔자를 극복하려는 노력이다. 브라질의 유명 소설가 파울로 코엘료Paulo Coelho, 1947~의 《연금술사》를 보면 '당신이 무언가를 간절히 원할 때 온 우주는 당신의 소망이 실현되도록 도와준다.'라는 감동적인 문장이 있다. 어쩜 우리는 이 엄청난 우주의 변하지 않는 질서가 주는 긍정의 에너지를 잊고 살고 있는지 모른다. 우주의 질서는 '긍정의 힘'이며 질서의 파괴는 '불행의 시작'이다.

힘들고 버거운 세상살이……. 모든 사람이 정말 재미있어 살겠나?

재미있게 살려고 아등바등 노력하는 거지.

그래서 힘들지만, 우리 모두 마음에 사탕 하나쯤은 물고 살자.

지난 과거의 상처가 상처로 남아 있으면 고통이지만 경험으로 기억되면 성장이잖아.

5

긍정 코어 10계명

〈내 마음의 빛을 찾아서 - '긍정의 힘'〉

이 제목은 최근 공공 기관에서 나에게 요청하는 가장 많은 강연 주제 중 하나다. 무당이 작두를 타는 듯한 강연이 끝난 후에는 관객들과 짧은 토크 타임이 이어진다. 법륜스님의 '즉문즉설'처럼, 김창욱의 '고민 해결'처럼 말이다. 이때 가장 많이 받는 질문 중 하나를 소개한다.

"교수님,

긍정은 어떻게 하는 거죠?"

아니, 긍정을 어떻게 하는지 모르다니? 생각해 보니 긍정을 몰라서 묻는 말이 아니다. '어떻게 실천하고 신념화하는가?'라는 질문일 것이다. 긍정 혁명이 큰 틀의 전략이라면 긍정 코어는 세부 지침의 전술이다. 천천히 세부 지침을 살펴보자.

'긍정 코어'는 긍정과 코어의 합성어다. 물론 내가 만든 말이다. 여기서 우리가 주목할 부분은 코어라는 용어다. 코어Core는 '중심' 혹은 '핵심'의 의미로 몸의 균형과 안정성을 지켜 주는 우리 몸의 핵심 부위, 즉 복부와 허리 그리고 엉덩이를 일컫는다. 이 부위가 강화되면 몸의 안정성이 높아지고 자세가 개선되니 분명 몸의 핵심 부위가 맞다. 여기에 운동이 결합되면 '코어 운동'이 되는 것이다.

결국 긍정 코어는 몸의 기본을 강화하는 근筋테크고, 긍정 코어는 마음의 기본을 강화하는 심心테크다. 몸속에 마음이 있고 마음속에 몸이 있다. 몸과 마음은 한 어머니에게서 태어난 일란성 쌍둥이다. 하나가 아프면 반드시 하나도 따라 아프다. 이것이 우리가 이 둘을 결코 포기해선 안 되는 이유다.

꼴찌 교수가 긍정 혁명을 이루었던 긍정 코어 10계명은 단순하다. 그리고 어렵지 않다. 오히려 쉬워서 간과하는 것들이다. 학교와 집이 가까운 학생들이 지각하는 원리처럼 각성이 묘약이다. 좋은 결과란 결국 시간과 땀이 만든 등가 교환의 작품이다. 단언컨대, 이 10계명을 '333 법칙'으로 실천한다면 여러분의 무의식까지 움직이게 만들 것이다.

'333 법칙'의 첫 번째 3은 반드시 3일을 지속적으로 실천하라는 뜻이다. 동일한 에너지로 3일간 실천하면 일주일을 버틸 수 있는 깨달음을 얻는다. 두 번째 3은 30일, 즉 한 달을 의미한다. 이 30일은 우리 몸의 세포가 전 생애에 걸쳐 무언가를 학습하는 데 걸리는 시간이다.

마지막 세 번째 3인 3개월은 우리 몸의 호르몬이 바뀌는 데 걸리는 시간으로, 이 기간이 지나야 비로소 습관이 인격이 되는 체질화가 완성된다. 마음의 학습에도 시간을 들여 반복하는 몸의 훈련이 필요하다.

첫째, 'One time, One chance'의 믿음을 가지기

둘째, 걱정 대신 지금 여기에 집중하기

셋째, 승리의 경험을 몸과 마음에 각인하기

넷째, 우울할 땐 무조건 몸에 집중하기

다섯째, 넘어졌을 때 더 잘 놀고 쉬기

여섯째, 자주 웃기

일곱째, 몸과 마음의 안전지대를 갖고 있기

여덟째, 부정이보다 긍정이랑 친하게 사귀기

아홉째, 그럼에도 불구하고 해답을 찾기

열째, 매사에 감사하기

위에서 언급한 긍정 코어 첫째에서 열째까지를 종합해 3개의 단어로 압축하면 '믿음', '웃음', '감사'다. 우리 몸의 핵심 코어 배는 믿음이 되고, 허리는 웃음이며 엉덩이는 감사가 된다. 결국 탄탄한 자아존중감을 가지고 항상 밝게 웃으며 매사를 감사하는 마음으로 살아가면 그것이 오은영 박사와 내가 그렇게 바라는 가장 멋진 '원더풀 라이프Wonderful Life'인 것이다. 하지만, 이 단순한 3가지를 평생 실천하며 사는 사람이 결코 많지 않다는 점은 평범함이 갖는 품격이다.

부부 관계 연구의 세계적인 권위자인 미국 워싱턴대학 심리학 명

예 교수인 존 가트맨이라는 교수가 있다. 그가 결혼한 남녀 73쌍을 대상으로 갈등을 유발하는 주제를 15분간 토론하는 과정에서 긍정 언어 사용 비율과 부정 언어 사용 비율을 조사했더니 행복한 부부는 5:1, 불행한 부부는 1:1 이하의 비율이 나왔다고 했다. 미래가 불행한 부부의 부정 언어에는 경멸, 비난, 불신이 훨씬 더 많았다고 한다. 서로를 죽이는 부정 언어의 미래는 결국 파경이었다.

그뿐 아니다. 미국 노스캐롤라이나대학교 심리학과 바버라 프레드릭슨과 브라질 사회학자 마샬 로사다 교수는 기업의 성과를 연구하는 과정에서 행복 방정식을 만들었다. 8명씩 총 60개의 팀으로 기업의 경제적 성과를 위한 향후 목표와 전략에 대한 토론을 관찰하는 실험이었다. 이후 각 팀별 설문 조사를 통해 효율성, 고객 만족도, 내부 만족도 등을 측정하였는데 결과는 충격적이었다. 최종 평가에서 가장 높은 점수를 받은 팀의 긍정 대 부정 비율은 5.6:1, 가장 낮은 점수를 받은 팀은 0.36:1이었다. 그리고 마지막으로 모든 상황을 종합해 2.9:1이라는 행복의 황금 방정식이 완성됐다. 2.9라는 수치를 넘어서면 기업 이익과 성공에 가까워지고, 2.8이하면 기업 손실과 실패에 가까워진다는 놀라운 결론에 도달한 것이다. 행복도 똑같다.

그럼 여기서 역으로 질문을 한번 던져 보자. 이 간단한 행복 방정식은 약간의 식견이 있는 사람들이라면 모두가 다 알고 있는 상식 수준인데 왜 우리는 본능적으로 부정 감정을 많이 드러낼까? 그건 인간의 자기방어 본능 때문이다. 인류는 오랜 세월 동안 살아오면서 의심하고 방어하는 생활 방식이 훨씬 더 생존을 길어지게 해 준다는 사실이 어느 순간 손의 지문처럼 각인됐다. 그걸 깨는 유일한 방법은 몸과 무의식을 동시에 흔들어 깨우는 것, 즉 자기 최면이다. 부정 감정 3을 1로 바꾸는 가장 빠른 방법은 3번의 자기 최면이다. 몸으로 한 번, 마음으로 한 번, 그리고 무의식으로 한 번.

3번의 긍정 워딩과 1번의 부정 워딩이 행복을 이루는 마법의 비율이다. 물론 1번의 부정 워딩도 진짜 부정을 위한 게 아니다. 지나친 낙관을 경계하고 사실 관계를 꼼꼼히 확인해 주의하라는 의미다. 절대로 어두운 부정이가 내 무의식의 주인이 되지 않게 살자.

긍정이 무엇이냐는 나의 질문에 사람들은 대부분
긍정은 잘될 거라는 믿음과 확신이라고 말한다.
당연히 틀린 말은 아니다.

하지만 나는 그럼에도 불구하고 해답을 찾는 것이 긍정이고
해답이 없어 보이는 상황에서 방법을 찾는 것이 긍정이고
빛이 없는 어둠속에서도 절절한 기도의 힘으로
기어코 빛을 찾아내는 것이 긍정이라고 말해 준다.

나에게 긍정은 막연한 기다림이 아니다.
지독하게 구하고 찾고 두드리는 기도다.

내 안에 있는 기적, 6개의 긍정 씨앗 2

지혜 용기 초월 절제 정의 이타

일등만 기억하는 세상에서 꼴찌의 완장이 자랑스러울 일은 없다. 어디 공부만 그럴까? 삼풍백화점, 성수대교, 대구 지하철 등. 첫 번째 직장, 첫 번째 아르바이트, 첫 번째 대구 생활까지 나와 관련된 모든 주변 환경에 죽음과 절망의 공포가 졸졸졸 따라다녔다. 그럼에도 불구하고 산전수전 다 겪고 올라와 미술 대학 교수까지 되었는데 교수 생활 8년 만에 또 동양화과에 지원 학생이 없어 학과가 바람처럼 사라졌다. 공부도 꼴찌에서 다시 시작, 마음 상처도 다시 시작, 대학에서 심리 공부도 다시 시작. 넘어질 때마다 웃으며 처음부터 다시 시작한 게 벌써 여기까지 왔다.

신기하다. 멀리 둘러 온 길을 지금 돌아보니 마치 피카소의 그림처럼 난해하다.

지나온 과정의 모든 시간은 나의 살아 있는 인문학이 되었고, 굵고 단단한 근육이 되었다. 사람들은 내가 어떻게 그렇게 매번 새로운 것에 너무 잘 적응하는지 궁금해한다. 사실 난 잘 적응한 게 아니다. 정말 매순간 재미있게 즐겼을 뿐이다. 꼴찌 교수의 긍정 혁명! 그 출발은 아무리 바다 위의 파도가 높고 비바람이 거세더라도, 그럼에도 불구하고 웃으며 방법을 찾았던 긍정의 지혜가 내게 준 축복 같은 선물이었다.

알고 있니?
공부는 일이지만
지혜는 행복이라는 사실을

6

숲속을 걷는 듯 반가운, 예술 인문학!

내 학문의 시작은 그림이었다.

강연장에서 나를 만난 사람들은 내가 17번이나 개인전을 열었던 화가 출신이라는 사실은 잘 모른다. 그것도 그럴 것이 역사와 영화, 심리학과 상담, 미술과 음악, 의학과 자기 계발을 뒤섞어 가며 대중 강연을 늘 해 왔기 때문이다. 강연을 위해 만든 《김성삼 교수의 미술 읽기》는 동·서양미술의 종합 텍스트였고 《128분, 나를 바꾸는 시간》은 영화 속 인간 심리를 해부하듯 고찰하는 시각을 돕는 책이었다.

그림에서 시작한 학문이 미술사로 연결되었고 미술사는 다시 미술 치료로 관심으로 옮겨갔다. 모두 호기심 때문이었다. 안타까운 건 그 호기심이 멈추지 않았다는 것인데, 미술 치료의 지적 호기심은 이내 문학 치료로 확장되었고 문학 치료의 동적 움직임이 곧 영화로 연결되어 영화 심리 책까지 썼다. 만약 죽기 전에 꼭 봐야 할 영화 100선에 들어갔던 〈죽은 시인의 사회〉에서 주인공 키딩 선생(로빈 윌리엄스 분)이 학생들을 모아 놓고 "의학, 법률, 경제, 기술 따위는 삶을 유지하는 데 필요해. 하지만 시와 미, 사랑, 낭만은 삶의 목적인거야."를 외치는 소리를 듣지 않았다면 나는 분명 잘 길들여진 생계형 교수가 되었을 것이다.

사방이 꽉 막힌 명문 웰튼 고등학교 학생들을 상대로 수업 첫날 '열심히 공부하자'는 말 대신 '카르페 디엠(현재를 즐겨라)'을 날리고, 시를 정의내린 책을 과감히 찢어 버리라고 말하는 영화 속 키딩 선생의 모습에서 카타르시스까지 느꼈다. 어디 그뿐인가? 수업하다 말고 교탁 위에 뛰어 올라가 세상이 다르게 보인다며 학생들을 교탁으로 한 명씩 불러 올려 새로운 눈높이의 세상을 보라고 한다. 특히, 운동장에서 축구공을 골대로 차면서 자신의 신념을 큰 소리로 외쳐 보라는 장면과 학생들을 모두 다르게 걷게 하는 장면은 내 가슴속에 너무 깊이 박힌 명장면 중의 명장면이었다.

키딩 선생이 영화 속에서 학생들에게 선보인 이 파격적인 교육 퍼포먼스를 나름 분석해 보니 딱 8장면이었다. 이걸 살짝 비틀어 우리 교육 실정에 맞게 현장 적용을 해 보았더니 정말 대박이었다. 약간 틀에서 벗어난 교육 방식이긴 했지만 정말 흥미로웠다.

매년 4월 10일은 경산에 복사꽃과 벚꽃이 동시에 피는 시기다. 이날은 무조건 벚꽃나무 아래에서 영화처럼 수업을 한다. 자신의 미래의 모습을 정견 발표처럼 만들어 학생들에게 뜨거운 박수를 받게 해준다. 기분이 어떠냐고 묻지 마라. 여러분이 상상하는 것 이상으로 학생들의 자존감이 올라간다. 중요한 건 보고 아는 게 아니다. 감동을 실천하는 게 핵심이다.

여러 난관에도 불구하고 뚝심 있게 선택한 미술과 문학, 그리고 영화를 비롯한 예술 인문학은 엉뚱한 생각과 도전을 가능하게 해 주었고 한계와 절망에 도달했을 땐 두려움 없이 당당히 맞설 수 있는 홍삼 같은 힘도 주었다. 그림을 그리던 화가에서 시작해 미술 치료와 문학 치료, 그리고 영화와 의학까지 공부한다는 게 쉽지는 않았다. 그 즈음 공부 머리를 알려 준 스승들을 우연히 만났으니 무림의 고수들이 던지는 한마디 가르침은 가뭄의 단비처럼 나의 무지와 방황을 한 방에 잡아 주었다.

조선 후기 최고의 천재 청년이라고 평가받았던 추사 김정희가 중국 청대 노벨문학상 수상자의 수준이라고 평가받았던 옹방강翁方綱, 1733~1818을 만나 평생 공부의 방향을 잡았던 것처럼, 내게 신영복 교수는 머털도사의 스승인 누덕도사며 옹방강이었다. 어느 강연장에서 그가 설파한 책을 읽는 방법에 대한 강연은 오래 수련한 무림 고수가 상대의 공격을 기막히게 피해 가며 방황하는 나에게 날리는 최후의 한칼 같은 느낌이었다.

먼저 텍스트를 읽고, 저자를 읽고,
독자 자신을 읽어야 한다.

소위 말하는 '서삼독書三讀'법이다. 요즘 같은 바쁜 시대에 책을 세 번씩 읽으란 주문은 한가한 노학자의 잔소리처럼 들리겠지만, 이 방법은 미술에 관심 없는 중년들까지도 피카소의 '큐비즘'을 이해 할 수 있게 만드는 기막힌 '신의 한 수'다. 3번이라는 말은 절대 단순한 의미가 아니다. 뒤집어 보면 세상의 모든 무질서도 3번을 두드리고, 3번을 숙고하고, 3번을 확인한다면…… 생각이 여기까지 미치니 단순한 숫자 3의 의미가 사고의 확장과 경계의 확장까지 연결되었다. 틀을 벗어나야 비로소 고통에서 벗어날 수 있다는 작은 깨달음을 우연히 숫자 3에서 선물처럼 얻는다.

돌부처 같은 천하의 제갈공명을 돌아서게 한 것도 유비의 세 번 걸음 한 '삼고초려三顧草廬'였고, 부정적 의미의 '삼재三災'를 막는 부적도 머리가 세 개 달린 매였으며, 세상에서 가장 오래되고 안정된 건축물도 삼각형의 '피라미드'다. 심지어 친구들과 내기를 해도 '삼세판'을 해야 직성이 풀리는 세상에서 우린 살아왔다. 이래저래 숫자 '3'에는 완성과 안정의 상징적 의미가 숨겨져 있다.

하기야 숫자 '3'이 가진 매력이 얼마나 큰지는 부친이 내 이름 속에 굳이 '삼三'을 넣은 것만 봐도 알 수 있다. 아버진 내가 혜능처럼 금강경의 한 구절만 듣고도 바로 이치를 깨우치는 천재적인 머리도, 세종대왕처럼 고기를 씹듯이 책을 읽고 또 읽는 끈기도 가지지 못할 것을 어찌 미리 아셨는지 항상 세 번 생각하고 결정하란 말씀을 귀에 딱지가 앉을 정도로 자주 하셨다. 어눌한 머리에 새겨 준 아버지의 말씀이 가슴속 작은 불씨가 되어 지금도 내 미래의 씨앗이 되고 있다.

철들고 나서 생각하니 추사도 신영복도 모두 아버지란 이름의 한 몸이었다. 이 글을 쓰는 활자 위에도 오랫동안 잊고 지냈던 아버지의 얼굴이 배어 나온다. 인문학은 그래서 오래된 아버지의 향기며 치유인가 보다.

서삼독, 눈으로 보지 말고 마음으로 보라는 이야기가 그래서 나왔나 보다. 집중하고 통찰하란 의미다. 집중하고 통찰하면 내면의 성실함까지 읽어 낼 수 있음을 강조한 말이다. 《대학》의 성의誠意편에 '마음에 내적인 지극함이 있으면 그것은 반드시 밖으로 그대로 드러난다'는 말이 있는데, 무엇을 세 번 읽고 본다는 것은 결국 내면적 성실함에 접근하는 가장 정직한 길이란 뜻이니 참으로 기막힌 표현이 아닐 수 없다. 심리학에서 갈등과 고통이 나를 삼킬 때는 반드시 몸에 집중과 몰입을 하라는 치료법이 있다. 최근 이 학설은 현대인들에게 효과적인 치료법으로서 다양한 방식으로 긍정 심리학 등의 임상에서 활용되고 있다.

머리가 복잡하고 하는 일마다 꼬일 때가 있다. 잠시 생각을 멈추고 일과 성공이라는 감옥에서 벗어나 보자. 바로 그때 책과 영화, 그리고 교외 미술관의 모퉁이가 보인다. 무엇이든 꼭꼭 3번씩 씹으며 보고 읽자. 혹시 아나? 우리도 모르는 사이에 가슴속 깊은 곳에 박혀 있던 슬픔의 돌덩이가 정화의 눈물이 되어 왈칵 쏟아져 나올지?

기억하자. 예술 인문학은 잊어버린 용기와 당당함을 알려 주는 길 위에서 만나는 말랑거리는 스승이자 삶의 이정표다.

스승의 향기를 찾아서

삶에서 길을 잃어 본 사람은 안다. 어둠속에서 빛을 만나는 게 얼마나 귀한지를……. 사람에게 상처를 입어 본 사람은 안다. 내가 찾는 참사람의 흔적이 내 생애 얼마나 소중한 인연인지를……. 길을 잃은 사람과 상처를 입은 사람들이 찾는 빛과 참사람의 향기는 일상의 식량이 아니다. 그것은 '생존의 이유'며 '삶의 의미'다. 나는 그 참사람을 내 마음속 거인으로 부른다.

2022년 경산 삼성현역사문화박물관에서 원효를 그려 달라는 요청을 받았다. 원효元曉, 617~686가 누구인가? 신라가 낳은 동아시아 최고의 승려이고 불교 석학이자 사상가가 아닌가? 그런 원효를 그려 달라는 요청이었다.

그즈음 나는 생애 가장 어두운 동굴을 지나가고 있었다. 그 고통을 잊기 위해 원효에 매달렸고 원효를 그리기 위해 원효가 다녔던 모든 곳을 다녀 보았다. 그가 태어났다는 경산 제석사를 시작으로 그가 공부했다는 경산 홍주암의 암굴에 머리를 박아 가면서 원효의 흔적을 찾았다. 그리고 혜공 스님과 도력 내기 시합용으로 물고기를 먹고 토한 후 서로 자기 물고기라며 우겼던 포항 오어사와 경주 분황사까지 모두 뒤졌다. 그뿐 아니다. 원효가 요석공주를 만나기 위해 가다가 빠졌다는 문천교에 나의 발도 빠져 가며 모두 경험했다.

모든 곳에 원효의 흔적은 있었지만 원효를 만날 수는 없었다.

"눈을 감아야 만날 수 있는 분입니다!"

어느 스님께서 던진 그 한마디에 길 위의 여정을 접고 그분의 마음을 찾았다.

아무리 원효의 글들을 읽은들 머리로는 이해가 되어도 가슴에 와 닿지는 않았다. 왜 그럴까? 아마도 내 근심의 무게 때문이란 생각으로 두꺼운 책을 덮고 1,400년 전 원효가 다녔던 그 길을 따라 걸으며 원효의 고통과 번뇌만 생각해 보았다. 그러면 원효를 만날 수 있고 동시에 나의 어두운 그림자도 동시에 떨쳐 낼 수 있을 것 같았다. 천재적인 머리를 가졌지만 진골이 아니라는 신분의 한계. 한때 신라 불교계를 주도하는 승려들에 의해 임금이 참석하는 백고좌법회에 초청되었지만 결국 초청은 불발되었던 앞선 자에 대한 경계와 시기와 질투. 이후 해골 물을 통해 큰 깨달음을 얻어 유학 승려의 화려한 신분을 포기하고 요석공주와 혼인하면서 파계까지 한 번뇌와 갈등, 그리고 동시대 사람들의 그 따가운 시선을 온몸으로 느꼈을 원효의 지독한 번

민을 생각했다. 어찌 그 끔찍한 마음 고통을 이겼을까?

원효는 유마거사를 만난 적이 없다. 디오게네스도 만난 적이 없다. 하지만 그의 지나온 행보에서 유마거사와 디오게네스의 자유와 해방을 동시에 느끼는 건 우연이 아니다. '일체 무애인無碍人은 한길로 생사를 벗어난다.' 저잣거리로 뛰어나가기 전 읽었던 화엄경의 한 구절이다. '무애無碍'. 걸림이 없다는 뜻이고 두려움 없이 당당하다는 뜻이다. 이 글 한 줄을 가슴에 품고 원효는 승려의 신분을 던진 거사居士의, 임금의 사위 신분으로 후미진 서라벌 뒷골목 곳곳에서 저잣거리의 모든 사람과 소통했다. 그 소통의 힘은 두려움이 없는 당당함이었다.

저잣거리에서 배고프고 가난한 백성들에게 손도 잡아 주고 노래도 불러 주었던 원효의 얼굴은 어떠했을까? 엄숙하고 장엄했을까? 천만에. 편안하고 미소 가득한 얼굴로 "걱정하지 마세요! 모든 게 크게 편안해질 겁니다!" 이렇게 외치며 시장 바닥을 돌아다녔을 것이다. 난 그 소리가 그리웠을 뿐이고 그 소리를 그렸을 뿐이다. 그 순간 원효의 얼굴이 선명해졌고 내 어두운 그림자도 사라졌다. 1,400년 전의 원효가 오늘의 나를 살린 것이다.

마음이 길을 잃을 때가 있다. 마음이 위로를 원할 때가 있다. 주저앉지 말고 추앙했던 인물의 행적을 찾아보라. 그분들의 걸음걸음에서 고즈넉한 소리가 들린다면 귀 기울여 들어 보라. 그 소리는 그동안 당신이 그토록 듣고 싶었던 바람의 소리며 위로의 소리고 치유의 소리다. 원효는 내가 그토록 찾던 구루Guru였다. 원효는 내 마음 한구석에 굳건히 자리한 거인이었다. 1년을 그렇게 찾은 원효를 그림으로 그렸다. 그림 속의 원효는 성사의 모습과 거사의 모습을 함께 가지고 있었다. 그 모습을 통해 내 미래의 모습을 읽었다.

그래, 맞다. 20~30대 치열한 삶의 순간에 내가 추앙했던 인물은 이순신이었다. 이순신의 행록과 일기를 읽으며 매 순간 나를 돌아보았던 기억이 새롭다. 그 시절 이순신은 나에게 지혜와 정의, 용기와 절제를 가르쳐 준 유일한 스승이었다. 흔들릴 때마다 읽었던 《난중일기》는 역류하는 울돌목의 파도였고 순류였다. 돌아보라. 매 순간 우리네 인생이 한결같은 순류였을 때가 얼마였던가? 매순간 순류와 역류가 만나는 지점에 우리가 있었고 내가 있었다. 그게 인생이 아니냐고 이순신은 늘 되물었다. 이순신을 추앙하고 원효를 애정하며, 그들의 문자 향과 행록들을 살피면서 스승과의 대화를 나눌 수 있었고 위로받을 수 있었다. 방황하던 20대 나의 스승은 이순신이었다.

원효와 이순신을 추앙하며, 스티브 잡스의 단 반나절만이라도 소크라테스와 대화를 나눌 수 있다면 자신이 가진 재산의 절반을 기꺼이 내놓을 수 있다는 공언이 결코 헛된말이 아니었음을 분명 느꼈다. 치유의 시간, 위로의 시간은 추앙하는 스승과 깊은 대화를 나눌 때 비로소 받는 보석 같은 선물이었다.

길을 잃었다면 스승을 찾아라!

스승은 당신에게 반드시 길을 열어 줄 것이다.

2022년 경산 삼성현역사문화관
원효특별전에 전시되었던 나의 원효 진영.
원효를 그리면서 원효의 얼굴보다
정신이 밖으로 드러나도록 힘썼다.
신기하다.
거인의 행적을 연구하고 조사하는 동안
나도 모르게 그를 닮아 가고 있었다.
지극히 누군가를 추앙하고 애정하고 환대하다 보면
어느새 거인의 모습을 한 자신을 만나게 된다.
그리움이란 그런가 보다.
애정이란 그런가 보다.

8

나를 잃어버리면 안 돼!

2020년부터 2024년까지 중 최고의 화두는 '코로나19' 그리고 '전쟁'
이다.

　예측할 수 없는 바이러스의 광기가 만든 냉전의 부활은 2차 세계
대전 이후 인류가 직면한 최고의 위협이 되고 있다. 하지만 역설적으
로 우리의 삶을 되돌아보게 하는 계기도 되고 있다. 위기는 항상 기회
와 함께 온다. 1차, 2차 세계 대전을 모두 겪었고 노벨문학상을 수상
했던 헤르만 헤세는 '아는 척하고 혹평하는 사람이 아니라 사랑하고
인내하며 용서할 줄 아는 사람이 늘 승리했습니다.'라고 말했다. 야만
과 죄악으로 가득 찬 히틀러의 광풍 속에서도 자신을 잃지 않고 '평
화'와 '자유'를 외쳤던 100년 전 고독한 지식인의 신념이 여전히 유효
하다. 지금 우리에게 필요한 건 이기적인 '자유'가 아니라 이타심의
'나눔', 그리고 고독하고 외롭겠지만 결코 자신을 잃어버리지 않는 자

리 지킴이다.

　어둠 속에서 길을 잃어버린 사람들에게 내가 하는 제일 먼저 하는 일은 다양한 심리 척도 검사를 통해서 내담자의 현재 상태를 객관적으로 진단하고 파악하는 것이다. 상담 전, 심리 척도 검사만 제대로 해도 내담자의 80% 정도는 파악이 된다. 그래서 나는 이 과정을 정신의 엑스레이 촬영 과정이자 망망대해의 나침반이라고 한다.

　우울과 트라우마의 정서 관련 척도 검사로는 우울 척도 검사, 불안 척도 검사, 자살 위험성 척도 검사 이 3가지를 꼭 한다. 마음의 현재 상태를 파악하는 데 정서 관련 척도 검사가 특히 많은 이유는 정서가 자신의 행동을 이해하는 표준이 되기 때문이다. 정서는 어떤 사물이나 현상에 대한 느낌의 가장 솔직한 표현이다. 따라서 정서는 내 행동의 동기이며 의식이자 무의식이다. 결국 정서는 자신 안의 지킬과 하이드인 셈이다. 불안정한 마음이 갈피를 못 잡고 방황하고 있을 때, 이 세 가지 척도 검사는 가장 빠르고 정확하게 내 마음의 현재 상태를 알려 주는 마음의 지도다.

　흔히 그 사람의 내면을 비추는 거울이라는 인격의 세 가지 요소를 '지·정·의'라고 한다. '지·정·의'는 인간을 인간답게 만드는 내면의 빛이다. 여기서 지는 '지성知性'을, 정은 '감정感情'을, 의는 '의지意志'를 상징한다. 하지만 각각의 요소들을 심리적 시각으로 바라보면 좀 더 뜻깊은 사실들을 읽을 수 있다. 그 속에 자신의 심리를 분석할 단초들이 숨겨져 있기 때문이다.

　'내 안의 품격'이라 불리는 '지知'는 지식과 지혜를 뜻하기도 하지만 인지와 인식, 분별과 이해도 뜻한다. 그래서 발달한 심리학을 '인지심리학Cognitive Psychology'이라 부른다.

이 부분이 잘못되면 흔히 정신이 나간 사람이라는 의미의 멍청이가 된다. 영화 〈꽃잎〉(1996)에서 소녀는 오빠의 부음과 길거리에 널브러진 수많은 주검을 목격한다. 이후 계엄군의 총탄에 엄마의 죽음까지 생생하게 목격한 소녀는 자신의 모든 기억을 놓아 버렸다. 영화 〈박하사탕〉(2000)의 이등병 영호가 광주에서 어린 여학생을 오발로 죽인 후 서서히 괴물이 되어 가면서 자살이라는 파멸의 결과를 가져온 것도 정서를 잃어버렸기 때문이다. 심각한 정서적 충격은 내 안의 나를 가장 먼저 죽인다.

또 '내 안의 불꽃'이라 불리는 '정情'에는 감정과 사랑이 본령이지만 희로애락과 열정, 그리고 애정과 애착도 포함된다. 그래서 발달한 심리학이 '정서심리학Psychology of Emotion'이다. 어른들을 위한 애니메이션 영화라고 불렸던 〈겨울왕국〉(2013)에 등장하는 엘사가 잃어버린 것도 따뜻한 정서이고 교감이란 이름의 사랑이다.

어린 정인이를 학대해 죽음에 이르게 한 양부모를 비롯해 일부 유치원 보육 교사의 어린이 학대 사건들은 차가운 정서를 가진 사람들이 일으킨 폭행이라는 공통점이 있다. 그래서 나는 강의 때마다 정서적 차가움을 나와 타인에게 가하는 '정서적 폭력'이라고 힘주어 말한다. 반복되는 일상, 지속적인 스트레스의 환경, 연이어 터지는 악재들은 따뜻한 정서를 차가운 정서로 바꾸는 기름이다. 갑자기 짜증이 나거나 분노가 올라온다면 주저 없이 지금 하는 일을 잠시 멈추고 무조건 '쉼'을 찾아야 한다. 정서의 전환에도 타이밍이 있다.

마지막으로 '내 안의 신념'이라고 불리는 '의意'는 쓰러진 자신을 일으켜 세우는 강력한 욕구나 소망을 말한다. 무언가를 하고 싶다는 동기와 목표가 명확하면 엄청난 추진력을 가지게 된다. 이것이 단단하면 단단할수록 시련 따위는 아무런 문제가 되지 않는다. 소위 타의 추종을 불허하는 '의지의 한국인'이 된다. 최근 이것을 연구하는 사람들이 점점 많아지고 있다. 우리는 이것을 '동기심리학Psychology of Motivation'이라고 부른다.

잃어버린 내 안의 에너지를 찾는 가장 빠른 방법 두 가지는 내 안의 강점과 장점을 확장하는 것과 주변에 있는 기회를 통해 부정 감정을 빠르게 덮는 것이다. 그리고 숨은 진짜 비결 하나가 바로 행동이다. 아무리 좋은 해법도 실행이 없으면 결과도 없다. 나를 잃어버리는 것은 순간이지만 나를 찾는 것은 순간에 시간과 실행이 더해져야 한다. 잊지 말자.

영화 〈센과 치히로의 행방불명〉에서 10살짜리 치히로가 낯선 신들의 공간에서 자신을 경계하는 모든 신들을 사로잡고 다시 일상으로 돌아 올 수 있었던 것은 어떤 상황에서도 자신을 잃지 않았다는, 그 이유 딱 하나 때문이었다. 영화 속 이야기가 어떨 땐 현실 속 우리 모습의 거울처럼도 느껴진다. 배트맨이 자신의 트라우마를 극복하고 공포의 대상이었던 박쥐를 심볼로 삼을 수 있었던 원동력도 결코 자신을 잃어버리지 않았던 직면의 힘 덕분이었다. 선택은 한 끗 차이이다. 장악할 것인가? 장악당할 것인가? 자신을 삼켜 괴물이 된 조커가 항상 우릴 노리고 있음을 잊지 말자.

'긍정 감정'을 잃어버리는 것은 곧 나를 잃어버리는 것임을.

9

한 걸음 물러섬! 그 위대한 승리

'우생마사牛生馬死'란 말을 들어 본 적이 있는가?

'소는 살고 말은 죽는다'는 뜻이다.

어쩌면 이 한자 숙어는 바쁘게 살아가는 현대인들에겐 촌철살인 같은 말인지도 모르겠다. 아주 커다란 저수지에 말과 소가 동시에 빠지면 둘 다 헤엄쳐서 뭍으로 나온다. 말의 헤엄이 훨씬 빨라 거의 소의 두 배 속도로 땅을 밟는다. 네발 달린 동물이 무슨 헤엄을 그렇게 잘 치는지 보고 있노라면 놀랍기까지 하다.

그런데 장마기에 큰 홍수가 나면 이야기가 달라진다. 갑자기 몰아닥친 홍수로 강가의 덤프트럭마저 물살에 쓸려 가는 모습을 보면 공포감까지 든다. 가끔 그런 큰 홍수로 소와 말이 물에 빠지는 경우가 종종 있다. 그런데 참 신기하다. 평소 소보다 두 배 빠른 속도로 물에서 탈출하는 힘세고 거침없는 말들은 익사하고 위태로워 보이는 소들은 거센 물살 속에서 살아 나온다. 그 이유를 들여다보면 저절로 고개가 끄덕여진다.

말은 자신이 헤엄을 잘 친다고 생각해 강한 물살이 자신을 떠밀면 그 물살을 이기려고 기를 쓰고 물을 거슬러 헤엄쳐 올라간다. 1m 전진하고 물살에 밀려 1m 후퇴하고, 다시 1m 전진하고 1m 후퇴하기를 반복하다가 한 20분 정도 헤엄치면 제자리만 맴돌다 나중에는 온몸에 힘이 빠져 물을 마시고 익사해 버린다.

그런데 소는 절대로 물살과 맞서지 않고 위로 거슬러 올라가지 않는다. 그냥 물살을 등에 지고 하염없이 떠내려가면서 저러다 죽겠다 싶은 바로 그때 1m 강가로 다가가고, 또 10m 떠내려가면서 1m 강가로 다가가길 수십 차례 반복한다. 그렇게 한참을 떠내려가다 어느새 강가의 얕은 모래밭에 발이 닿으면 천천히 그리고 엉금엉금 한 걸음씩 뭍으로 걸어 나온다. 참 신기한 일이다. 소보다 헤엄을 훨씬 잘 치는 말은 물살을 거슬러 올라가다 힘이 빠져 익사하고, 헤엄이 둔한 소는 물살에 몸을 맡기며 천천히 천천히 뭍으로 빠져 나와 목숨을 건졌다는 '우생마사'의 스토리는 '바쁘게! 바쁘게!'를 외치며 전투적으로 살아가는 현대인들에 던지는 화두처럼 느껴진다.

방송에 직접 나왔던 내용이다. 오래전 한만청 서울대학교 대학병원장이 간암 말기에 걸렸다고 한다. 생존 확률 5%, 생존 기간은 6개월로 거의 사형 선고나 다름없는 청천벽력 같은 소식을 암센터 센터장으로부터 직접 들었다고 한다. 대학병원장으로 재직하면서 얼마나 많은 임상 사례를 접했겠는가? 직감적으로 자신에게 가망이 없다는 걸 알았다. 그리고 혼잣말로 중얼거렸다.

"무슨 5%! 1%나 되겠지!"

툭 하고 뱉은 자신의 말 속에 깊은 절망과 죽음의 그림자가 묻어 나왔다. 오랫동안 환자를 돌보며 늘 힘내시고 희망을 잃지 마시라고 격려했던 자신이 말기 암에 걸렸다니, 무슨 할 말이 있겠는가? 부정 감정에 온몸이 무너짐을 느꼈다. 죽음의 공포가 바로 앞에 온 것만 같았다. 바로 그 순간부터 그 병원장은 서서히 죽어 갔다. 암이 그를 죽여 간 것이 아니다. 그를 죽음 문턱까지 몰고 간 것은 병원장 바로 자신의 부정 감정이었다.

그러다 우연히 자신이 오래전에 수술했던 여러 사례들이 떠올랐다. 아무리 건강한 사람이라도 몸속에 용종(점막에 생기는 혹)이 하루에 수십 개씩 자라지 않는가? 다만 그것이 암으로 변하느냐 변하지 않느냐의 문제일 뿐. 결국 그는 마음이 문제였다는 사실을 깨닫고 자신이 가진 부정 감정을 긍정 감정으로 바꾸기 시작했다.

"그래, 1%의 생존율이 있다면 그 1%에 내가 들어가면 되잖아?"

그때부터 그는 암과의 싸움을 관점부터 바꾸었다. 암을 적이 아닌 동반자로 보는 시각으로 말이다. 내가 암을 적으로 보면 암도 나를 적으로 볼 것이다. 그러니 나를 편한 친구처럼 대하게 만들어 경계를 늦출 때 한 걸음 한 걸음 다가가 치료하면 된다고 생각하며 실천했다.

사람의 몸은 참 신비롭다. 마음이 몸을 지배하고 몸은 마음의 통제를 받는다는 말이 결코 틀리지 않았다. 마음을 그렇게 먹으니 몸도 한결 편해졌다고 한다. 암이 자신을 공격하면 자신은 한 걸음 물러섰다. 암이 잠시 방심할 때 한 걸음 다가가 약으로 치료했다. 그러기를 여러 차례……. 결국 생존 기간 6개월의 사형 선고에도 불구하고 그는 살았고, 그의 몸에서 나온 14cm의 암은 죽었다. 그를 살린 정신이 '우생 마사'의 교훈이었다. 대한민국 최고의 병원에서 병원장까지 역임한 그는 오래전 암과의 싸움에서 살아남았다. 그런 그가 이제는 '마음'과 '긍정'을 이야기한다. '현대인의 불치병', '절대 악'이라고 하는 암과의 사투에서 그는 결국 이겼다. 한 걸음 물러선다는 것은 퇴보가 아니다. 포기가 아니다. 그것은 희망을 위한 작은 타협이었다.

10
스크린에서 만나는 스승들

TV를 보다가 깜짝 놀랐다.

모 방송 채널 해외여행 프로그램에서 충격을 받았다. 충격이라 함은 전혀 기대를 하지 않았다가 기대 이상의 감동을 받았다는 뜻이다. 프로그램은 페루 안데스산맥의 여행지를 소개하던 중 현지 할머니가 한국 여행자에게 양고기수프도 대접하고 재밌게 안데스산맥에 있는 자신의 주거지를 보여 주는 장면으로 시작했다. 물론 그때까지 특별한 영상은 없었고 낯선 오지에서 재밌겠다는 생각과 불편하겠다는 생각을 양가감정처럼 가지고 편하게 보던 중이었다.

그런데 리포터가 할머니에게 "할머니, 이런 곳에서 사는 것이 행복하십니까?"라고 지나가듯 물었다. 할머니는 이국땅에서 온 한국의 리포터에게 당신이 무슨 이유로 내게 이런 질문을 던졌는지 너무나 잘 안다는 듯이, 무척 편안하게 말했다.

답변은 짧으면서도 가볍고 경쾌했다. 하지만 평범한 산골 마을 할머니의 답변이라 하기엔 말씀에 오묘함과 향기가 넘쳤다. 마치 가벼운 마음으로 TV를 보다가 첩첩산중에서 오랫동안 장좌불와長坐不臥를 하고 계신 고승에게 충격적인 촌철살인의 말씀을 들은 듯한 감동과 놀라움이었다.

프로그램이 끝나도록 할머니의 말씀을 곱씹고 또 곱씹으며 마지막 장면까지 빠짐없이 보았다. 소일거리를 마친 할머니가 땀을 식힐 겸 안데스산맥의 먼 산을 말없이 바라보자 한국의 리포터도 할머니 옆에서 먼 산을 말없이 바라보았다. 그 순간 무슨 대화가 필요할까? 무슨 위로가 필요할까? 그들은 한참을 아무 말 없이 안데스산맥의 높은 산과 바람을 눈으로, 몸으로 보고 느꼈다. 최근 내가 최고의 감동을 받은 순간이었다.

오랫동안 학생들에게 역사, 인문학, 예술, 종교, 미학, 심리학 그리고 의학을 가르쳤다. 이들 학문의 특징은 매번 같은 내용을 볼 때마다 새롭다는 것이다. 단테의 《신곡》에서 마크 로스코의 색면 추상의 명상 이미지, 존 케이지의 '4분 33초'의 소리까지 보고 들어 보았다. 하지만 그 어떤 곳에서도 안데스산맥의 할머니가 느낀 짧지만 굵고 큰 감동은 받지 못했다.

스스로를 행복하게 만들라는 메시지와 너무 많은 생각을 하지 말라는 간단하지만 큰 가르침은 의외로 원효의 일심一心 사상에 들어 있는 무소유의 가르침과 닮아 있었다. 산이라는 공통점이 그 할머니를 선승으로 만들었을까? 심리학과 상담학에서 다루는 최고의 화두는 행복과 비움이다. 나를 비롯해 내가 만나는 많은 수많은 사람이 행복해지고 싶어서 비워 내지 못하고 자신의 힘이 아닌 상담사의 힘을 빌리려 찾아온다. 30~40년, 50~60년을 자신의 신념과 습관대로 살아온 사람들의 행동을 수정하는 것은 정말 어렵다. 그런데 의외의 시간과 공간, 뜻하지 않는 장소에서 큰 스승을 만났다. 분명 안데스산맥의 TV 속 할머니는 안데스의 높은 산이 주신 자연이라는 스승에게 배우고 터득한 힘으로 감동의 이야기를 건넸을 것이다.

영화 〈파워 오브 원The Power of One〉(1992)은 남아프리카공화국을 배경으로 일찍 부모님을 여의고 혼자서 성장해 가는 PK라는 아이가 주인공이다. 가족이 없어 독일인에게 공부를 배우고 히엘 피트(모건 프리먼 분)라는 흑인에게 권투를 배우는 장면이 나온다. 그는 천대받는 흑인들을 인격적으로 대해 주면서 그들로부터 '레인메이커Rainmaker(비를 내리는 사람)'라는 전설적인 별명을 받는다. 그 영화에서 손꼽히게 감동적인 장면은 독일 교수가 어린 주인공 PK에게 말하는 대목이다.

> "학교에서는 자료를 기억하고
> 자연에서는 생각하는 법을 배워라.
> 자연은 뭐든 질문을 하면 반드시 네게 대답을 줄 것이다."

교수의 조언을 따라 자연의 소리에 마음을 연 PK는 그가 갈 미래의 길을 웅장한 빅토리아 폭포를 바라보며 눈으로 소리로 마음을 연다. 의미 치유의 대가 빅터 프랭클의 '행복은 마음에 있다'는 말과 원효의 '일심'이 행복은 스스로 만드는 것이라는 안데스산맥의 할머니의 편안한 말씀과 무엇이 다를까? 힘들게 세상을 돌며 마음의 구원과 행복을 찾으려는 현대인들에게 TV 속 가르침이 예수이고 부처라는 생각이 불현듯 든다. 가끔씩 나의 스승이 학교나 책이 아닌 스크린에 있지 않나 싶어져 놀란다.

긍정혁명

정의

"정의가 밥 먹여 주더냐?"

자라면서 지독하게 많이 들었던 말이다.

"나서지 마라!"

"모난 돌이 정 맞는다!"

"중간만 해라!"

부모님께서 신신당부하던 소원 같은 주문을 매번 난 따르지 못했다.

훈련소 시절 화생방 가스실에 5명씩 들어가는데 내 뒤에 서 있는 5번째 동기생이 방독면을 받지 못했다. 이유는 모른다. 얼이 나가 벌벌 떨고 있는 동기생을 본 순간 내 방독면을 주저 없이 양보했다. 38년 전의 이야기다. 하지만 아직까지 왜 내가 그런 행동을 했는지 나도 모른다. 5명중 혼자 방독면을 쓰지 않고 빵빵해진 볼 속에 공기를 잔뜩 집어넣은 채 호흡을 멈추고 긴장한 얼굴로 가스실에 들어가는데 조교가 큰소리로 외쳤다.

"모두! 방독면 벗어!"

그 시절 난 정의가 무엇인지 몰랐다. 하지만 떨고 있는 동기의 모습을 봤을 때는 방독면을 줘야 되겠다는 생각만 했다. 그리고 그 생각을 행동으로 옮겼다. 두려움은 없었다. 그게 끝이다. '침묵하는 100톤의 지식보다 실천하는 1그램의 정의가 세상을 바꾼다'는 거창한 슬로건은 나중에 만들어진 신념이었다. 점심 때, 내 방독면을 받은 동기가 웃으며 자신의 우유를 내밀었다. 정의는 머릿속의 단어가 아니다. 강렬한 실천이다. 그날 우유는 정말 달고 맛있었다. 지금까지 나에게 기억되는 정의의 맛은 여전히 우유 맛이다.

가장 추상적이지만 가장 선명하게
우리를 성장시키는 단어

11

'희생'이라는 이름의 생명의 빛

ROTC 후보생 시절인 37년 전 학군단의 군기는 엄격했다. 물론 지금은 사라진, 단지 옛 시절의 추억일 뿐이다. 대학 3학년인 ROTC 1년차의 시간은 고단했다. 이런저런 핑계로 매 맞는 일과 단체 기합은 일상이었기 때문이다. 그날도 예외 없이 우리는 선배들의 호출로 학군단 피복고에 집합해서 기합을 받았다. 늘 그랬듯이…….

하지만 그날만큼은 내 삶에서 가장 강렬한 하루가 되었다. 좁은 피복고에 102명의 동기생들이 시루 속 콩나물처럼 다닥다닥 붙어서 선배들의 훈시를 들었다. 곧 매타작이 시작되었고 간부들이 첫 희생자가 되었다. 매에 무슨 장사가 있던가? 누적된 매질에 간부 동기생 한 명이 맥없이 쓰러졌다. 일어나라고 악다구니를 쓰는 선배, 고통에 몸부림치는 동기……. 그날의 기억이 어제 일처럼 생생하다.

입단 초기라 선배들의 군기는 강렬했고 우리는 저항할 수 없었다.

그런데 그 짧은 순간에 내가 손을 들고 선배에게 말했다.

"선배님! 동기생 대신 제가 대신 맞겠습니다."

"뭐야?"

내 돌발 질문과 선배의 신경질적인 답변에 피복고는 얼어붙었다. 몽둥이를 던지고 문을 박차고 나가는 선배들의 뒷모습을 보면서 우리는 생각했다. '아, 이제 우리는 진짜 죽었구나.' 괜히 나서다 선배의 화만 돋우었으니……. 10분 후 평소 우리를 담당하는, 별명이 '엄마'일 정도로 착한 선배가 미소 띤 얼굴로 들어오면서 말했다.

"우리가 너희를 때리며 강하게 훈육한 것은 바로 동기들을 위한 희생정신을 교육하려 함이었다. 오늘 비로소 그 목표를 달성했으니 이제부터 모든 교육은 방식을 바꾸겠다!"

그때부터 우리는 졸업할 때까지 인격적으로 대접받았고 단 한 대도 맞지 않았다. 그 엄청난 기억이 내 몸에 남아 있는 희생이라는 이름의 가장 강렬한 교훈이었다. 학창 시절 수없이 들었던 대한민국 부모들의 교육 지침. 나서지 마라! 중간만 해라! 모난 돌이 정 맞는다. 난 늘 부모님의 교육 지침을 어겼고 그 결정이 나의 미래를 바꿔 놓았다. 그저 친구의 고통이 안쓰러워 대신 맞으려 했고 용기 내어 손을 들었을 뿐인데 전체 동기들을 고통에서 해방시킬 수 있었다는 경험은 생명의 빛과 마주하는 순간이었다. 그 후 그 놀라운 감동은 내 무의식을 바꾸었고 그 신념이 '카우보이 교수' 탄생의 바탕이 되었다.

남극에 사는 펭귄은 무리를 이루며 생활한다. 수백 마리의 펭귄들은 남극의 신선한 풍부한 치어들과 크릴새우가 주식이다. 하지만 쉽게 바다에 뛰어들지 못한다. 이유는 간단하다. 자신들의 천적 바다표

범 때문이다. 언제 천적이 나타나 자신들을 노릴지 모르기 때문이다. 하지만 용기 있고 기개 넘치는 펭귄 한 마리가 과감하게 남극의 물속으로 뛰어들어 자유롭게 먹이 사냥을 한다. 그 모습을 보고 수백 수천 마리의 펭귄들이 뛰어들어 함께 만찬을 즐긴다. 한 마리의 과감한 도전이 수많은 동료를 배고픔에서 구하는 순간이다. '퍼스트 펭귄'의 스토리는 단순한 '선구자'나 '도전자'를 뜻하는 관용어의 탄생이 아니다. 그 속에는 죽음과 고통이라는 '생명의 불꽃'이 각인되어 있다. 그래서 아름다운 것이다.

세계에서 가장 강한 군대인 로마를 9번이나 물리치고 약 2년 동안 전쟁의 주도권을 쥘 수 있었던 것은 오직 스파르타쿠스라는 퍼스트 펭귄의 희생이 있었기 때문이다. 그가 믿는 하느님은 돈도 명예도 권력도 아닌 '자유', 오직 그것뿐이었다. 순수한 마음으로 무장한 희생의 힘은 위대했으며 자유의 힘은 강했다. 2,000년 전 자유를 외친 노예 스파르타쿠스를 우리가 기억하는 이유는 오직 생명의 불꽃 그것 때문이다. 불꽃이 꽃불이 될 때 수많은 사람이 불씨를 공유한다. 함께 공유한 불꽃은 그래서 꺼지지 않는다. 스파르타쿠스의 불꽃이 아르헨티나에서 체 게바라를 낳았고, 미국은 마틴 루터 킹을 낳았고, 우리는 안중근을 낳았고 유관순을 낳았다.

모든 걸 비움으로써 비로소 채워진다는 강렬한 문장, '텅 빈 충만(무소유)'의 역설도 자기희생의 결과인 셈이다. 그래서 아름답다. 험한 돌산 때문에 사랑하는 아내를 잃은 인도인 만지히가 22년을 정과 망치만 가지고 돌산을 뚫고 길을 낸 것은 오직 사랑하는 아내를 위해 타오르는 생명의 불꽃이 있었기 때문이다. 그것은 분명 또 다른 희생의 얼굴이다. 순수하고 아름다운 희생은 수많은 영웅들을 만들어 낸다.

1,000억에 가까운 금액을 절에 모두 기부한 길상사 시주 김영한(일명 자야)은, 돈이 아깝지 않느냐는 기자의 질문에 이마저도 한때 자신이 사랑했던 백석의 시 한 줄만 못하다고 했다. 그 덤덤한 대답이 거인의 일갈 같아 소름이 돋는다.

고독과 두려움의 두꺼운 외투를 입고 있는, 카타르시스에 가까운 기쁨을 느낄 수 있는 희생의 속살은 그래서 눈부시게 아름답다. 다가오는 가을, 길상사 성모님을 닮은 관세음보살을 보면서 희생이라는 이름의 생명의 빛을 만나면 좋겠다.

고독과 외로움이 '삶의 후퇴'라면 희생과 이타는 '삶의 도전'이다. 하는 일이 지독히도 풀리지 않는다고 상담을 요청한 내담자에게 남에게 행복을 나눠주는 '봉사'와 '행복'의 씨앗을 딱 1년만 뿌려 보라는 미션을 주었다. 3년 뒤 그 내담자의 삶이 너무너무 행복하다는 증거를 페이스북에서 확인할 수 있었다. 때론 역설의 도전이 내 팔자를 고치기도 한다.

물론 도전에도 '용기'가 필요하다.

가끔, 거인의 어깨 위에서 세상을 보자

가끔, 거인의 어깨 위에서 세상을 본다. 힘들고 외롭게 타지에서 미래를 위해 오늘을 견뎠던, 줄 없고 '백' 없던 시절을 떠올리면 거인의 존재는 나를 위로한 유일한 친구이자 스승이었기 때문이다.

2023년 12월. 영화 〈노량, 죽음의 바다〉가 나왔다. 이순신 시리즈의 완결판이다. 독서는 앉아서 하는 여행이고, 여행은 걸으며 하는 독서라고 했다. 그런 시각에서 보면 영화는 두 가지 모두의 장점을 가지고 있다. 나처럼 여러분처럼 외롭고 고달팠던 시절을 보냈거나 보내고 있는 사람들은 거인의 마음을 통해 위로와 치유를 받을 수 있다. 이순신은 나의 구루이며 거인의 어깨다. 거인의 발자취를 통해 나의 고독을 위로 받는다.

외로운 남도……. 임지에서 보낸 이순신의 8년은 역사와 운명이 만든 자발적 유배였다. 전쟁이 발발하기 전 도도한 역사의 흐름 속에 이순신은 없었다. 마흔이 넘도록 주연은커녕 조연의 역할도 맡지 못했다. 아무도 그를 주목하지 않았고 중용하지 않았다. 당쟁과 오만에 빠져 버린 위정자들이 만든 왜곡된 역사에 정의로운 자의 심지는 쓸모없는 불쏘시개였다. '작은 배역은 있어도 작은 배우는 없다.' 이순신이 맡은 배역은 비록 작았지만 그는 결코 자신의 역할을 부끄러워하지 않았다. 작은 일에도 최선을 다하는 중용 23장의 정신을 묵묵히 실천할 뿐이었다.

조선은 건국 이래 당쟁과 사화는 많았지만 전란은 없었다. 200년 가까이 이어진 외란 없는 혼돈의 정국은 사람들의 이성을 비틀어 놓았다. 혹시 모를 전쟁에 대비하라는 율곡 선생의 '10만 양병'도 백성들의 불편을 가중한다며 해산시켰다. 끊어진 현실 감각의 말로다.

연이어 보고되던 왜란의 징조도 파견 보낸 세 명의 통신사가 서로 다른 내용으로 보고를 하는 바람에 혼란만 더욱 부채질했다. 선조는 적들이 쳐들어오지 않을 것이라는 보고를 신뢰했다. 바람을 현실로 착각한 선조와 조정의 안이함이 도를 넘었다. 선조의 예민한 성격을 자극하지 않으며 조용히 대비하려 했던 것은 아닐까 하는 가능성을 위안 삼고 싶어도, 조용하게 준비하는 전쟁은 없다. 전쟁의 진정한 모습을 모르던 위정자들에게 다가온 현실은 차갑고 잔인했다.

전선은 초장부터 깨졌다. 비명을 지를 시간조차 주어지지 않았다. 무너진 전선마다 주검이 넘쳤다. 산 자와 죽은 자의 구분이 없었고 의미도 없었다. 산 자들도 시간이 지나 곧 죽은 자가 되었다. 재난을 대비하지 않은 자들의 자상刺傷은 생각보다 컸다. 죽는 자의 비명과 산 자의 울음이 조선 팔도를 흔들었다. 울음은 깊었고 시간은 길었다.

1592, 임진년壬辰年 잔인한 4월의 여름과 1598, 무술년戊戌年 차가운 11월의 겨울은 전쟁의 시작과 끝이다. 그 치열했던 운명의 시간에 영웅은 등장했고 또한 사라졌다. 장군의 등장과 존재 자체가 마치 그 전쟁을 위해 준비된, 아무 대책도 없는 조선의 유일한 해결책이었던 것처럼 말이다.

영화 〈명량〉(2014)에서 묘사한 건, 전쟁의 처음도 끝도 아닌 중간에 일어났던 가장 드라마틱한 전장이었다. 한산대첩이 '화려한 불꽃'이라면 노량해전은 '불타는 노을'이고 명량대첩은 '작열하는 태양'이다. 한산대첩이 푸치니의 '공주는 잠 못들고'라면 노량해전은 베토벤의 '운명'이고 명량대첩은 칼 오르프의 '카르미나 부라나'다. 작열하는 태양에서 흘러나오는 카르미나 부라나의 선율처럼 명량의 싸움은 조선의 운명을 건 마지막 불꽃같은 전투였다.

두 달 전 칠천량(경남 거제시 앞바다)에서 원균이 이끈 조선 수군은 괴멸했다. 모든 걸 잃어버린 조선의 운명은 그야말로 바람 앞의 촛불이었다. 조선 수군을 파하고 육군으로 합류하라는 선조에게 이순신은 '신에게는 아직 열두 척의 전선이 있습니다今臣戰船尙有十二'라는 장계를 올려 운명의 전쟁을 준비한다.

김한민 감독은 명량을 중심으로 한 전쟁 직전의 모습과 당시 전쟁의 모습을 정직하게 그렸다. 기존 영화들이 보여 준 영웅담의 스토리 위주가 아닌 절대 위기의 전쟁터에서 한 장수가 직면해야 할 감정을 여과 없이 그렸다. 영웅의 모습이 아닌 풍찬노숙風餐露宿 고뇌하는 장군의 모습이었다.

13 대 133, 13 대 300이라는 숫자는 의미가 없다. 그 숫자들이 장군

의 위대함을 다 설명해 주지는 못한다. 우리가 영화 〈명량〉을 통해 기억해야 할 것은 장군의 전적과 승리의 스토리가 아니다. 절대적 열세 속에서도 결코 잃지 않았던 장군의 평정심은 무엇이었나? 수군들을 어떻게 하나로 뭉치게 할 수 있었던가? 어떻게 정보를 입수하고 조직을 관리했던가? 23번의 전투에서 보여 준 이순신의 전술은 어떠했는가? 그리고 마지막으로 장군의 삶을 관통한 '무의 정신'은 과연 무엇이었는가? 이런 주제야말로 기억돼야 하는 것들이다.

영화는 '명량'을 그리고 있지만 '명량'을 통해서 이순신의 본질을 만난다. 자료를 찾으면 찾을수록, 공부를 하면 할수록 감동 대신 먹먹함이 밀려온다. 측은지심惻隱之心이다. 이 글을 쓰는 동안에 한산대첩, 명량대첩, 노량해전이 일어난 전적지를 모두 방문했다. 땅으로 밟아 보고 싶었고, 눈으로 확인하고 싶었고, 가슴으로 느끼고 싶었다. 어떻게 책상머리에서 감히 그분의 행적을 쫓을 수 있겠는가?

오늘의 삶에서 해답을 찾지 못했거든 이순신 장군의 《난중일기亂中日記》를 읽어 보라. 자존감이 떨어져 삶의 의욕을 잃었다면 《이충무공 행록行錄》을 읽어 보라. 길 위에서 인문학을 느끼고 싶다면 김훈의 《칼의 노래》를 읽어 보라. 한 편의 영화로 존재의 이유를 느끼고 싶다면 영화 〈명량〉을 보라. 이순신의 존재는 삶의 이정표이자 고단한 삶의 치료제다.

그분의 삶을 몸으로 느끼고자 장군께서 입었던 무관의 공복 '천릭天翼'을 26년 째 입고 있다. 장수로서의 기상을 느껴 보기 위해 30년 전 장군 복장을 하고 사진을 찍어 놓았다. 이러한 모든 노력에도 불구하고 그분을 온전하게 느끼지는 못했다. 그분은 오직 '행동하는 정의'에 있다. 홀로 있을 때 삼가는 '무자기無自欺'의 정신 속에서 그분을 만날 뿐이었다.

영화 〈명량〉, 〈한산〉, 〈노량〉은 '행동하는 정의'와 '무자기' 정신의 완결판이다.

거인의 어깨 위에서 바라본 세상은 오늘을 견디게 하는 힘이다. 지금도 그러하고 앞으로도 그러할 것이다.

31살 때 이순신 장군을 너무 닮고 싶어
무작정 KBS 방송국으로 찾아갔다.
장군 복장을 빌리려고 의상실 팀장 사무실 문밖에서 3시간을 기다렸다.
내 무모한 기다림의 간절함을 알았는지
의상실 팀장님은 내 당당함을 담보로 장군복을 24시간 빌려 주었다.
이 한 장의 사진은 꿈의 행동화가 만든
'긍정 혁명'의 동력이 되었다.

13

벼랑 끝에서 만난 희망의 증거 'All is well'

It ain't over till it's over.
끝나기 전에는 끝난 게 아니다.

많은 사람이 이 대사를 손예진과 김갑수의 열연이 돋보였던 영화 〈공범〉(2013)에서 어린 남자아이를 유괴해 잔인하게 살해한 범인의 마지막 독백과 그 영화의 포스터를 장식했던 메인 카피로 기억하고 있다. 그러나 사실 이 명대사의 원조는 미국의 야구 영웅 요기 베라Yogi Berra, 1925~ 2015가 던진 촌철살인의 명언이다. 이 명대사는 그가 뉴욕 메츠 감독을 맡았던 1973년 시즌 중반, 팀이 상당한 부진에 빠져 우승과는 거리가 멀어 보였을 때 나왔다. '끝나기 전에는 끝난 게 아니다.' 요기 베라는 자신이 던진 이 말을 증명이나 하듯 보란 듯이 리그 우승을 차지했다.

이왕 야구 이야기가 나왔으니 조금만 더 이야기해 보자. 미국의 전설적인 홈런 왕 하면 야구에 조금만 관심 있는 사람은 누구나 베이브 루스를 떠올릴 것이다. 1974년 행크 아론이 755개의 홈런을 칠 때까지 지구상에서 그의 기록을 깬 사람은 아무도 없었다. 미국에 수많은 야구 영웅이 있지만 특히 베이브 루스가 유명한 이유는 그가 남긴 명대사 때문이었다.

"내가 714개의 홈런을 칠 수 있었던 것은
1,330번이나 삼진을 당했기 때문이다."

베이비 루스의 홈런이라는 성공은 역설적이게도 1,330번의 삼진이란 이름의 실패 속에서 나왔다. 야구를 해설하는 사람들은 가끔씩 야구를 인생에 비교하곤 한다. 모두 졌다고 생각하는 그 순간에 터지는 9회 말 역전 스리 런 끝내기 홈런처럼 인생도 가끔은 그런 역전이 있기 때문에 다들 마지막까지 최선을 다하는지도 모른다. 벼랑 끝에서 만난 희망의 증거가 바로 9회 말 끝내기 홈런 한 방이기 때문이다. 우리가 야구와 축구를 좋아하는 것도 결코 마지막까지 자만해선 안 된다는, 끝날 때까지 승부를 예측할 수 없다는 교훈이 전설처럼 내려오기 때문은 아닐까?

그런 의미에서 2018 러시아 월드컵에서 확인한 우리나라와 독일의 경기는 아마도 이 명대사가 살아 있는 가장 뜻깊은 경기가 아닐까 싶다. 16강의 유리한 고지를 점령하기 위해 독일도 우리도 한 치의 양보도 내줄 수 없는 경기였다. 결과는 2:0, 우리 붉은 악마의 승리. 팽팽

한 공방이 이어진 가운데 후반 45+1분 김영권 선수와 후반 45+5분 손흥민 선수의 기적 같은 연속 골로 한국은 세계 최강 독일을 이겼다. 같은 시각에 벌어진 경기에서 스웨덴이 멕시코를 꺾는 바람에 아쉽게 16강에 진출하진 못했지만, 우리 축구의 저력과 오만이 주는 따끔한 교훈이 있었던 2018년 러시아 월드컵 최고의 경기로 평가받았다. '끝나기 전에는 끝난 게 아니다.' 잊고 있었던 명대사의 교훈이 흐릿해질 즈음 다시 보여 준 사건은 우리의 지친 심장을 계속 두드렸다.

사실 그랬다. FIFA 랭킹 1위, 전년도 우승국의 타이틀까지 가진 독일의 전적은 화려했고 눈부셨다. 대놓고 드러내지는 않았지만 두세 수 아래로 본 한국의 축구에 질 것을 그 누구도 예상 하지 않았다. 그들은 16강, 8강에 올라올 국가들의 전력에 맞춰 긴 호흡으로 작전을 짰던 것이다. FIFA 랭킹 57위인 한국 선수들의 꼭 이겨야 하는 이유와 열정과 투혼을 과소평가했다.

모든 것이 공평한 그라운드 위에서 가진 자의 화려한 전력이 꼭 현재와 미래의 운명을 결정 짓는 것은 아니다. 과거의 화려한 전력은 없지만 현재의 투지와 미래에 대한 확실한 신념이 과거의 전력을 뒤집는 결정적인 요인이 되기도 한다. 이것이 세상살이를 마지막까지 포기할 수 없는 이유고 아들러 심리학의 요체다.

모든 것이 끝났다고 생각하는 순간, 17년간 영혼을 함께 나눈 모든 시간이 내게 또 다른 삶의 의미로 다가왔다. 17년 동안 단 한 번도 방 밖을 나가 본적 없는 뇌성 마비 동생. 병으로 앰뷸런스를 타고 시내를 내달릴 때가 어쩌면 동생의 처음이자 마지막 여행이었는지도 모른다. 돌이켜 보니 동생이 이루지 못한 모든 것을 대신 해 주고픈

간절한 마음과 소망이 어쩌면 지금의 나를 완성시킨 숨은 조력자였
을지도 모른다. 전국을 다니며 강연을 하는 나의 걸음 속에, 영혼을
움직이는 마음의 속삭임 속에 내 인생의 가장 짙었던 파란색 스토리
는 나를 단련시킨 또 다른 긍정의 연금술이었다.

14

추운 겨울을 견딘 매화의 향기

어느 시인은 나무의 성장을 흔들림에서 찾았다.

'수목 한계선'이라 불리는 로키산맥 해발 3,000m 그 척박한 곳에서도 나무가 생존할 수 있는 건 모질고 매서운 바람 때문이다. 그곳의 나무들은 더 굵고 단단한 밑동을, 더 깊고 굵은 뿌리를 가졌다. 허리가 꺾여 당장이라도 부러질 것 같은 몸뚱이로 500년을 버틴다. 바람과 흔들림은 나무에게 그저 생존을 위한 하나의 '과정'일 뿐이다.

그러고 보면 죽은 나무가 흔들리는 법은 없다. 흔들림도 살아 있는 나무만이 누리는 축복이다. 나무도 사람도 그렇게 흔들리면서 자라는가 보다. 시련이 만들어 낸 뿌리는 더 깊고 단단하게 흙을 움켜쥐고 있다. 자연은 이렇게 늘 우리를 몸으로 가르친다.

나는 심리 치료와 관련해서 자연을 이용한 치유 프로그램 한 가지를 꼭 넣는다. 나만의 치유 레시피라 해 두자. 들이는 품 대비 치유 효과가 기대 이상이다. 머리로 느끼는 감성과 오감으로 느끼는 감성의 차이는 하늘과 땅이다.

그래서 삶의 절벽을 마주한 사람들에게 꼭 한번 가 보라고 권고하는 곳이 있다. 한 곳은 제주도 위미리에 있는 동백나무 군락지고 다른 한 곳은 양산 통도사 홍매화가 피는 곳이다. 인생 사진을 남길 수 있는 대한민국의 몇 안 되는 곳이며 동시에 자신을 치유할 수 있는, 단언컨대 가장 뜻깊은 공간이다. 하루를 투자해 당신의 인생을 바꿀 수 있는 유일한 곳이라고 하면 너무 과장된 선전일까? 그래서 완벽한 치유의 시간을 갖기 위해선 완벽한 계절이 필요하다. 겨울과 봄이 만나는 접점, 그 짧은 간극에 치유의 시간이 극적으로 존재한다.

겨울의 끝자락은 눈으로, 봄의 시작은 꽃으로 서로의 존재감을 드러낸다. 1년 365일 가운데 아주 짧은 어느 날 기적같이 이 둘은 서로 만난다. 하늘나라 목동 견우와 옥황상제 손녀 직녀가 1년에 단 하루 오작교烏鵲橋에서 만나 흘리는 기쁨의 눈물처럼 제주의 위미리 동백꽃과 통도사의 홍매는 눈과 꽃으로 서로를 반긴다. 감히 겨울에 꽃을 볼 수 있을 줄 상상하지 못해 느껴지는 신기함 때문인지 눈 속에 피어난 동백과 매화의 붉은 빛은 겨우내 죽어 있던 심장을 다시 뛰게 만드는 신비한 능력이 있다.

만약 추운 겨울의 찬바람과 냉기를 뚫고 기어코 꽃을 피워 낸 모습에서 감동을 받았다면 당신은 겨울 꽃이 가진 외면의 모습을 읽은 것이다.

동백꽃같이 고운 열일곱 살 어린 나이에 시집온 현병춘 할머니는 가뭄 때 갈라 터진 발뒤꿈치처럼 생긴 거친 황무지를 눈물로 개간했다고 한다. 제주의 모진 바람을 막기 위해 심은 눈물 꽃은 위미동백나무 군락지가 되었다.

통도사를 창건한 자장율사의 이름을 빌려 '자장매慈藏梅'라 불리는 영각影閣 앞에는 홍매화가 핀다. 선승의 수행처럼 370년을 그 자리를 지키고 있다. '모든 진리를 회통하여 중생을 제도한다通萬法度衆生'는 의미를 담고 있는 '통도通度'처럼, 모든 방편을 동원하여 중생들을 행복하게 하고자 하셨던 부처님의 무량 같은 마음마저 느껴지는 우직함이다.

제주 위미동백나무 군락에서 꽃사슴 같은 새댁의 눈물을, 통도사 홍매에서 부처님의 마음을, 떨어지면서 황토를 붉게 물들여 땅과 한 몸이 된 꽃잎에서 눈물의 의미를 읽어 낼 수 있다면…… 이미 당신은 겨울 꽃의 속살거리는 내면까지 읽어 낸 것이며, 어느덧 삶의 절벽 위에 당당히 올라 있는 자신을 발견할 수 있을 것이다.

그해 겨울의 추위가 모질수록 꽃의 색깔이 더 붉어진다는 25년 전 통도사의 이름 모를 수도승에게 들었던 이야기가 가슴에 콕 박힌 채 아직까지 보석처럼 빛나고 있다.

신기하게도 시련의 상징이라고 하는 명사들의 삶 속을 들여다보면 공통점이 있다. 자신의 처지를 유독 나무에 많이 비유했다. 그것도 겨울나무에. 어쩌면 화려한 꽃을 피울 수 없는 추운 겨울을 오롯이 견디는 겨울나무에게서 자신의 모습을 찾았는지도 모를 일이다.

추사가 그려낸 칼칼한 '세한도歲寒圖'엔 유배 5년 차 권세와 물욕으로부터 멀어진 자신을 닮은 겨울 소나무가 등장하고 '척주 만곡'이라는 신체 장애와 처절한 가난을 혹처럼 달고 산 요절 화가 손상기의 작품에도 자신을 닮은 작품 '자라지 않는 나무'가 등장한다. 멕시코 출신의 비운의 화가 프리다 칼로의 작품에도 자신의 투사적 작품인 '상처 입은 사슴'에 겨울나무는 등장한다. 겨울나무는 시련을 극복하는 자신들의 모습의 상징이다.

《야생초 편지》의 저자 황대권은 나무 대신 야생초를 선택했다. 30살에서 44살 인생의 가장 빛나는 황금기에 간첩단 사건으로 사회로부터 격리되어 감옥에서 시들어 갔다. 다 죽어 가는 그를 살린 것은 의외로 버려진 야생초였다. 아무도 돌보지 않고 버려진 야생초를 통해 삶의 의미를 발견했고 상처뿐인 그의 몸과 마음도 치유되었다.

어디 그뿐이던가? 동토의 절망 속에서도 마지막 남은 씨 과실을 먹지 않고 땅에 심음으로써 새싹을 키우고 마침내 나무와 숲을 이루어 희망을 잃지 않는다는 '석과불식碩果不食'을 화두처럼 키워 낸 다산 정약용은, 정조 사후 천주교 사건으로 18년을 유배하는 동안 좌절하는 대신 시대의 큰 스승으로 거듭났다. 겨울을 즐기고 눈을 즐기며 꽃을 피우는 정신은 도대체 어떤 경지일까? 나이를 먹는다고 다 아는 것은 아니다. 그것은 오직 즐겨 본 자의 몫이다.

梅經寒苦發淸香

매화는 추위를 겪을수록 더욱 맑은 향기를 내고

人逢艱難顯其

사람은 어려움을 겪을수록 그 절개가 드러난다

사서오경 중 하나인 《시경詩經》에서 찾은 딱 맞아 떨어지는 글귀다. 25년 전에 만났던 수도승의 말씀이 새롭게 느껴진다. 내가 휴식 때마다 찾는 강진. 다산초당과 백련사 사이에 있는 동백꽃이 피처럼 붉다. 지독한 좌절과 절망의 시간을 정련해서 창작의 보검을 벼린 그 신념은 여느 따뜻한 4월에 피는 꽃보다 더 붉다. 1km 남짓 되는 동백 뿌리를 계단 삼아 그 길을 걸을 때마다 속으로 속삭인다. '겨울의 날씨가 모질수록 꽃의 색깔은 더 붉어진다……'

15

'직면의 힘'이 만든 천 년의 전설

위험에서 도망가기는 쉬워도 목숨을 걸며 마주하는 건 영화 속에서나 이루어지는 이야기일 뿐이다. 우리 기억 속에서 직면은 늘 영화 속 주인공의 몫이었고 단 한 번도 나의 이야기였던 적이 없다. 하지만 언젠가 마주할 두려운 현실과 한 번이라도 당당하게 맞선 기억을 가진다면 우리는 '직면'이 영화 속 주인공들만의 몫이 아니라 나의 운명임을 발견하게 된다. 그래서일까? '직면의 힘'이라는 위대한 승리의 공식은 꼭 몸의 공포를 이겨 내는 경험을 통해서만 찾아온다.

도망가는 자의 눈빛이 갈색빛 회색이라면 맞서 싸우는 자들의 눈빛은 푸른빛 황금색이다. 도망가는 자의 심장이 작은 북의 난타라면 맞서 싸우는 자들의 심장은 큰북의 두드림이다. 선조는 임진왜란 발발 17일 만에 도성을 버리고, 백성을 버리고 종묘사직을 등졌다. '결코 도성을 버리지 않겠노라'고 발표한 직후였다.

1950년 6월 25일, 이승만은 전쟁 발발 이틀째인 27일 새벽 열차로 몰래 서울을 빠져나가며 국민을 버렸다. 그날 저녁 '본인도 국민과 함께 서울을 지키고 있습니다.'라는 말이 라디오의 전파를 타고 흘러 나왔다. 그 시각 그는 대전에 있었다. 2014년 4월 16일, 진도 앞바다에 세월호가 침몰할 때 승무원과 함께 빠져나온 이준석 선장은 꽃 같은 어린 학생 300여 명을 차디찬 바다에 버렸다. '동요 말고 제자리를 지켜라.'라는 방송을 남긴 채……. 도망가는 자의 모습은 가슴에 칼을 꽂고 죽은 도깨비의 슬픈 그림자를 닮았다. '거짓'과 '위선'이 한 걸음 떨어져 있는 '비겁'을 만나 만든 노래는 영혼이 죽은 자가 부르는 장송곡이다.

영화 〈아바타〉(2009)에서 주인공 제이크 설리가 나비족의 일원이 되기 위한 마지막 과정으로 이크란과 접속을 시도하려 할 때 여주인공 네이티리는 제이크에게 '사헤일루'를 외치며 교감을 나눌 것을 요구한다. 직면은 때로 '교감'의 모습으로 나타난다. 이후 하늘나라 사람들의 무자비한 폭격으로 나비족이 전멸당할 때 주인공 제이크 설리는 목숨을 걸고 거대한 리오늅테릭스와 접속을 시도한다. 실패는 죽음이고 성공은 '토르크 막토'라는 전설의 영웅이다.

그리고 직면은 '도전'의 얼굴도 가진다. 자연과의 조화, 그리고 평화에 익숙한 나비족이 자신의 삶을 위협하는 공포에도 당당히 맞설 수 있었던 힘은 위대한 대자연은 승리한다는 확신에 있었다. 그 힘이 '도전'의 원천이었고 두려움을 이겨 내는 힘이었다. '교감'과 '도전'이 만든 직면의 에너지는 모든 것을 포기한 절망의 나비족을 전의에 불타는 위대한 전사로 만들었다.

정의로운 직면이 만든 위대한 스토리는 또 있다. 13세기 스코틀랜드의 독립 영웅 윌리엄 월레스(멜 깁슨 분)의 이야기다. 그의 사랑과 투쟁을 그린 영화 〈브레이브하트〉(1995)에서 주인공의 여인 머론은 잉글랜드 롱생크 왕의 폭정으로 사망한다. 그리고 사랑하는 여인을 위해 일어선 스털링의 첫 전투에서 기적적으로 승리한다. 그러나 이 극적인 승리 뒤에는 도망가는 농민군 사병들을 향해 진정한 '자유'의 가치를 일깨운 윌리엄 월레스의 웅변이 있었다. 어쩌면 그 야수의 울부짖음 같은 웅변이 없었다면 승리를 장담하기 어려웠을지도 모르는, 기적 같은 승리였다.

농민이 주축이 된 5천 명의 스코틀랜드의 군사들은 그들에 비해 5배나 많은, 훈련된 잉글랜드 정예군 2만 5천 명을 보고 전쟁을 하기도 전에 기세에 눌렸다. 적의 숫자가 너무 많았다. 훈련된 병사와 싸우다 죽을 가능성이 너무 높았다. 살고 싶다면서 도망가는 스코틀랜드 군사들을 향해 윌리엄 웰레스는 외쳤다.

"그렇소, 싸우다 죽을 수도 있소.
하지만 달아나면 당분간은 살 수 있겠지만
세월이 흘러 죽게 되었을 때
오늘부터 그때까지의 시간을 맞바꾸고 싶을 겁니다.
만약 당신에게 그들에게 외치고 싶은
단 한 번의 기회가 주어진다면
당신은 이렇게 외치고 싶을 것이오.
우리의 목숨을 빼앗을 순 있지만

자유는 결코 빼앗지 못할 거라고!"

직면에 관한 외침 중 이보다 더 강렬한 웅변은 없었다. 이 대사를 거듭 외치는 것만으로도 날카로운 직면의 칼 한 자루를 품고 살아갈 수 있을 것이다. 영화 〈브레이브하트〉에서의 직면은 '자유'였다.

회피하지 않고, 변명하지 않고, 도망가지 않는 당당한 모습이 직면의 얼굴이다. 우레와 같은 소리를 내고 짙은 신록의 푸름을 갖고 하늘을 닮은 이가 직면하는 사람의 모습이다. 그들은 천둥의 소리가 나고 초록의 향기가 나고 쪽빛을 닮았다. 영화 〈글래디에이터〉(2000)에서 막시무스 장군이 게르마니아와의 전쟁에서 기마병들에게 유머 섞인 말로 두려움을 극복하게 해 준다. 극한의 공포마저 웃음으로 넘길 수 있게 하는 가공할 여유는 직면이 갖고 있는 또 다른 모습이다. 21세기 최고의 캐릭터를 창조하는 할리우드에서 만든 가장 정의롭고 완벽한 인물 막시무스. 그 캐릭터를 뛰어넘은 유일한 실존 인물은 이순신이 아닐까? 장군의 눈빛을 닮고 싶다.

우리에게 직면이란 무엇일까? 수많은 단어와 수식어를 아무리 붙여 보아도 어울리는 표현이 없다. 그러나 딱 하나가 있다. 바로 '사랑'이다. 수많은 의미를 함축하고 끌어안고 있는 직면의 모습을 압축적으로 표현할 수 있는 유일한 단어는 내가 아는 한 이것뿐이다. 언어적 유희에 휘둘리지 않고 직선으로 표현할 수 있는 최고의 용어다. 그 사랑의 힘이 모두를 살렸다. 직면의 다른 모습, 다른 얼굴인 사랑은 나를 살리고 우리를 살리는 신이 인간에게 부여한 가장 위대한 정의다.

용기

'두려워하지 않고 당당하게 맞설 수 있는 용기를 주소서!'

평소 내가 하는 기도다. 그래서 집의 당호도 '두려움 없이 당당하다'는 의미의 무외헌無畏軒으로 정했다.

강연 도중 용기가 무엇이냐는 관객들의 질문에 난 항상 이렇게 말한다.

"선과 악을 구별할 수 있는 것을 '지혜'라고 부르며 그 선의 기준은 항상 '정의'입니다. 여기에 '용기'는 선의 기준이 되는 정의가 사라졌을 때, 그것을 되찾아 올 수 있는 행동입니다. 결국, 용기는 내 안의 빛을 찾는 가장 적극적인 행동인 셈입니다."

멋지지 않은가? 하지만 용기가 늘 그렇게 유려한 책속의 이미지처럼 존재하는 건 아니다. 넘어졌을 때 잠시 쉬어 가는 것도 용기고, 무조건 싸워 이기는 것 보다 때론 멋지게 져 주는 것도 용기란 걸 알아야 한다. 수백만 원짜리 명품 가방보다 3만 원짜리 에코 백을 센스 있게 드는 것은 당당한 용기고, 노모의 주름진 손을 꼭 잡고 천천히 걷는 것은 내면이 아름다운 용기다.

내게 용기는 언제나 안과 밖이 두려움 없이 당당한 얼굴의 모습이었다.

내 안의 슬픔과 분노가 빛을 만나
만들어 낸 긍정 에너지

16

'위로'와 '응원'의 힘

"상담 선생님입니까? 제발 저 좀 살려 주이소!"

"우찌 살아야 할지 도저히 답이 없심더!"

눈꺼풀이 무겁게 내려앉은 새벽 5시. 밤을 꼬박 새운 상담사에게 새벽닭이 울 때쯤 울리는 전화벨 소리는 세상에서 가장 힘겨운 상대다. 하지만 정신이 번쩍 드는 첫 마디에 위험을 직감하고 자세를 바로했다.

새벽 전화는 긴급을 요하는 사연들이 많았던 경험을 몸이 기억하기 때문이다.

"많이 힘드시죠? 지금 어떤 상황인지 천천히 말씀해 주실 수 있으십니까?"

"죽고 싶어요! 너무 답답해서 선생님께 전화를 드리는 겁니다."

2020년 2월 18일, 교회 관련 코로나19 확진자가 처음 발견된 뒤 한 달 만에 대구·경북 지역의 확진자가 8,000명으로 불어났다. 심각한 우울감을 호소하는 시민들을 위해 대구가톨릭대학병원에 급히 통합 심리지원단이 꾸려졌다. 새벽의 전화는 지원단으로 자청해서 간 바로 그곳에서 받은 전화였다.

전화기 너머로 술 냄새가 진하게 풍겼다. 혀가 꼬여 횡설수설하는 가운데에서도 삶의 고단함은 선명하게 읽혔다. 투박하면서 직설적인 화법은 순수하지만 한계에 도달한 사람에게서만 느낄 수 있는 특이한 언어적 형태다. 코로나로 일하던 곳에서 나오게 되었고 현재 원룸에 거주 중이라고 한다. 장애를 가진 오빠와 같이 살며 자신이 삼시 세끼를 챙기고는 있는데 너무 힘들고 지쳤다는 뭉크의 그림 같은 절규.

긴급한 상황에 대비하기 위해 간단한 소재 파악을 하고 바로 상담에 들어갔다. 짧은 전화 대화만으로 내담자의 장점과 강점을 신속히 파악해야 한다. 그리고 중간중간에 내담자를 안심시킬 피드백까지 주어야 한다. 짧으면 10분, 길어도 30분을 넘기면 안 된다. 너무 시간이 길어지면 기다리는 동안 다른 생명을 놓칠 수 있기 때문이다.

'삶의 의미'를 잃어버린 사람에게 '생존의 이유'를 찾아 드리는 미션은 고도의 집중이 요구된다. 전화기를 통해 들리는 내담자의 호흡 소리는 물론이고 거칠게 내뱉는 언어들의 상징까지 읽어야 하기 때문이다. 누군가를 이롭게 하고 나아가 생명까지 구할 수 있음은 분명 신이 허락한 가장 신성한 일이다. 구원을 간청하는 사람들의 손을 잡아 드리는 행위가 얼마나 귀한 일인지를 알기에 집중하고 몰입할 수밖에 없다.

극단적 생각을 부드럽게 풀어 주는 가장 빠른 방법은 '공감'과 '이해'다.

부정적 생각을 긍정으로 바꾸는 가장 빠른 방법은 '감사'와 '희망'이다.

"아까 50대 후반이라고 하셨는데 농담이시죠? 제가 듣기로는 분명 40대 중반 같은데요?"

"50대 후반 맞아요. 내년에 딱 60됩니다."

"우리 선생님은 목소리에 복이 있는 것 같습니다. 치유의 목소리를 가졌어요. 우리는 이런 목소리를 천상의 보이스라고 하거든요."

좋은 목소리와 에너지를 가졌다는 내 칭찬에 내담자는 한껏 고무되었다. 방금 전까지 죽겠다고 울고불고한 사람이 맞나 생각이 들 정도로 활력이 넘쳤다. 한때 꽃집을 운영했고 장사도 꽤 되었단다. 물론 실패하기 전까지 말이다. 그리고 최근까지 단 한 번도 누구에게 긍정적인 지지를 받아 보지 못했다고 했다. 낮은 자존감, 보이지 않는 미래. 술김에 전화라도 하지 않으면 견딜 수 없었을 것이다. 너무 힘들어서 전화했는데 정말 큰 위로가 된다며 한동안 전화를 끊지 않았다. 마음 근육이 반짝반짝 빛나는 게 보였다. 살겠구나!

극단적 생각을 부드럽게 풀어 드리고 부정적 생각을 긍정 마인드로 바꾸는 일은 많은 돈도 시간도 들지 않는다. 그분이 내는 마음의 주파수를 맞추며 진심으로 위로해 주고 행복한 유머와 응원을 보내 주면 되는 일이었다.

외로움! 어쩌면 그분은 그날 새벽 미치도록 사람 향기를 맡고 싶었는지 모른다. 어쩌면 미치도록 누군가에게 위로와 응원을 받고 싶었는지 모른다.

'괜찮다! 괜찮다! 네 마음 다 안다.'

사려 깊은 외할머니가 삶에 힘들어하는 손녀의 어깨를 도닥이면서 함께 눈물 흘리며 건네는 이 한마디가 듣고 싶었던 것은 아니었을까? 마음의 근육은 응원과 지지를 먹고 성장한다. 힘들고 외로운 시절이다. 날카롭고 가시 돋친 폭력이 난무하는 세상이다. 적어도 내 주변에 있는 사람들에게만큼은 응원과 위로를 아끼지 말자.

울며 걸려 온 전화를 웃으며 끊었다.

그날 나는 내가 가진 '위로'와 '응원'의 힘으로 한 생명을 구했다. 한 생명이 가진 우주를 구했다. 가슴 벅찬 그날의 기억을 영원히 잊을 수 없다. 많은 사람이 상담에는 뭔가 특별한 것이 있으리라 생각하지만 사실 그렇지만도 않다. 인간은 지극히 외로운 존재라는 사실만 알아차린다면 상담의 핵심은 위로와 응원만으로 충분하다.

17

내 마음의 빛을 찾아서

최근 은둔형 외톨이引き籠もり, 히키코모리 기사가 화제다. 국내 은둔 청소년의 숫자가 30~40만 명에 이른다고 전문가들은 보고 있다. 비율은 전체의 1.9%로 100명 중 2명이 은둔 청년이란 의미다. 놀라운 숫자다. 코로나로 그 숫자가 비약적으로 늘었다. 문제는 이를 대하는 세간의 태도다. 당사자는 개인의 부적응 탓, 가족들은 정신 병리적 문제 탓, 사회는 정신적 나약 탓으로 본다. 왜곡된 시각이 문제를 더 어둡고 폐쇄적으로 만든다. 사회 현상의 문제를 개인 문제로 치부하는 시각을 바꾸지 않는 한 절대 이 문제는 해결되지 않는다. 이를 다른 관점에서 바라보면 다른 정서를 가진 사람이란 뜻이 된다. 네 잘못이 아니라는 의미다. 문제를 다른 시선으로 바라보면 해결이 보이기 시작한다.

헬렌 켈러! 닉 부이치치! 티요! 김기창!

이 네 분 중 몇 사람을 알고 있는가? 헬렌 켈러와 닉 부이치치는 대부분 안다. 티요는 인도네시아의 신체 장애를 겪고 있는 어린아이이며 김기창은 한국의 피카소로 불렸던, 청각 장애와 언어 장애를 동시에 겪은 유명한 화가다. 이들의 공통점은 자기 부정과 지독한 우울증을 동시에 경험한 사람들이었다는 것이다.

삶의 의미와 생존의 이유를 잃어버린 사람들의 선택은 한길이다. 어둡고 외로운 동굴에 스스로를 가두는 일. 그것이 그들이 할 수 있는 유일한 선택이다.

세계의 모든 위인전에 빠지지 않고 등장하는 헬렌 켈러도 지독한 우울증과 대인 기피증이 있었고, 유쾌한 성격으로 유명한 닉 부이치치도 한때는 자살을 여러 번 시도하기까지 했다. 그런 이들이 자신들이 가진 어두운 그림자를 던져 버리고 마음의 빛을 찾아 우리가 알고 있는 위대한 인물이 되기까지 숨은 조력자들이 있었다.

그들이 의사냐고? 천만에. 그들은 너무나 평범한 사람들이었다. 하지만 모두 가슴속 깊은 곳에 생명의 씨앗이라고 하는 '마음의 빛'을 가진 분들이었다.

예수가 골고다 언덕 십자가에서 죽기 전에 마지막으로 전했던 말이 '사랑'이었고, 부처의 가르침 속 핵심은 '자비'다. 이 둘을 한데 넣고 버무리면 '빛'이다. 헬렌 켈러의 선생 설리번, 닉 부이치치의 부인 카나에, 티요의 어머니 미미, 김기창의 부인 박래현. 모두가 평범하면서도 누구보다 밝은 빛을 가진 사람들이었다. 그들이 가진 치유의 힘은 사랑과 이타심이 만든 마음의 빛이다. 자신이 가진 마음의 빛으로 어둡고 딱딱한 동굴의 벽을 깨 빛을 스며들게 만들었다. 딱딱하게 굳어 버리고 차갑게 얼어 버린 어둠의 마음들을 단 한 순간도 포기하지

않고 어루만지고 교감하고 공감했다. 기적은 바로 사랑과 이타심의
실천에서 나왔다.

헬렌 켈러의 선생님이 앤 설리번이라는 사실은 많이들 안다. 하지
만 설리번 선생님의 트라우마까지 아는 사람은 많지 않다. 사실 그녀
의 과거는 누구보다 불행했다. 1866년 알코올 중독자인 아버지로부
터 지독한 가정 폭력에 시달렸고, 5살 때는 트라코마라는 눈병에 감
염되어 눈까지 멀었다. 그러던 중 8살 땐 아버지의 폭력으로부터 그
들 남매를 지켜 주던 어머니마저 결핵으로 사망하게 된다. 그 후 아버
지는 아이들을 친척 집으로 보냈고, 얼마 후 친척은 건강한 여동생만
남기고 그녀와 남동생 지미는 주립 빈민 보호소로 보냈다. 평소 결핵
으로 병약했던 남동생도 그곳에서 쓸쓸히 죽음을 맞이했다.

소중한 혈육이자 정신적 지주였던 동생마저 죽자 그녀는 세상과
단절됐고 보호소도 그녀를 포기했다. 모든 사람이 포기한 바로 그때
그녀 앞에 나타난 사람은 은퇴한 늙은 간호사 '로라'였다. 로라는 그
녀를 자신의 집으로 데려가 죽는 순간까지 돌봐 주었다.

"앤, 세상을 꼭 눈으로 봐야 하는 건 아니야.
눈은 기껏해야 겉모습만을 볼 수 있지만
마음으로 보면 희망까지 볼 수 있어."

로라의 진심 어린 간호로 앤은 굳게 닫힌 마음 문을 열고 세상과
비로소 소통하게 된다. 로라의 도움으로 퍼킨스 시각 장애인 학교에
입학한 앤은 우등생으로 졸업까지 하게 된다. 늙은 퇴역 간호사 로라

의 빛으로 새로운 생명을 얻었던 앤 설리번은 이후 개안 수술까지 해서 기적적으로 앞을 볼 수 있게 되었다. 그 빛이 헬렌 켈러에게 무려 48년 동안 빛의 기적을 전해 준 힘이 되었다.

닉 부이치치와 김기창에겐 부인이, 티요에겐 어머니가 앤 설리번과 같은 사람들이었다. 그들에게 뭐라도 특별한 것이 있었냐고? 천만에. 그들에게 있는 건 사랑과 자비의 한 조각 빛뿐이었다. 이 극단적인 세상에서 오직 사랑과 자비의 빛만이 생명이다. 이것이 우리가 마음의 빛을 찾아야하는 이유다. 행복은 그곳에 숨어 있다.

18
두려움을 이겨 내는 에너지

세계에서 가장 안전하다고 평가받는 대한민국이 아프고 흔들린다. 공개적인 살인 사건부터 최근 연이어 발생하는 국가적 사고와 정치적 혼란까지, 원인도 사연도 다양하다. 지독한 경쟁과 분노가 서로를 적으로 만들고 스스로를 삼키고 있다. 그 혼란과 야만의 중심으로 한 걸음 걸어 들어가면 검은색 날개를 단 우울이란 새가 어두운 가슴 한 귀퉁이에 앉아 있다. 언제 들어왔는지도, 언제 나갈지도 아는 사람은 없다. 화석처럼 굳은 새는 어느새 딱딱한 돌이 되어 심장의 일부처럼 박혀 있다. 우리는 슬픔이란 이름의 칼을 가슴에 꽂고 살아가는 현대판 도깨비들이다.

경제적 풍요와 현대 문명의 발전 속에서 왜 우리 모두는 어두운 그림자의 가오나시가 되어 갈까? 결국 이것은 부가 우리 삶의 전부가 아니라는 분명한 증거다. 두꺼운 콘크리트 바닥 위 경쟁과 생존이 자리한 그곳엔 욕망과 성공이라는 거대한 바벨탑이 존재할 뿐이다. 우울은 바벨탑이 만든 어둡고 습한 죽음의 그림자다. 어둡고 습한 곳에선 민들레가 자라지 않는다.

최근 우울증과 관련된 상담도 많고 강연도 많다. 강연 요청 주제에 따라 세상의 시류를 읽는다. 근래의 화두는 분명 '우울감의 극복'이다. 그래서 나는 항상 '내 마음의 빛을 찾아서'라는 긍정적인 제목으로 강연한다. 우울 대신 긍정으로 세상을 바라보자는, 긍정으로 내 마음의 빛을 찾자는 '직면'의 의미가 담겨 있다.

'직면直面'은 심리학에서 매우 의미있는 단어다. 비슷한 용어로 내가 좋아하는 '무외無畏'와 '직시直視', '용기勇氣'가 있다. '두려움에 당당하게 마주하다'라는 의미가 담긴, 단단하면서 자신을 성장시키는 용어들이다. 나는 약방의 감초처럼 이 키워드들을 심리 치료 프로그램에 많이 사용한다. 내가 만나는 많은 사람이 우울과 좌절을 경험해서 그런지는 모르겠지만 효과는 기대 이상이다. 물론 그런 경험이 없는 사람들에게도 큰 위로가 되는 응원 같은 효과도 있다. 눈에 보이지 않지만 막연한 두려움과 공포는 현대인들의 몸속 깊은 곳에 숨어 있는 독감 같은 것이 아닐까?

이렇게 단단한 힘을 가진 언어들이 다른 드라마틱한 스토리와 잘 결합되면 엄청난 심리 치료 효과도 만들어 낼 수 있다. 사례를 들어 보자.

영화 〈명량〉에서 조선의 수군은 칠천량에서 모든 걸 잃었다. 조선 수군의 전부인 판옥선 160척과 조선 수군 1만을 전부. 5년 동안 한산도에서 이순신과 그 부하들이 모은 조선 수군의 8할에 가까운 전력을 하루 반나절 전투로 모두 상실했다. 그 참담함과 절망감을 감히 짐작하기 어렵다. 428년 전의 일이다. 김한민 감독은 영화 〈명량〉에서 주옥같은 명대사를 만들었다. 절망에 빠진 조선의 수군에게 용기를 주고 힘을 줄 수 있는, 영화 〈명량〉을 살린 촌철살인 같은 딱 한 줄의 명대사를 보면서 나는 내 무릎을 쳤다.

'두려움을 용기로 바꿀 수만 있다면
그 용기는 백배, 천배의 무서운 용기로 나타날 것이다.'

두려움을 용기로 바꾸는 힘은 무엇일까? 이 위대한 명대사의 대답은 직면이었다. 코로나가 한창일 때 방송국과 생방송 인터뷰에서 나는 막연한 두려움을 가질 필요가 없다고 말했다. 공포는 두려움의 대상이 명확할 때 나타나지만 두려움은 대상이 명확하지 않을 때 나타난다고. 두려움의 대상이 명확하면 두려움은 결코 존재하지 않을 거라 말했다.

이순신과 예하 병사들은 죽음의 사지에서 적의 존재를 선명하게 인식했다. 그리고 지난 승리의 과정들을 떠올렸다. 승리에 대한 명확한 확신. 승리를 경험한 몸의 기억. 그리고 죽음을 두려워하지 않는 당당함. 바로 이것이 직면의 기적이 만든 428년 전 역사의 증거다.

어디 역사에만 있을까? 미국 할리우드 감성 코미디 영화계의 대부 로빈 윌리엄스가 주연으로 나왔던 영화 〈패치 아담스〉(1999)에도 있다. 소위 웃음을 최초로 의료 임상에 도입한 괴짜 의사 '헌터 아담스'의 실화를 바탕으로 만든 영화다. 그 영화에는 쉽게 찾아보기 어려운,

용기가 만드는 놀라운 반전이 담겨있다. 주인공은 1969년, 한국전 참전 용사였던 친부의 외상 후 스트레스 장애를 가까이에서 경험하면서 자신도 심각한 우울증에 빠져 스스로 정신 병원에 들어간다. 하지만 그곳에서 만난 정신 병동 동료들의 엉뚱한 반응과 웃음으로 삶의 의미를 찾고, 스스로 병원을 나와서 의사가 되어 많은 사람을 웃음으로 치료한다는 감동적인 이야기이다.

이 영화를 여기에서 소개하는 이유는 영화의 첫 번째 에피소드가 무척 특별하기 때문이다. 주인공 패치는 자신과 함께 병실을 쓰는 동료가 눈에 보이지 않는 다람쥐를 두려워하느라 밤에 화장실에 가지 못한다는 걸 알게 된다. 그리고 다음 날, 예외 없이 다람쥐 때문에 화장실을 갈 수 없어 안절부절못하는 동료를 보고 패치는 다람쥐 처치 작전을 함께 시작한다. 손가락을 총 모양으로 만들어 다람쥐를 사냥하고, 몰려오는 다람쥐 떼를 가상의 기관 단총으로 쏘기도 하며, 마지막으로 바주카포까지 만들어 다람쥐 무리를 모두 섬멸한 후 동료를 무사히 화장실로 보낸다. 이 웃음기 가득한 장면이 정말 오랫동안 뇌리에서 떠나지 않아서, 나는 늘 이 부분을 영화의 백미로 꼽는다.

이 장면이 정말 오랫동안 가슴에 남았던 이유는 교감의 정서가 듬뿍 담긴 영상이었기 때문이다. 용기가 뭐 굉장히 대단한 산처럼 보일 수도 있지만 사실은 그렇지 않다. 자신도 결핍을 가졌음에도 동료를 위해 지혜롭게 다람쥐를 해치워 주는 패치를 보며, 교감에도 용기가 필요하다는 교훈을 배웠다. 교감이 직면을 낳고 직면이 용기를 만드는 이 선한 순환이 작은 교감에서 시작된다는 사실을 발견한 아주 특별한 이야기였다.

상담 심리학자의 시선으로 보면 직면은 무의식의 깨움이다. 유명한 정신분석학자인 아들러는 인간을 의지의 산물이라고 보았고, 니체는 인간의 정신이 신의 한계를 넘어서는 유일한 존재라고 칭송했다. 그 칭송은 불가능을 가능하게 만드는 인간이 가진 위대한 '직면의 힘'이 있기 때문에 성립하는 건 아닐까?

언어가 가진 위대한 힘은 가끔 잃어버린 나의 신념과 무의식을 일깨우는 데 있다. 어쩌면 세상을 살아가는 가장 위대한 힘이 돈, 명예, 권력이 아니라 매 순간 세상에 당당하게 맞서는 작지만 위대한 직면의 힘은 아닐까? 세상 모든 두려움에 맞서는 용기 있는 분들에게 이 글을 바친다.

19
어둠 속의 빛, 빛 속의 어둠

최근 강연을 하면서 드는 생각이다.

내 강의를 듣는 관객들의 눈물이 부쩍 많아졌다고 느낀다. 예전에는 웃는 분들의 숫자가 많았는데 요즘은 우시는 분들의 숫자가 많다. 그렇다고 계속 울게 만드는 것이 아니니 걱정하지 않으셔도 된다. 웃음 속에 눈물이 있고 눈물 속에 웃음도 있다. 그게 진짜 인생이 아닌가? 강연은 결국 강연자의 신념과 경험이 언어로 표현된 작은 감동의 콘서트다. 강연도 강연자의 연륜에 따라 언어의 무게가 달라지고 함께 깊어져 간다.

눈물을 흘리는 사람들은 세상에 공짜와 비밀과 정답이 없다는 것을 마음으로 깊이 공감하시는 분들이다. 행복은 내게 다가오는 것이 아니라 내가 다가가는 것임을 알 때 우리는 비로소 세상을 바르게 읽게 된다. 세상에 단 하나도 그냥 주어지는 것이 없음을, 신은 결코 한 사람에게 모든 행복을 다 주지 않음을……. 그리고 그것이 매우 공평한 유스티티아의 저울이라는 사실을 깨닫기까지는 많은 시간이 필요함을 말이다.

돈이 많은 사람들, 사회적 지위가 높은 사람들, 권력을 많이 가지고 있는 사람들을 상담하면서 깨달았다. 그들 역시 돈 때문에 지위 때문에 권력 때문에 상담이 필요한 사람들이었다.

2005년 미국의 전설적인 영화감독 크리스토퍼 놀란 감독이 〈배트맨 비긴즈〉(2005)를 개봉했을 때 사실 나는 상당히 놀랐다. 상담 심리를 전공한 입장에서 파격에 가까운 스토리였기 때문이다. 이전의 모든 히어로 영화들이 화려한 영웅의 서사에 집중해 관객을 흥분시키는 데 포커스를 맞추는 만큼 이런 영화는 자칫 지루하게 여겨질 수 있었다.

하지만 이 영화는 침몰하던 배트맨 시리즈를 완벽하게 부활시켰으며 공전의 히트를 치게 했다. 어째서일까? 그 이유를 알면 2014년 김한민 감독이 만들었던 영화 〈명량〉의 성공 비결의 비밀도 동시에 풀린다.

과거의 영화들이 영웅들의 화려한 서사에 집중했다면 〈배트맨 비긴즈〉와 〈명량〉은 인간 브루스 웨인(배트맨)과 이순신에 집중했다. 더 나아가 그들의 가장 어두운 면, 가장 인간적인 고통에 집중했다. 그리고 그 어둠 속에서 주인공들이 어떻게 고통을 견디고 극복하는지를 여과 없이 보여 주었다.

관객의 시선은 바로 그곳에 집중되었다. 그들이 그 어둠을 어떻게 극복하는지, 어떻게 벗어나는지를 지켜보았다. 영화를 보는 내내 영웅들의 좌절이 곧 자신들의 실패였고, 영웅들의 고통이 곧 자신들의 아픔이었으며, 영웅들의 인내는 곧 자신들의 현재 모습이었다. 또 영웅들의 부활이 자신들의 부활이었고 영웅들의 승리는 곧 자신들의 미래였기에, 스크린 속 영웅의 좌절과 부활은 자신과 하나 되는 교감의 필수 조건이었다. 눈물과 환호의 씨줄과 날줄 사이를 타고 온 깊은 공감으로 영웅과 하나가 되는 것이다.

영웅들의 화려한 서사에 우리가 쉽게 공감하지 못하는 이유는 그들과 우리 사이에 눈에 보이지 않고 넘을 수 없는 벽이 존재하기 때문이다. 태생부터 다른 DNA를 가진 외계 행성에서 온 별종들을 우리 같은 일반인들이 감히 어떻게 따라갈 수 있겠는가? 이것이 영화 속 영웅들이 위대하지만 공감되지 않는 분명한 이유다.

하지만 〈배트맨 비긴즈〉에 등장하는 영웅이라면 이야기가 다르다. 눈앞에서 부모의 죽음을 똑똑하게 목격한 어린 브루스 웨인에게 선명한 기억이란 오히려 트라우마를 더욱 강렬하게 만들뿐이다. 신화 속 시시포스의 형벌처럼 감당할 수 없는 기억을 평생 안고 살아야 하는 그는 그 엄청난 트라우마를 이겨 내기 위해 가혹한 형벌 속에 자신을 던지고 그 죽음의 어둠 속에서 기어코 살아 나온다. 그리고 자신을 가둬 놓았던 어둠의 공포를 역설적으로 자신의 것으로 만들어 낸다. 그가 바로 우리가 알고 있는 배트맨이다.

내가 유독 강렬하게 기억하는 배트맨 시리즈 최고의 명장면도 바로 이 장면이다.

추락했으면 올라오는 법을 익히면 된다.
나를 정의하는 것은, 내가 가지고 있는 생각이 아니라
내가 하는 행동이다.

영화 속에 등장하는 이 명대사는 수없이 좌절했던 그 시절 나를 위로해 준 최고의 명언이었다. 히어로 배트맨의 상처와 트라우마는 그 시절 유일한 나의 위안이었다.

〈명량〉의 이순신도 마찬가지다. 귀선이 불탈 때 머리를 풀어헤치고 오열하는 장군의 수척한 모습, 죽은 동료들이 꿈속에 나와 식은땀을 흘리며 비척거리는 늙은 장군의 모습은 조선의 모든 수군이 괴멸된 현실에서 오직 12척의 배만 가지고 133척의 왜적을 상대해야 했던 이순신의 현실적 고통을 묘사한 게 아니었을까? '두려움을 용기로 바꿀 수만 있다면.' 수십 번 곱씹고 외쳤던 그 주문 같은 신념이 없었다면 우리는 지금 일본말과 중국말 중 하나를 쓰고 있을지도 모른다. 역사에는 만약이 없지만 말이다.

화려한 이순신 장군의 승전, 23전 23승의 이면에 가려진 상처와 트라우마나 노장의 눈물을 보지 못한다면 우리는 이순신의 정신을 제대로 읽지 못하는 것이다. 1592년 전쟁 초기 사천전투 때, 근접 거리에서 왜군이 쏜 화승총에 왼쪽 어깨를 맞고 7년 동안 왼팔을 제대로 들지 못해 칼의 무게를 줄여야 했던 장군의 육체적 아픔을 읽지 못했더라면 우리는 이순신의 어깨의 상처를 이해하지 못했을 것이다.

과거 국악계에서 소리하시는 분들이 자신들의 득음을 위해 폭포 아래에서 연습을 한다고 했다. 물론 전설 같은 이야기다. 폭포 소리를 뚫고 나온 온전한 자신의 소리를 만들기 위해 피를 토하는 노력은 폭포를 정복해 본 자만이 느낄 수 있는 희열이다. 최배달 선생은 자신과의 싸움에서 이기기 위해 일본 기요스미산에서 18개월 동안 오직 자신과 마주했다. 어둠이 찾아왔는지, 스스로 어둠을 찾아갔는지는 중요하지 않다. 중요한 건, 어둠 속에서 빛을 볼 수 있고 빛 속에서 어둠을 볼 수 있는 혜안이다. 최고의 승리는 결국 빛을 오랫동안 지킬 수 있는 사람들의 몫이다.

20

섀클턴을 만나고 나는 비로소 절망을 이겨 낼 수 있었다

짙은 안개로 한 치 앞도 보이지 않을 때가 있다. 희망의 빛은 보이지 않고 어둠이 자신을 삼킬 때, 우연히 만난 섀클턴의 이야기는 추운 겨울날 꺼지지 않는 모닥불의 전설처럼 나에게 왔다. 어쩌면 그의 이야기가 우리를 절망으로부터 구해 줄 한 줄기 신의 음성인지 모르겠다.

그는 1914년 인류 최초로 남극 대륙 횡단에 과감히 도전했다가 실패한 '실패한 탐험가'다. 1등만 기억하도록 프로그래밍된 역사책에서 그를 만나기는 어렵다. 그래서 나는 그를 기억하지 못했다. 마젤란과 아문센이 교과서에서 반짝하고 사라질 베스트셀러라면 섀클턴은 자기 계발서의 가장 높은 곳에 존재하는 영원한 스테디셀러다.

그에게는 탐험에 성공한 화려한 스펙은 없다. 하지만 그 누구도 가지지 못한, 모든 이를 감동시킨 위대한 스토리가 있다. 이것이 그가 전설이 되었던 이유이며 100여 년이 지난 지금까지 수많은 사람의 마음을 울리는 이유이다.

새클턴을 만나고 나는 비로소 절망을 이겨 낼 수 있었다. 나에게 그는 꿈속에서 상상 속에서 수없이 그리고 지웠던 바로 내일의 내 모습이었다. 처음 써 본 비밀 일기처럼, 10대 소년의 사랑 고백처럼, 대나무 숲에서 조용히 독백처럼 그를 알린다.

흠모했던 위대한 인물을 만나는 데는 조금의 상상력이 필요하다. 한 줄의 글 속에서 그의 모습과 행동, 나아가 그의 인격과 숨소리까지 상상해 내는 능력이 필요하다. 그래야 온전히 그를 영접할 수 있기 때문이다. 스티브 잡스가 한나절만이라도 소크라테스와 대화를 나눌 수 있다면 자신의 모든 것을 내놓겠다고 말한 심정이 충분히 이해된다. 리바이스 청바지 501과 이세이 미야케 검은색 폴라 티로 대변되는 스티브 잡스의 메타포는 자유로움과 절제다. 우리는 그의 모든 업적을 바로 이 한 장의 압축된 이미지로 기억하고 있다. 남겨진 어록과 의상이 스티브 잡스의 상징이라면, 새클턴의 상징은 움직이는 행동이다. 말과 이미지보다 실천과 행동으로 보여 준 몸의 기억이야말로 그와 함께 생환했던 동료들이 기억하는 새클턴의 이미지다. 이것이 새클턴에 대한 기억이 머리가 아닌 가슴에 남아 있는 이유이다.

새클턴은 1914년 남극 대륙 횡단을 위해 27명의 선원을 긴급 모집했다. 모집 공고부터 예사롭지 않다. '위험한 여행을 함께할 사람 구함. 급료는 적음. 혹독한 추위와 길고 컴컴한 어둠, 끝없는 위험. 물론 안전한 귀환을 보장하지 못한다. 그러나 성공할 땐 명예와 인정이 따른다. 그리고 특별히 노래를 잘 부르는 자.' 파격적이다 못해 약간 패기까지 있어 보이는 모집 공고다. 이런 황당한 공고에 과연 누가 지원하겠냐 싶겠지만 무려 5,000명이 지원한다. 그런 신념으로 모아진 27명의 남극 원정대는 섀클턴의 지휘 아래 화려한 남극의 빛으로 바다에 궤적을 그리며 꿈을 향해 나아갔다. 하지만 그들의 도전은 초반부터 험난했다. 그들의 열정은 남극의 추위에 갇혔고 생존 의지는 빛을 잃어 갔다. 그러나 남극의 혹독한 추위가 비록 그들의 목선을 삼키긴 했지만 결코 섀클턴의 의지까지 굴복시키진 못했다.

섀클턴의 스토리는 1914년 10월 5일부터 시작해서 1916년 8월 30일에 끝이 난다. 635일 항해의 스토리가 아니라 생존의 스토리다. 혹자는 말한다. 무려 100년 전 남극에 고립되어 생존할 수 있는 확률이 과연 얼마나 되겠냐고……. 1,000분의 1도 되지 않는다고까지 말하는 이도 있다. 그러나 그러한 불가능을 가능하게 만든 중심에 섀클턴의 '사로잡음의 미학'이 존재했다. 선장 섀클턴이 보여 준 절망 속 희망은 죽음의 635일을 희망과 기다림의 시간으로 바꾸었고, 살아서 집으로 돌아갈 수 있다는 한 가닥 빛이 되었다. 진정 '여명의 여신'이라 불리는 오로라의 매력을 그대로 닮았기 때문에 가능한 일이었다.

1,000분의 1의 확률이라는 가능성 희박한 도전에서 우리는 막시무스를 닮고 아우렐리우스를 닮고 스파르타쿠스를 닮은 섀클턴을 발견한다. 아니 어쩌면 한 인간이 가진 가장 아름다운 신성神性을 발견할 수 있을 것이다. 사로잡음의 의미는 결국 선택된 인간만이 발휘할 수 있는, 신이 인간에게 부여한 가장 고결한 선물이었다.

절체절명의 위기의 순간, 인간은 본능적으로 자신의 생존을 먼저 생각할까? 아니면 타인을 배려하는 이타심이 발동할까? 짐작처럼 우린 본능적으로 자신을 방어하기 급급하다. 하지만 그것을 전적으로 탓하진 못한다. 그런 환경에 놓이게 되면 십중팔구 누구의 행동이든 본능을 따라가기 때문이다. 재난의 현상에서 많은 사람과 상담하고 심리 치료를 하면서, 위기의 순간 모두에게 일어나는 정신적 충격에 따른 인지 부조화 현상은 인간이 겪을 수 있는 생리적 현상처럼 자연스러운 일이란 걸 목격했다. 본능에 따라 움직이는 상황에서 타인을 돌볼 여유가 없는 것은 어쩌면 당연한 일인지도 모른다. 인간의 공포는 본능을 끄집어내는 힘을 가지고 있다. 본능은 숨겨진 야만과 욕심을 여과 없이 토해 낸다. 새클턴은 공포의 본질을 이미 오래전부터 몸으로 깨닫고 있었다.

1914년 10월 5일 사우스조지아섬을 출발한 새클턴이 이끄는 남극 대륙 횡단 탐험대는 남극의 추운 날씨로 얼어붙은 바다 한가운데에 고립되고 만다. 이듬해인 1915년 2월 24일, 새클턴은 항해 중단을 명령했다. 얼음 속에 갇힌 인듀어런스호는 더 이상 배가 아니라 대원들의 월동 기지가 되었다. 두려움과 공포가 남극의 추위보다 더 매섭게 대원들의 살갗을 파고들었다. 그해 6월부터 몰아친 매서운 남극의 바람과 눈보라는 기어이 12월의 겨울, 28명의 대원들에게 항복을 받아 냈다. 남극의 칼바람 앞에 새클턴과 대원들은 배를 버리고 빙하로 하선한다. 그들에게 배를 버린다는 것은 집으로 돌아갈 수 없음을 의미했기에 하선 명령을 내려야만 했던 새클턴의 마음은 누구보다 무거울 수밖에 없었다.

침몰한 배에서는 비명 소리가 들렸다. 그러나 항상 그랬듯이 새클턴에게 침몰은 이미 과거가 되었다. 위기는 지금부터였다. 두려움과 공포의 칼날이 대원들을 겨냥하고 있는 상황에서 살기 위해 닫아 버린 모두의 마음 문을 열 묘책이 무엇일까? 내 걱정처럼 섀클턴의 고민도 깊었을 것이다. 짧지만 강렬했던 고민을 뒤로하고 그는 자신의 생각을 한 치의 주저함도 없이 실천에 옮긴다.

자신을 포함한 28명의 대원들에게 빙상 노숙을 해야 할 때 침낭은 그들의 생존과도 직결된 가장 귀중한 물품 중 하나였다. 그러나 그들에게 A급 가죽 백 침낭은 단 18개밖에 없었다. 그래서 섀클턴은 가장 공평한 방법인 제비뽑기로 분배를 결정한다. 그런데 어찌 된 일인지 품질이 좋고 따뜻한 가죽 백은 모두 일반 대원들의 몫이 되는 게 아닌가? 대원들은 그 이유를 금방 알았다. 섀클턴을 비롯한 상급자들에게는 질이 안 좋은 울 백이 뽑히도록 조작되었던 것이다. 물론 주동자는 섀클턴이었다. 감동의 시작이다.

그뿐만이 아니다. 군대 다녀온 사람들은 안다. 밤에 불침번을 서는 것이 얼마나 고단하고 피곤한 일인지를. 특히 새벽 2시에서 4시 사이의 불침번은 수면의 질도 떨어져 최고로 피하고 싶은 근무 시간이다. 임시 유빙 텐트에서의 생활은 야생 동물의 갑작스러운 침입 때문에라도 야간 불침번은 필수적이었다. 누구나 피하고 싶었던 그 시간대에 망설임 없이 자신의 이름을 적고 나머지 시간대를 대원들로 하여금 맡게 한 것도 역시 그의 생각이었다. 감동의 연속이다.

섀클턴은 그렇게 매번 가장 먼저 자신을 버렸다. 조난 즉시 선장에게 지급되는 특식을 모든 대원들에게 공평하게 나누었고, 배를 포기하면서 짐을 줄여야 할 때는 제일 먼저 자신의 금시계를 바다에 던졌으며, 무동력 구명정 보트 하나에 몸을 싣고 10m 높이 파도와 자신들이 출발한 1300km 떨어진 사우스조지아섬으로 떠날 때도 그는 맨 앞에 있었다. 대원들을 계급과 직급으로 분류하지 않았고 정보와 특권을 강요하지 않았다. 다양한 배경과 직급을 가지고 모인 모든 대원들을 똑같이 대하고 배려했다. 섀클턴이 그들을 유일하게 차별할 때는 낮은 직급의 사람들에게 혜택이 돌아가는 바로 그 순간뿐이었다.

1916년 4월 16일, 빙하에서 무동력 배 세 척을 타고 남극의 무인도 엘리펀트섬으로 이동한 후 곧바로 사람들이 살고 있는 조지아섬에 도착해 선원 모두를 구한 시점이 8월 30일이었다. 무려 635일의 지옥 여정은 그렇게 끝이 났다. 공포의 본질을 몸으로 체득한 적 있는 노련한 리더가 사람들을 사로잡은 사례의 완벽한 교본이라 할 수 있다.

"지옥의 구렁텅이에서도 그와 함께라면 두렵지 않다."

지옥의 남극에서 살아 돌아온 대원이 남긴 이 멘트가 섀클턴을 설명하는 가장 압축적인 문장이 되었다. 처절한 시련을 겪은 인듀어런스호의 대원들에게 유일한 축복이 있었다면 그것은 바로 그들이 섀클턴의 부하였다는 점이었다.

**"재난이 일어나고 모든 희망이 사라졌을 때
무릎을 꿇고 섀클턴의 리더십을 달라고 기도하라."**

에베레스트를 처음 정복한 에드먼드 힐러리가 한 말이다. 그가 보여 준 위대한 행보에 대한 찬사이다. 누구나 쉽게 따라 할 수 있는 일이 아니었기 때문이다.

그의 독보적인 위기 관리는 1년 전 1913년 빌햐울뮈르 스테파운손Vilhjalmur Stefansson, 1879~1962이 이끄는 캐나다 탐험대가 칼럭호를 타고 북극 탐험에 나선 것과 잘 비교된다. 그들도 섀클턴 일행처럼 빙하 사이에 갇혔고 수개월 동안 고립되었다. 죽음의 공포와 극한 상황이 계속되자 거짓말과 속임수, 도둑질 등으로 그들은 야수로 변했고 11명의 대원 모두가 끔직한 최후를 맞았다. 조난이 길어지자 선원들은 서로 개인 식량과 연료를 놓고 싸웠고 심지어 도둑질하는 일상을 되풀이하며 서로를 적으로 만들어 가고 있었다.

'당신이 있으므로 나의 생존 확률이 높아진다', '당신은 우리 팀의 가장 소중한 사람이다'라고 생각하게 만들었던 섀클턴과 대원들은 죽음의 남극에서 3년을 견뎠다. 그러나 자신의 이익을 위해 대원들과 싸웠던 스테파운손과 대원들은 북극에서 3개월을 버티지 못하고 모두 죽었다. 공포와 본능을 다스리지 못한 결과는 생각보다 참혹했다.

그래서 나에게 섀클턴은 바다다. 낮은 데에 모여 있는 바다. 가장 낮은 곳에서 모든 것을 끌어안은 바다. 마음으로 파고드는 노을을 품은 바다. 바다 같은 사내는 그렇게 바다로 돌아갔다. 100년 전의 인물이 100년 후의 우리에게 전설을 넘어 빛으로 존재하는 것 자체가 기쁨이고 기적이다.

'신의 영혼', '여명의 여신'인 오로라를 닮은 실존의 섀클턴은 영화 속 막시무스와 하나가 되었고 죽음의 빛깔까지 그와 비슷하다. 오, 신이시여. 부디 제게 섀클턴의 용기와 당당함, 두려움을 극복할 수 있는 초인적인 힘과 실천력을 닮게 할 용기를 주소서.

절제

식욕과 성욕, 그리고 수면욕의 생물학적 욕구는 인간이 쉽게 통제할 수 있는 범위 밖의 영역이다. 미국의 유명한 심리학자 매슬로 박사도 자신이 만든 인간의 욕구 5단계 이론에서 이 생물학적 욕구를 피라미드 구조에서 가장 면적이 넓고 위치가 낮은 제일 하단에 배치했을 정도다. 그만큼 멈추기 어렵고 통제가 안 된다는 뜻이다.

그래서일까? 신은 이 달콤한 욕망의 덩어리에 중독이라는 치명적인 독을 묻혀 놓았다. 선을 넘지 말라는 뜻이다. 알코올 중독, 도박 중독, 마약 중독, 컴퓨터 중독 등 사람들이 좋아하고 절제하지 못하는 모든 것들에 파멸과 죽음이라는 치명적인 독을 넣었다.

하지만 신은 나누고 베푸는 모든 것에는 중독 대신 엔도르핀이라는 행복 호르몬을 뇌에 선물로 넣었다. 역설적이다. 영화 〈센과 치히로의 행방불명〉에 나오는 10살짜리 어린 치히로가 낯선 신들의 공간에서 부모를 구하고 모든 귀신들의 화해를 이끌어 내는 모습은, 욕심과 탐욕은 절제하고 나눔과 베풂을 실천하라는 신의 뜻의 구현 같은 게 아니었을까?

10살짜리 치히로에게 그 어디서도 본 적 없었던 가장 선명하고 분명한 절제의 방법을 배웠다.

치히로가 10살이라는 사실을
절대로 잊지 마!

21

평범한 자연의 생명에서 배우는
조화와 절제의 힘

내가 너무너무 좋아하는 그림이 한 점 있다. 김홍도의 '백매'다. 세상 화려한 작품들 속에서 익히 잘 알려진 풍속화도 아니고, 펄펄 나는 기교를 뽐내며 세련되게 그린 화조화는 더더욱 아니다. 그저 손 가는 대로 무심하게 툭툭 그려 낸 듯 아주 평범한 그림이다. 매화 한 그루만 오뚝하게 그려진 이 그림을 보면서 춥고 외롭다는 생각이 들 수도 있을 정도다.

그럼에도 불구하고 나는 힘들 때마다 연구실에 걸려 있는 이 작품의 사본을 자주 본다. 아는 만큼 보이는 인문학의 힘 덕분일까? 그 속에서 '초인超人'을 본다. 그리 크지 않은 화선지 위에 옅은 청묵靑墨을 깔고 진한 먹과 중간 먹으로 그린 그림이다. 아직 채 피지 않은 봉우리들로만 구성된 매화의 모습은 마치 나 자신을 보는 것처럼 아리다.

獨立檄寒淸曉時

맑은 새벽녘 추위에 흔들리며 홀로 서 있다

왼쪽 상단에 초서로 바짝 올려 쓴 화제 글까지도 춥다.

아직 거친 눈발이 온 세상을 뒤덮는 2월 하순. 세상의 꽃들이 추운 날씨 탓에 감히 꽃을 피울 용기조차 못 낼 때, 단원은 자신의 집에 있는 평범한 매화에 눈길을 주었다. '매화는 추운 고통을 겪어야 향기를 내뿜고, 사람은 어려움을 만나야 그 절개가 드러나는 법이지……' 반절짜리 화선지에 매화 한 그루만 덩그러니 그려 놓고 화제를 쓰면서 흔들리는 자신의 마음을 다잡지 않았을까?

어디 생명력의 사례가 그림뿐일까? 헐리웃의 유명한 배우이자 감독인 케빈 코스트너가 출연한 영화 가운데 작품성과 흥행성을 동시에 가진 최고의 작품은 단연 〈늑대와 함께 춤을〉(1991)이다. 아카데미상 12개 부분에 노미네이트되었고 작품상과 감독상을 포함해 7개 부문에서 수상했기 때문만이 아니다. 영화를 보고 느낀 감동의 깊이가 남다르기 때문이다.

나는 다른 사람들의 감상을 알고 싶을 때 댓글을 자주 읽는다. 짧은 한 줄의 문장에서 촌철살인 같은 표현들을 만날 수 있기 때문이다. 이 영화에 남긴 댓글을 읽어 보면서 받은 느낌을 한 단어로 압축하면 '감동!'이다. 그것보다 더 완벽한 단어를 찾지 못했다.

'이 영화에는 재미가 아니라 메시지를 찾는 재미가 있다.'
'드디어 가장 감명 깊게 본 영화가 무엇이냐 물으면 바로 답할 수 있는 영

화를 찾았다.'

'세기의 대작…… 이 영화를 미리 봤다면 〈아바타〉는 운이 좋았다고 생각했을지도…….'

말로 다 나타낼 수 없는 감동을 압축적으로 표현한 댓글들이다. 모든 댓글이 공통적으로 인정하는 최고의 감동 포인트는 인간과 자연의 조화라는 점에 말 없는 공감을 보낸다.

이 영화에는 영화 속 주인공 존 덴버 중위와 그의 친구이자 애마인 '시스코', 말 그대로 발이 하얗다고 '하얀 발'이라 이름 붙인 늑대 한 마리만 나온다. 그 외에 등장하는 동물이래야 수우족과 주인공을 엮어 주는 매개체인 물소 정도다.

그런데 여기서 주목할 것은 바로 아메리카 원주민들이 사용하는 이름이다. 그들이 사용하는 이름 대부분이 동물과 관련되어 있다. 예를 들어 수우족 제사장은 '열 마리 곰Ten Bears'으로 불리고, 족장은 '발로 차는 새Kicking Bird'로 불리는 등 재미있는 이름이 많이 등장한다. 주인공 존 덴버 중위 역시 늑대와 함께 노는 모습을 본 수우족에 의해 '늑대와 함께 춤을Dance With Wolves'이라는 이름을 갖게 되었다.

이처럼 자신들의 이름 속에 동물들의 모습이 투영되어 있는 것은 자연 속의 이미지를 강조한 하나의 작은 사례일 뿐이다. 자연이 우리에게 하는 말을 들을 순 없지만, 자연은 그들의 언어로 우리에게 수많은 메시지를 남기고 있다. '머리에 부는 바람'은 용감한 청년의 이미지를 표현하고, '주먹 쥐고 일어서'는 대장부 같은 성격을 지닌 여성의 이미지를 압축적으로 표현했다. 재미있고 독특한 수우족의 작명은 부르면 부를수록 재미있다.

하지만 그중 가장 기억에 남는 이름은 '송아지 헤픈 웃음'이 아닐까? 낭만적인 이름을 지을 있는 마음의 여유와 그 사람의 현재 모습을 가장 잘 표현한 이름 속에 축원의 의미가 담겨 있다. 소망을 담은 우리네 이름도 좋지만, 그 사람의 참모습을 담으려는 아메리카 원주민식 이름에 담긴 웃음과 '지금' 또한 편안하다.

그래서 용기를 내어 나의 이름을 아메리카 원주민식으로 지어 보았다. 태어난 해年와 달月, 그리고 일日의 숫자를 그들의 이름과 닮게 만들자 '백색 달빛과 춤을'이라는 환상적인 이름이 나왔다. 기대하지 않던 뜻밖의 선물 같다. 이 이름을 가끔 심리 치료 활동 때 쓰는데, 불릴 때마다 내가 좋아하는 수선화 한 다발을 받는 것처럼 좋다.

30만 평 땅에 이름 모를 수많은 꽃을 심어 평범한 꽃들과 대화하는, 내가 닮고 싶고 미국인이 사랑하는 동화 작가 타샤 튜더Tasha Tudor, 1915~2008. 야생의 거친 동물들과 편하게 대화하는 '티피'라는 이름을 가진 어린 소녀. 내가 그들을 특별히 기억하는 것은 그들이 지닌 우리와 다른 재능 때문이 아니다. 우리보다 좀 더 관심을 갖고 자연과 동물을 사랑하고, 교감을 나누는 사람들이기 때문이다. 그들이 바라본 것은 단순히 식물과 동물이 아닌 하나의 생명, 또 하나의 우주였다.

영화 〈아바타〉의 제이크 설리와 〈늑대와의 춤을〉의 존 덴버의 시선도 그들과 다르지 않았을 것이다. 우리가 느끼지 못했던 자연의 신성神性을 그들이 만났다는 것은 그들이 그 속에서 조화와 절제를 배웠다는 뜻이다.

22

내 안의 '두려움'을 지운 선한 의도

경산에 있는 내 연구실은 지식의 보물 창고다. 동시에 뜨거운 심장이 보관되어 있는 냉동고다. 날마다 신선한 지식의 편린들이 책장 곳곳에서 튀어나오고 식었던 심장이 다시 박동 치는 생명의 공간이기도 하다. 피 튀기는 삶의 전쟁터가 되기도 하고 때로는 신록으로 가득 찬 힐링의 공간이 되기도 한다. 현실의 공간이면서 상상의 공간인 연구실은 말 그대로 새로운 지식을 만들어 내는 인문학의 공방이자 지식의 화력 발전소다. 그래서 나에게 연구실은 사무실이면서 동시에 즐거운 놀이터다.

이곳에는 힘들 때마다 내가 위로받는 책이 많다. 그 중에서 나와 가장 가까이 두고 읽는 인생 서적 세 권은 항상 손만 뻗으면 닿을 만한 곳에 있다. 이 책들은 머리가 터질 듯 아프거나 거꾸로 머리가 텅 비어 아무 생각이 나지 않을 때, 나를 치료해 주거나 스트레스로 빈

머리를 꽉 채워 주는 치료제 같은 역할을 한다. 그리고 웅크리고 있는 내 마음의 씨앗에 넉넉한 물과 햇빛을 주는 도반 같은 친구들이다.

가장 오래된 하루야마 시게오 선생의 《뇌내혁명》은 나의 머리를, 얼마 전에 나온 박석무 선생의 《다산 정약용 평전》은 나의 심장을 그리고 김훈 작가의 《칼의 노래》는 나의 영혼을 꿈틀거리게 만든다. 이 책들이 나를 치유해 주고 위로해 주는 동반자이자 치료제라는 말을 하면 친구들은 가끔 나를 '정신 나간 사람' 정도로 취급한다. 어떻게 책이 치료제가 될 수 있냐는 소리다. 하지만 된다. 다산의 재미있는 사례가 있다.

정조의 사랑을 듬뿍 받은 다산이 1796년 봄, 요즘으로 말하면 청와대 수석인 우부승지로 승진을 한다. 하지만 노론의 끝없는 모함으로 결국은 그해 7월 25일 금정 찰방察訪으로 좌천된다. 생각해 보라. 모함으로 청와대 수석에서 졸지에 지방 역장으로 좌천되었다면 그 억울함과 답답함이 얼마나 컸겠는가? 천하의 다산이라고 하더라도 끝없이 이어지는 견제와 모함에 지쳐만 갔다.

長日一尊酒

긴긴날 하루 종일 한 동이 술에

相對兩狂客

두 사람 마주 앉아 미친 듯 취해 있네

飮酒成光光益飮

마시면 취하고 취하면 더욱 마셔

(……)

汝若狂眞我友

네가 만일 미쳤다면 진실로 나의 벗

何不與我二人共飮百千觴

둘이 함께 십만 잔을 마셔 보지 않겠는가.

그 즈음 그가 지은 시편 〈취가행〉은 다산의 괴로웠던 심사를 그대로 드러내 주고 있다. 몸과 마음이 모두 지쳐 갈 바로 그때 우연히 읽은 이황의 《퇴계집》에서 자신의 병증을 씻은 듯이 치유한다. 《퇴계집》은 이황이 편지로 조식 선생에게 명종이 내린 전생서典牲署 주부主簿의 소임을 왜 거절했냐고 묻는 것으로 시작한다. 이에 조식은 헛된 이름으로 세상을 속여 잘못 알려진 것이라고 답한다. 하지만 이황은 학자가 이름을 훔쳐 세상을 속인다는 말은 옳지만 이 말로 누구나 다 꾸짖는다면 '선한 의도'마저 꺾을 위험이 있다고 했다.

다산이 《퇴계집》의 편지에서 감동을 받은 대목이 바로 이 '선한 의도'다. 노론의 집요한 탄핵으로 정삼품 당상관에서 종육품 지방 역장으로 일곱 품계나 떨어지고 좌천까지 당했지만, 그것이 자신이 실천하려는 애민 정신과 이타심까지 막을 수 없다고 생각한 것이다. 한 줄의 글이 다산을 살렸고, 세상을 살렸고, 조선 500년 역사의 자존감을 살린 것이다.

이렇게 서로 다른 듯 닮아 있는 이 책들의 공통점을 굳이 찾는다면 '무욕의 힘'이다. 하루야마 시게오 선생이 쓴 《뇌내혁명》은 동서양 통합 의학에 정통한 의사가 의학적 관점에서 쓴 '긍정 의학서'라고 할 수 있다. 평균 270쪽 분량의 3권 모두 내용이 의학적 전문 지식들로 가득 채워져 있다. 하지만 어렵지 않다. '인생을 즐겁고 건강하게 살면 암이나 성인병에도 걸리지 않는다'는 내용과 '장수하기를 원한다면, 뇌에 좋은 호르몬을 많이 분비하도록 살아야 한다'는 내용이 핵심이다. '긍정'과 '무욕'이라는 이 책의 가장 중요한 두 가지 핵심 가치는 강의 신이 치히로에게 준 경단 같은 생명의 신약이다. 이 책을 읽고 있으면 희한하게 머리가 맑아진다. 이걸 어떻게 설명해야 할까?

그리고 박석무 선생의 저작 《다산 정약용 평전》은 사는 것이 힘들다고, 되는 일이 없다고, 절망적이라고 말하는 모든 사람을 가슴으로 보듬어 주는 책이다. 다산이 살아온 삶의 궤적을 따라가노라면 모든 고통의 뿌리가 '집착'과 '욕심'에 있음을 자연스럽게 알게 해 준다.

팔과 다리가 하나도 없는 닉 부이치치를 포옹하면서 많은 사람은 눈물을 흘린다. 정작 동정을 받아야 할 인생인 닉 부이치치의 삶과 포옹이 오히려 사람들의 가슴을 울리고 위로해 주는 역설적 힘으로 다가가고 있다. 닉 부이치치와 다산은 사람들의 삶을 비추는 거울이다. 사람들은 자신보다 더 많은 고통과 상처를 가지고도 꿋꿋이 살아가고 있는 닉 부이치치와 다산을 보면서 한없이 부끄럽고 민망했을 것이다. 말로는 표현하지 못했지만 지금보다는 더 나은 삶을 살겠노라고 다짐도 했을 것이다.

화려한 그 어떤 웅변보다 더 진정성 있는 묵묵한 몸의 실천이 주는 감동은 많은 사람을 변화시키는 가장 큰 힘이다. 18년 유배지에서 보여 준 다산이 살아온 치열한 삶의 흔적들은 책을 읽는 많은 사람을 그저 넉넉하게 안아 주고 있다. 절망의 지점에서 욕심을 내려놓고 이타적인 마음으로 삶의 의미를 찾은 다산의 여정은 우리의 식었던 심장을 다시 뛰게 하는 특효약이다.

그리고 마지막으로 김훈 작가의 《칼의 노래》는 내가 가장 애독하는 책 가운데 하나다. 모든 사람의 정신적 멘토인 이순신 장군이 살아온 삶의 궤적은 생명의 빛 그 자체다. 힘들고 외로웠을 남도의 끝자락에서 장군을 버티게 해 준 힘은 무엇이었을까? 모든 걸 내려놓은 무욕의 힘과 끝없는 이타심이 그 무한한 동력이었음은 더 말할 나위가 없다.

문득 하버드대학교 탈 벤 샤하르 교수의 '행복 6계명' 중 마지막 계명 '매사에 감사하라'가 생각난다. 감사는 삶의 기쁨의 다른 표현이다. 또한 욕심을 내려놓은 사람만이 가질 수 있는, 신이 인간에게 준 가장 위대한 선물 중 하나다.

내 안의 보물은 욕망과 무욕의 경계에서 자라는 '내면의 빛'이다. 다산과 이순신, 하루야마 시게오와 치히로는 분명 내면의 빛을 찾은 진정한 자유인이다.

25

'슬픔'을 인내하는 마음 한 조각

울지마라

외로우니까 사람이다

살아간다는 것은 외로움을 견디는 일이다

(……)

새들이 나뭇가지에 앉아 있는 것도 외로움 때문이고

네가 물가에 앉아 있는 것도 외로움 때문이다

산 그림자도 외로워서 하루에 한 번씩 마을로 내려온다

종소리도 외로워서 울려퍼진다

이 시는 대한민국을 대표하는 서정시인 정호승 시인의 시 〈수선화에게〉다. 개인적으로 좋아하는 시이며 내 심상 시 치료에 가장 부합하는 시라서 자주 인용, 애독하는 편이다. 정호승 시인의 시 속에는 슬픔, 외로움 등의 메타포가 보석처럼 숨어 있다. 그리고 위로와 치유로 마무리를 한다. 그래서 귀하고 빛난다. 여러 번 함께 토크 콘서트를 했지만 정호승과 그의 시는 똑같은 인격체다. 닮고 싶은 어른을 알고 있다는 것은 참 행복한 일이다.

상담할 때 많은 사람이 호소하는 고통은 슬픔과 외로움이다. 그것이 뾰족한 송곳이 되어 스스로를 공격하는 탓에 아프다고 한다. 사회적 가면에 가려졌을 뿐 대부분은 그런 아픔을 가지고 살아간다. 그래서 내 책《128분, 나를 바꾸는 시간》의 '조금 덜 아픈 사람이 조금 더 아픈 사람을 안아주고 위로하며 사는 게 인생이다'란 말에 많이들 공감해 주셨다. 맞다. 살다 보면, 나이가 들다 보면 301호 영숙이네와 302호 미숙이네도 모두 아픔을 가지고 산다는 걸 깨닫는다. 내 심장에 박힌 작은 돌덩이 하나를 내려놓는 데도 시간이 필요하다.

따가운 가을 볕 때문에 손으로 얼굴을 가려야 늦더위를 피할 수 있을 즈음 시인과 4시간 정도 깊은 사색의 대화를 나누었다. 의성으로 함께 토크 콘서트를 가기 위해 차 안에서 나눈 오붓한 대화였으니 참 깊숙이 들어갔다. 예술 치유와 심리 상담을 전공한 나와 평생을 함축된 언어로 스스로와 깊은 대화를 나눈 시인의 대담에는 어떤 이야기들이 오고 갔을까? 무뚝뚝한 사내 둘이서 과연 술도 없이 4시간이나 대화가 가능할까? 그런 걱정에도 불구하고 대화는 즐거웠고 4시간이 어떻게 흘러갔는지도 모를 정도로 행복했다.

시인은 고독을 어떻게 다룰까? 시인은 슬픔을 어떻게 극복할까? 이 화두가 내가 시인을 만나기 전 반드시 물어야 할 필수 출제 문항 같은 질문이었다. 그런데 딱, 만나는 순간 질문을 할 이유가 감쪽같이 사라졌다. 첫 대면에서 '아, 이 질문은 의미 없구나.' 하고 직감했다. 왜냐하면 시인의 맑은 표정에서 모든 걸 읽었기 때문이다.

의성 봉양온누리터 도서관으로 가는 길은 특별했다. 따스한 가을 햇살을 온몸으로 맞고, 저녁노을과 잘 어우러져 황금색으로 물든 가을 들녘을 함께 보면서 노년의 제비와 장년의 제비는 끝없이 조잘거렸다. 순간, 붉은 저녁노을과 황금빛 들녘에 반사된 시인의 얼굴빛이 고승의 얼굴보다 더 맑게 보였다. 더 이상 무슨 질문이 필요할까? 이심전심이다. 질문도 없었고 답변도 없었다. 웃음 속에 모든 질문과 답변이 있었다.

사랑하는 사람들은 첫눈에 서로를 알아보는 특별한 무엇이 있다고 한다. 어쩌면 내가 15살이나 더 많은 큰형님뻘 시인과 첫눈에 가볍고 묵직한 담론들을 주고받을 수 있었던 것은 '저녁노을'의 감성을 사랑하고 '슬픔'을 언어적, 인문학적, 예술적 묵상으로 표현해 본 사람들이었기 때문은 아닐까? 중국 송대 문인 소동파가 당대 최고의 서화가 왕유의 작품을 보고 '시 속에 그림이 있고 그림 속에 시가 있다詩中有畵 畵中有詩'고 말한 것은 시와 그림이 한 몸임을 진작 알았기 때문이다.

조선 동국진경의 완성자 겸재 정선이 시인 사천 이병연과 형제 이상의 정을 나눌 수 있었던 것도 저녁노을의 아름다움과 슬픔의 미학을 첫 눈에 알아본 감성이 있었기 때문이다.

"선생님의 시에는 슬픔의 이야기가 많이 나옵니다. 슬픔을 어떻게 극복해야 할까요?"

토크 콘서트의 말미에 내가 던진 질문이다. 자신의 감정을 60여

년 통찰한 사람은 많지 않다. 그걸 문자로 직접 쓴 시인은 더욱 드물다. 시인의 대답은 놀랍게도 담백했다.

"견디는 것입니다."

30호 화선지에 수만 가닥의 털을 묶은 붓 한 자루로 농묵濃墨의 점을 '툭' 찍은 노화가의 그림처럼 그의 대답은 담담했다. 그리고 중얼거리듯 한 문장을 더 덧붙였다.

"이겨 내는 것입니다."

이 두 문장으로 시인은 슬픔의 모든 해법을 완벽히 설명했다. 70대 중반의 종교인 같은 맑은 얼굴을 가지고 툭 던지는 두 문장의 힘이 이렇게 위대한지 몰랐다. 김수환 추기경의 미소도 성철 스님의 미소도 그러했을 것이다.

저게 저절로 붉어질 리는 없다.
저 안에 태풍 몇 개
저 안에 천둥 몇 개
저 안에 벼락 몇 개

저게 저 혼자 둥글어질 리는 없다.
저 안에 무서리 내리는 몇 밤

울산교육청 주관으로 열린 학부모님을 위한 토크 콘서트
〈울산 학부모! 희망과 긍정의 힐러 되다〉.
대한민국 대표 서정시인 정호승 선생님과
치유의 콘서트를 공동 진행했다.
희망과 긍정이 만나서 위로와 치유의 시간을 만들었다.

저 안에 땡볕 두어 달
저 안에 초승달 몇 날

어쩌면 장석주 시인의 〈대추 한 알〉도 이런 슬픔의 고갱이 속에서
나왔을지도 모른다. 그래서일까? 문득, 수선화가 보고 싶다.

24

'한계'와 '결핍'이 보내 준 뜻밖의 선물

한계와 결핍, 그리고 열등감은 보통 사람들에게 있어 가장 피하고 싶은 단어다. 하지만 심리학계에선 이 용어들이 가끔 신의 축복과 선물의 동의어로 사용된다. 엄청난 역설이다. 삶에서 역설은 반전이고 희망이다.

돌이켜 보면 결핍이 많았던 어린 시절 나는 살림이 넉넉한 친구들의 도시락과 비싼 옷들을 부러워했다. 성장하면서는 부모로부터 든든한 경제적 후원을 받는 친구들을 또 부러워했다. 그들은 항상 나보다 한 걸음 앞섰고, 많은 여유 자금을 가지고 출발했고, 더 큰 규모로 사업을 시작했다. 삶에 지칠 때 나는 그들이 부러웠다. 그들 앞에서 나의 호주머니는 항상 가벼웠고 빈약했다. 그들이 미래를 설계할 때 나는 내일의 생활과 미래를 동시에 걱정했다. 내 걱정의 무게가 그들보다 항상 1그램 더 무거웠다. 그 시절 내 영혼과 몸은 항상 추웠고 한계와 결핍 그리고 열등감은 내 감정과 기분의 전부였다.

100m 달리기에서 두어 걸음 앞서는 게 얼마나 큰 이득인지 모른다. 달려 보면 안다. 계단 오르기 특훈으로 다리 근육을 키우고, 모래주머니를 차고 달리며 순간 스피드를 올리는 피나는 연습으로 내가 비로소 두어 걸음 앞선 선수를 잡을 수 있다는 사실. 그 쾌감과 기분은 역전의 승리를 맛본 사람만 느낄 수 있는 희열이었고 남모르는 땀을 흘려 본 사람만이 느낄 수 있는 신의 선물이었다.

다행인 건 모든 것을 다 가졌다고 생각하는 인간에게 신은 오만과 방심이라는 함정을 주었다는 사실이다. 이카로스의 추락 이야기는 자가당착을 경계하라는 신의 준엄한 경고다. 그걸 알아 버린 순간 세상이 처음으로 공평하다 느꼈고 신에게 감사했다. 신이 모든 것을 다 가진 자에게 겸손을 명령하고 이타심을 요구한 것이, 자연의 균형을 맞추기 위한 눈에 보이지 않는 배려라는 사실에 고마웠다.

술을 전혀 마시지 못하는 전사의 몸을 가진 내가 포도주 명인과 우연히 대담을 나누게 되었다. 무식이 용감이라고 명인에게 직선으로 물었다.

"어떤 포도주가 좋은 포도주입니까?"

명인은 한참 뜸을 들인 후 의미 있는 말을 무심하게 '툭' 던졌다.

"훌륭한 포도주에는 좋은 땅과 기후, 그리고 많은 거름이 필요할 것 같지만 오히려 척박한 환경과 기후가 명품 포도주를 만드는 최고의 요건입니다."

상식의 틀을 깬 예상 밖의 답변이었다. 솔직하고 담백한 그의 대답이 내 가슴에 오래도록 남았던 이유는 시련이 명품을 만든다는 소박한 진리도 그렇지만, 그 말 자체가 나를 위로하는 것처럼 들렸기 때문이다. 감동은 힘이 있다.

내 노트북 화면에는 오랫동안 바탕화면에 담겨 있는 한 장의 사진이 있다. 일명 '무릎 꿇은 나무'라는 사진이다. 거대한 나무가 마치 사람이 무릎을 꿇고 수도하는 듯한 모습으로 몸을 틀고 있는 사진인데, 노트북을 켤 때마다 감동을 받는다. 때론 수많은 말과 문장보다도 한 장의 사진이 더 큰 힘을 가질 때가 있다. 의식의 흐름도 마찬가지다. 말보다 실천의 힘이 강하고, 그 실천의 결과인 한 장의 사진이 더 강하게 내 영혼을 두드릴 때가 있다. 그 사진은 늘 그렇게 나의 의식을 깨운다.

그 나무 사진은 로키산맥 해발 3,000m 고지에서 유일하게 생존하는 나무다. 사진 속 나무는 나에게 수많은 질문을 던졌고 수많은 생각을 하게 만들었다. 해발 3,000m는 일반적으로 '수목 한계선'이라고 해서 식물이 생존하기에 어려운 곳으로 알려져 있다. 백두산의 높이가 2,744m인데 우리가 알고 있는 백두산 정상에는 나무가 없다. 그런데 어떻게 그런 높이에서 나무가 생존할 수 있었을까? 그리고 왜 무릎을 꿇은 것처럼 휘었을까? 바람은 엄청나고 물은 부족한 가운데 어떻게 살아남을 수 있었을까? 오랜 생각은 나무의 인격으로까지 확장되었다.

로키산맥의 나무도 생각했을 것이다. 여기에서 내가 죽을 것인가? 생존할 것인가? 만약 생존을 선택한다면 내가 할 수 있는 일은 과연 무엇일까? 스스로 고행을 택한 수도승처럼 그 자리에서 스스로에게 수만 번을 묻고 생각했을 것이다. 바람에 맞서지 말자. 물을 찾을 때까지 포기하지 말자. 바람에 맞설 수 있는 줄기의 힘을 가질 때까지 인내하고 견뎌 내자. 그렇게 해서 하루하루를 수행자처럼 보낸 시간이 백 년이 넘었다.

그리고 어느 한 순간, 바람에 맞설 수 있는 시간이 왔다. 바람에 맞서 흔들리지 않는 굵기의 목대가 되었고, 웬만한 가뭄에도 견딜 수 있는 길고 단단한 뿌리도 만들었다. 바로 그때, 무릎 꿇은 나무는 허리를 곧게 펴고 수직으로 빛을 향해 자신의 존재감을 드러냈다. 아무도 살지 못하는 그곳, 아니 생존할 수 없는 그곳에서 무릎 꿇은 나무는 '무외無畏(두려움 없이 당당하다)'의 정신으로 자신의 존재를 조용히 세상에 알렸다. 우연의 일치인지 몰라도 세상에서 가장 아름다운 소리를 내는 바이올린이 바로 이곳의 무릎 꿇은 나무로 만들었다는 이야기는 세상에서 가장 위대한 결핍의 스토리다.

자연은 우리에게 한계와 결핍에서 신의 위대한 선물을 찾으라고 말한다.

한계는 누가 정하는가?

첫사랑이 아름다운 건 이루어지지 않아서가 아니라, 머리가 아닌 가슴으로 나눈 첫 번째 사랑이기 때문이다. 힘들지만 머리가 아닌 가슴으로 사랑을 나누는 연습을 해야 할 것 같다. 가슴으로 하는 사랑에는 권태감도 한계도 없다. 한계와 권태감은 포기한 이들이 가장 자주 쓰는 단어다.

과거 대한민국을 정의하는 말로 '헬조선', '흙수저', '이생망', 'N포세대' 등이 있었다. 찬찬히 이 용어들을 뜯어보면 각자가 가진 열정과 의지 그리고 가능성을 포기한 부정적인 신조어들에 나를 둘러싼 정치적, 제도적, 환경적 여건까지 모두 포함되어 있다. 한계 상황의 안과 밖이 중첩된 문제다. 이것은 우리의 관점과 행동을 물리적 수정을 통해 360도 바꿔야만 극복 할 수 있는 과제이다.

'코끼리 말뚝 이론'이라는 것이 있다. 서커스단에서 거대한 코끼리를 길들이기 위해 쓰는 방법인데 생각보다 원리가 간단하다. 아기 코끼리 때부터 뒷다리를 말뚝에 묶어 놓아 아무리 힘을 써도 말뚝을 벗어날 수 없다고 몸에 기억이 새겨진 코끼리는 나중에 말뚝을 뽑을 힘이 충분해져도 벗어나려 하지 않는다는 이야기이다. 한마디로 한계로 절망과 포기를 만들어 내는 몸의 부정 기억이다. '코이의 법칙'과 같은 의미다. 자신이 정한 한계와 포기는 절망과 같은 단어다. 눈에 보이지 않는 거대한 말뚝 때문에 꿈과 희망을 포기하는 것이다.

세상의 기록은 깨어지라고 있는 것이다. 한계에 길들여지는 99%의 사람들 가운데 꼭 한계에 도전하는 1%의 별종들이 있다. 어쩌면 세상은 그 별종들에 의해 진보하고 진화되어 왔는지도 모른다. 1950년대에 우리 인간들에게는 특별한 신체적 한계가 있었다. 인간은 절대로 1마일, 즉 1609m를 4분 안에 돌파할 수 없다는 한계. 이건 그 당시 최고의 의학계, 스포츠계 전문가들이 내린 임상적 결론이자 절대 명제였다. 만약 4분 안에 들어온다면 인간의 심장은 체력적 한계를 극복하지 못해 심장에 무리가 와서 심장 마비로 죽거나 근육이 파열될 거라고 무시무시한 예견까지 했다. 과학적 근거를 가지고 있는 의학계의 신뢰도와 운동 전문가들의 타당성까지 더해진 부정 기억의 한계에 사람들은 그 누구도 이의를 달지 못했다. 그리고 한결같이 모두 4분대 언저리 기록을 맴돌았다.

그런데, 딱 한 청년이 다른 생각을 했다. 불가능한 상황과 전문가들의 조언에 집중 한 것이 아니라 자신만의 가능성과 새로운 접근 방법에 집중했다. 문제를 정답Answer이 아닌 해법Solution으로 풀었다. 하나의 정답만 추구할 것인가? 아니면 다양한 해법을 찾을 것인가? 결국 새로운 시각과 행동이 역사를 만들었다.

　제일 먼저 그는 일반적인 사람들이 1마일을 뛰는 방법을 연구했다. 그리고 현재의 방법으로 뛰어서는 도저히 4분 안에 도달할 수 없다는 결론을 내렸다. 1마일인 1609m를 동일한 에너지로 달릴 경우 아무리 힘이 좋아도 나중엔 스피드와 체력이 떨어질 수밖에 없다는 걸 발견하고는 새로운 러닝 방법을 개발했다. 트랙 400m를 4등분한 후, 직선 코스와 곡선 코스로 분리한다. 그리고 두 코스 사이의 짧은 거리를 일반적인 주파 속력으로 달리고, 나머지 긴 거리를 전력으로 달려 에너지를 분산하는 것으로 최고의 신체적 컨디션을 일정하게 유지했다. 그리고 자신이 만든 프로그램대로 직접 달려 보았다. 물론 로저 베니스터Roger Gilbert Bannister, 1929~1918 자신이 육상 선수였기 때문에 가능한 일이었다.

　모두가 죽을 것이라 예상해 도전하지 못했던 4분대의 기록을 깨고, 로저 베니스터는 1954년 5월 6일 날 3분 59초 04로 결승점을 통과했다. 물론 그는 죽지도 근육이 파괴되지도 않았다. 그런데 더욱 놀라운 사실은 로저 베니스터의 기록 갱신 이후 한 달 만에 무려 10명의 선수가 마의 4분의 벽을 깼고 1년 후엔 37명이, 2년 후엔 300명이 그 벽을 깼다.

　결국, 마음이 한계와 절망을 만든 것이었다. 나에게 한계를 넘어설 가능성이 있다는 것을 깨달았을 때부터 한계는 깨어지기 시작한다. 4분의 벽을 부수는 힘은 우리 모두에게 있다. 분명 있다. 로저 베니스터를 사례로 든 것은 그가 4분대의 벽을 깬 최초의 인물이라서가 아니다. 모두가 한계라고 인식하고 의심 없이 받아들이는 상황에서 새로운 방법과 가능성에 주목하고 자신이 만든 로드맵으로 끝없이 시도한 그 아름다운 정신에 주목했기 때문이다.

한계를 극복한 사람이 비단 로저 베니스터뿐일까? 워싱턴포스트에서 우연히 미국의 한 초등학교 교실에 두 팔이 없는 교사, 메리 간논 선생님이 있다는 기사를 보았다. 수업 시간에 발가락에 펜을 끼워 화이트보드에 글을 쓰고 컴퓨터 키보드도 치고 책장도 넘긴다. 내가 주목한 건 그녀의 굴곡진 스토리다. 멕시코 보육원에서 유년기를 보냈고 처음엔 영어는 단 한마디도 못 했다고 한다. 그동안 그녀가 겪었을 차별과 좌절이 온몸으로 다가왔고 동시에 그녀의 피나는 노력이 동시에 그려졌다.

'우리 선생님은 다른 선생님이 하는 모든 것을 똑같이 한다'는 중학생들의 말을 통해 나는 그녀가 진정한 승리자임을 알았다. '너희 스스로가 한계를 만들지 않는 한, 삶에 한계는 없다'는 메리 간논 선생님의 똑 부러진 말과 로저 베니스터의 행동이 우리에게 깨우쳐 주는 메시지는 일맥상통하는 면이 있다. 절망과 한계는 책 속의 정의나 타자의 결정이 아니라 결국 자신의 선택이라는 것이다.

이타

마음이라는 낯선 장소에서 길을 잃어 본 사람은 안다.

낯선 곳에서 가장 먼저 해야 할 일은 현재 내가 어디에 있는지를 정확히 파악하는 것이다. 나의 위치는 나의 현재와 미래의 기준이다.

갑자기 정전이 되면 어떻게 하는 게 가장 현명할까? 먼저 손을 뻗어 천천히 주변을 탐색하면서 가장 안전한 자리로 이동하는 게 최선이다. 그리고 불이 있는 곳으로 천천히 이동해서 불을 밝히거나, 불이 없다면 그 자리에서 전기가 다시 들어올 때까지 기다리면 된다. 느림과 멈춤을 통해 자신을 믿고 기다리면 항상 불은 다시 켜진다. 그것이 '회복 탄력성'이다. 회복력은 자연이 인간에게 준 가장 위대한 나눔이라는 이름의 선물이다. 자연의 섭리 속에 우리가 가야 할 길이 있지 않을까? 욕심 부리지 않고 내가 가진 두 개 중 한 개를 나누는 것. 어쩌면 그 단순한 자연의 가르침을 실천하는 것, 그것이 이타의 큰 가르침일지도 모르겠다.

고통과 슬픔의 순간이
바로 신과 가장
가까워지는 시간이다

26
열린 부정, 닫힌 긍정

고등학교 1학년 때 잘나가던 아버지의 사업이 무너졌다. 아버지의 좌절은 사업뿐만 아니었다. 그동안 잘 버텨 오던 정신까지 무너졌다. 사업의 실패가 아버지의 정신까지 무너뜨린 것이다. 아버지의 실패를 이해한 건 내가 한참 어른이 된 후였다. 그동안 아버지 혼자서 얼마나 힘들었을지, 조금이라도 일찍 위로해 드리지 못한 것이 가슴에 남아 오랫동안 아렸다.

가장의 좌절과 실패. 그 충격은 전염성이 강했다.

빠르게 가족 모두를 좌절하게 만들었으며 모든 걸 포기하게 만들었다. 시골로 들어가자는 아버지의 권유에 형제들은 동요했다. 특히, 형님과 누님들의 반대가 심했다. 모든 걸 포기하고 시골로 가서 무슨 일을 할 수 있는 거냐는 강력한 항의에 아버지도 무작정 시골로 들어가는 걸 보류했다. 대안은 없었지만 대책을 세워야 했기에 형님의 주도로 형제들은 긴급 회의를 했다. 형님의 의견은 분명했다. 모든 형제들은 지금부터 학업을 중단하고 즉시 공장에 취직해야 한다는 특단의 대책 없는 대책이었다. 한 가지 분명한 건 그렇게 되면 내가 중졸로 남는다는 것. 나에게 그것은 최악의 결정이었다.

형님과 오랜 담판 끝에 내가 고등학교를 졸업할 때까지 기다려 주겠다는 약조 하나를 얻었다. 2년은 벌었다. 2년 후 대학 진학을 놓고 나는 다시 한번 형님과 줄다리기를 했다. 내가 형님을 설득한 명분은 딱 하나.

"형님, 고졸보다 대졸의 월급이 훨씬 더 많답니다."

그 한마디로 난 또 4년을 유예받았다. 문제는 그때부터였다. 어떻게 대학을 다닐 것인가? 그때 나는 처음으로 내가 가진 모든 걸 분석했다. 나의 강점과 약점이 무엇이고, 나를 둘러싼 기회와 위기는 무엇인지를 철저히 파헤쳤다. 혹시 SWOT 분석을 알았냐고? 천만에. 그당시 나는 SWOT 분석이 무엇인지 알지도 못했고 주변에 그런 걸 알려 주는 사람도 없었다. 그저 나와 주변의 상황을 정확하게 알아야 이 힘든 상황을 이겨 낼 방법을 찾을 수 있을 거란 생각에서 나온 일종의 본능적인 움직임이었다고 해 두자.

내 빈손에 들려 있는 강점과 기회. 그리고 또 다른 빈손에 들려 있는 약점과 위기. 당시 내게 최선의 선택은 모든 열린 부정의 문을 닫고 닫힌 긍정의 문을 여는 것이었다. 강점을 다른 말로 장점이라 부른다. 분명 빈손이라 했는데 무슨 강점이 있을까? 그즈음 내가 가진 강점은 바로 그 무엇과도 바꿀 수 없는 강철 같은 정신력과 체력이었다. 그 정도면 세상과 충분히 맞설 수 있을 거란 생각이 들었다. 약점은 아버지의 사업 실패로 인해 경제적 지원을 단 한 푼도 받을 수 없으며, 아버지의 사업은 재기할 수 없다는 것. 그것은 불변의 절대 약점이었다. 하지만 세상에 어디 고난만 있으랴. 주변을 둘러보니 대학을 4년 동안 다닐 수 있는 기회가 있었다. 내가 다니던 미술학과 100명 중 딱 1명에게만 주는 성적 장학금 제도였다. 학과 1등을 4년 동안 하면 대학을 다닐 수 있다는 장학금 찬스는 분명 기회였다.

기회는 또 있었다. 대학원까지 다닐 수 있는 기회! 군대를 ROTC 장교로 간다면 군에서 나오는 월급으로 대학원까지 다닐 수 있었다. 그러나 이 엄청난 기회에도 불구하고 고난은 험준했다. 대학에서 장학금을 받기 위해선 4년 동안 8학기 모두 99명을 이겨야한다는 사실. 그리고 내가 선택한 홍익대학교 대학원이 전국 미술 계열 대학원 중에서 가장 경쟁률이 높다는 사실. 또 있다. 대학과 대학원을 다니기 위해서는 아르바이트로 생활비를 충당해야한다는 현실적 부담은 상당한 위기였다.

무엇을 선택할 것인가? 고민할 필요도 없었다. 내가 가진 강점 25%, 기회 25%, 약점 25%, 위기 25%. 도합 100%의 총량에서 약점과 위기를 내 머릿속에서 빠르게 지웠다. 그리고 강점을 50%, 기회를 50%로 만들어 다시 기동시켰다. 약점과 위기에 고민하는 그 짧은 순간까지 없애 버린 것이다.

집에서 학교까지는 버스 열다섯 정류장 거리라 버스를 타면 40분, 달리면 1시간 30분이 걸렸다. ROTC 체력 시험을 보기 위해선 어차피 체력 훈련도 따로 해야 하니 겸사겸사 일주일에 두세 번을 등산 가방을 메고 학교로 달렸다. 그렇게 1년 이상을 달리다 보니 어느새 내 심장은 두 개가 달린 것처럼 강해졌고 다리는 강철처럼 튼튼해졌다. 21살 때 만든 몸의 기억이 습관이 되어 지금도 팔굽혀펴기를 2분에 평균 140개까지 한다.

어디 그뿐일까? 100명 중에 딱 한 명에게만 주는 전액 장학금을 받기 위해 머리가 나쁜 내가 선택한 유일한 방법은 강의실 맨 첫 줄 가운데를 4년 동안 지키는 것이었다. 그 작은 행동 하나가 단 한 번도 장학금을 놓치지 않는 결과로 돌아왔다. 돌아보니 강렬한 '삶의 의미'와 '생존의 이유'가 열린 부정을 닫고 닫힌 긍정을 여는 열쇠였고, '나비 효과'라는 긍정의 기적이 시작되는 생애 첫 경험이었다. 세상에 공짜가 없음을 처음 알고 경제학에서 말하는 '등가 교환의 법칙'을 몸으로 배우는 계기였다.

살아가는 수많은 시간 속에 삶의 변곡점이 왜 없을까? 한때 잘나가던 연예인이 사기를 당해 망했다는 기사. 40년 외국에서 죽도록 돈 잘 벌던 이민자가 성공하고 얼마 후 말기 암에 걸렸다는 소식. 이유도 사연도 많다. 나는 현재 그 좌절의 슬픔을 견디지 못해 오는 많은 사람을 코칭하고 상담해 주고 있다. 그분들을 보면서 만약 내게 열린 부정과 닫힌 긍정의 경험이 없었다면, 또 그것을 극복한 몸의 기억이 없었다면 어떻게 그분들에게 공감할 수 있었을까 혼자서 생각한다.

기억해라. 내게 오는 수많은 사람 중, 단 한 명도 갈등과 고민이 없는 사람은 없었다는 사실을. 닫힌 긍정을 여는 유일한 방법은 몸의 기억 채널을 빠르게 바꾸는 것뿐이라는 사실을.

27

내가 행복해지는 마음 사용법

최근 심리와 상담의 인기가 고공 행진 중이다. 이미 오은영 박사는 대한민국 마음 치유의 대명사가 되었고 나도 '긍정의 카우보이'란 별칭으로 가끔 소개된다. TV에선 누가 먼저랄 것도 없이 출연자들이 MBTI 성격 유형 검사의 전문적 내용까지 쉴 새 없이 쏟아 낸다. 나와 타인 심리에 대한 관심이 전에 없이 호황이다.

그럼에도 불구하고 마음이 아픈 사람들은 늘어 가고 있다. 타인과 소통이 어렵다고 아우성이다. 내가 상담하는 내담자 중 공황 장애 환자들도 많다. 부정 감정을 어떻게 정리해야 하는지 모르겠다고 한다. 살면서 복잡한 내 마음을 누가 시원하게 정리 좀 해 주면 좋겠다고 말하는 상황까지 나왔다. 그렇다고 주변에 정신과 병원과 상담 센터가 없는 것도 아닌데 마음 정리가 참 어렵다고들 한다. 오죽하면 삼성 고 이건희 선대 회장도 한 사람 마음을 바꾸려면 1톤 분량의 책을 읽어야 한다고까지 말했을까? 도대체 어떻게 하면 내 마음을 정리하고 바꿀 수 있을까? 야무지게 한번 파고들어 보자.

재미난 질문으로 시작하자. 내가 학부모 강연을 가면 꼭 받는 질문이 있다. 아이들에게 꼭 가르쳐야 할 것이 무엇이냐는 질문이다. 똑똑한 요즘 부모들이 몰라서 이 질문을 할까? 아니다. 중요한 건 어떻게 지속적으로 실천하느냐의 문제다.

여기에 나는 딱 두 가지로 선명하게 답한다. 첫 번째는 사랑과 애정을 듬뿍 주는 것, 그리고 두 번째는 한계와 결핍을 반드시 배우게 할 것이라고 권고한다. 이 두 가지를 성장기 아이들에게 확실하게 가르치지 않으면 반드시 TV에 나오는 '금쪽이'가 된다. 사랑과 애정이라는 비타민만 섭취한 '금쪽이'가 커서 '괴물'이 되는 것은 심리적 영양 불균형이 만든 마음의 결핍이 있다는 의미다. 누굴 탓할 수 없다. 뿌린 대로 거두는 게 자연의 이치다.

인간이라는 생명의 특징에도 교감 신경과 부교감 신경이 있듯이 모든 생물학적 메커니즘에는 ON과 OFF가 있다. 생명체는 그 항상성의 균형추 위에서 생존하는 것이다. 성인이 되어서 치료하려면 엄청난 시간과 돈, 그리고 가혹한 대가를 치러야 마음의 밸런스를 맞출 수 있다.

2015년 '서초동 세 모녀 살해 사건'의 범인인 남편(당시 48세)의 사례가 그렇다. 아내와 딸들을 죽인 남편은 서울 소재 명문 Y대 경영학과를 나왔고 외국계 회사에서 회계·재무를 담당했다. 이후 직장을 옮겼으나 곧 퇴사를 종용받자 실직 사실을 가족들에게 숨기고 몰래 주식을 했다. 그러나 일부 손실을 보면서 스스로 좌절을 받아들이기 어려워했다. 사회적 낙오가 자신의 실패라고 생각한 남편은 괴물로 변해 자신을 파괴했다.

약간의 우울 증세를 제외하곤 정신 질환이 거의 없었던 그가 괴물이 된 것은, 끝없는 경쟁 사회에서 사회적 인정만이 성공의 척도라고 여겼던 부모의 가치관과 스스로의 왜곡된 성공 기준이 만든 자멸이었다. 아내와 두 딸이 죽은 후 경찰은 남편이 진 빚을 모두 갚고도 10억 정도의 여윳돈이 남았다고 발표했다.

"쯧쯧, 그 돈이면 무얼 못 할까?"

안타까운 사연에 여기저기서 한마디씩 건넨다. 공부 잘하고 성공하기 위한 가르침도 중요하지만 실패와 좌절을 경험으로 여길 수 있도록 돕는 코칭도 필요하다는 말이다. 긍정이라는 힘을 무조건 낙관적인 사고쯤으로만 생각한다면 오산이다. 긍정은 실패와 좌절에 굴복하지 않는 정신이다.

그럼 지금의 우리에게 당장 필요한 마음 훈련은 무엇이고, 우리는 무엇을 해야 하는 것일까? 정답은 의외로 간단하다. 첫째는 인정이고, 둘째는 훈련이고, 셋째는 행동이다. 지름길은 없냐고? 당연히 있다. 그건 충격 요법이다. 이것도 자기중심적 사고를 가진 사람들에게는 안타깝지만 통하지 않는다. 지름길도 마음이 유연하고 평소 열린 마음을 가지고 있는 사람들에게만 주어지는 신의 특별한 선물이기 때문이다.

인정은 문제의 원인을 다른 사람이 아닌 나에게 돌리는 선한 마음이다. 그 마음이 모든 치유의 시작점이다. 인정의 바탕이 마련돼야 비로소 마음 훈련이 시작된다. 훈련은 감동과 감사의 반복이다. 감동과 감사도 강도에 따라 치유의 시간이 달라진다. 분명하고 명확하다.

로마 1,200년 역사를 관통하면서 가장 어진 황제로 추앙받았던 마르쿠스 아우렐리우스가 개망나니 아들 콤모두스에게 황제 자리를 놓고 요구한 게 지혜와 정의, 용기와 절제였다. 바른 생각과 행동, 그리고 스스로를 통제하는 힘이었다. 바꾸어 말하면 균형 잡힌 마음을, 따뜻한 '감정'을 가지란 요구였다.

사랑과 존중을 받았던 로마 최고의 황제였지만, 자식에게 무한한 자유와 힘만 준 대가는 참혹했다. 콤모두스는 로마 역사상 가장 잔인하고 난폭한 '금쪽이'가 되었다. 만약 오은영 박사가 그 시대에 있었다면 제대로 개인 상담을 들어갔을 것이다. 그러나 역사에는 '만약'이 없다. 어쩌다 괴물을 만든 황제와 시대는 폭군의 폭력을 온몸으로 감당해야만 했다.

마음의 훈련으로 감동과 감사만큼 큰 교육도 없다. 감동과 감사를 심리적 요인으로 분류하면 감정이다. 감정을 다스리면 신체가 안정되고, 안정된 신체는 건강한 말과 행동이라는 결과로 나온다. 따라서 우리의 말과 행동은 결국 감정에서 출발하는 것이다. 마케팅이 고객의 공감을 불러일으키는 과학이라면, 세일즈는 고객의 마음을 훔치는 예술이라는 표현을 쓴다. 타자의 지갑을 여는 일도 결국에는 감정을 움직여야만 한다는 뜻이다.

《카네기 성공론》에 소개된 흥미로운 일화가 있다. 미국에서 평범하지만 성실한 사업가 한 명이 부도를 맞아 모든 걸 잃었다. 돈과 자신감, 미래의 희망까지 잃었다. 상심 끝에 최소한의 돈만 빌려 끼니만 해결하기로 결심하고 은행으로 향했다. 은행이 보이는 큰 육교를 무기력하게 올라가는 도중 반대편에서 마주 오는 사람을 보았다. 온몸이 땀으로 범벅된 사람이 자신을 보고 아주 반갑게 웃으며 인사를 건넸다.

"반갑습니다. 좋은 아침입니다."

대수롭지 않게 지나치려는 순간 그는 그 자리에서 굳어 버렸다. 그에게 인사를 한 사람은 바로 두 발이 없는 장애인이었기 때문이다. 그 짧은 영화 같은 감동적인 장면을 목격한 감동이 자신의 현재는 물론 미래까지 바꿔 놓았다. 당연히 그 사람은 부도 이전보다 훨씬 더 큰 사업체를 일구는 데 성공했다. 육교 위에서 만난 다리 없는 장애인의 밝은 미소를 통해 자신을 돌아볼 수 있었던 그 짧은 5초의 순간은 충격이었을 것이다. 이후 그의 행동이 어떻게 바뀌었을지는 보지 않아도 상상이 간다.

분명 위대한 감동과 감사의 강도는 우리의 현재와 미래를 확실하게 바꾸어 준다. 우리는 그저 그 감동과 감사를 행동으로 옮기면 된다. 그것뿐이다.

28

신이 기뻐하는 길을 찾아서

미국의 저명한 임상 심리학자 매슬로Abraham H. Maslow, 1908~1970박사는 인간의 욕구를 다섯 단계로 정의 내린 사람으로 유명하다. 자신의 임상 경험을 바탕으로 1943년에 발표한 이 이론은 각 욕구를 피라미드 모양으로 정리한다. 가장 아래쪽이 1단계로 생리적 욕구이고 2단계는 안전의 욕구, 3단계는 소속감과 애정의 욕구, 4단계는 자아 존중의 욕구, 그리고 마지막 5단계는 자기실현의 욕구로 구성되어 있다. 단계가 내려갈수록 낮은 수준의 욕구며 단계가 올라갈수록 높은 수준의 욕구들이다. 가끔 교육학에서는 4단계와 5단계 사이에 인지와 심미의 욕구를 넣어 7단계로 언급하기도 한다.

사실 이러한 이론은 우리 뇌가 가지고 있는 생물학적 특징과도 잘 맞아떨어진다. 우리 머리 최심부에 뿌리박고 있는 가장 동물적인 뇌인 뇌간腦幹, brainstem에서부터 식욕·성욕과 같은 본능적인 활동과 분노·공포를 관리하는 대뇌변연계大腦邊緣系, limbic system, 인간의 지성·감정·의지를 관장하는 대뇌피질大腦皮質, cerebrum cortex까지 해부학적 구조와 인간의 욕구는 단계별로 서로 기막히게 닮아 있다. 뇌간을 파충류 뇌라고 부르고 대뇌변연계를 포유류 뇌라고 부르며 대뇌피질을 영장류 뇌라고 부르는 이유도 여기에 있다.

29개의 단단한 조각으로 구성된 두개골 안에 조용히 들어 있는 뇌에는 이렇게 완벽하게 잘 만들어진 3가지 기능을 가진 영역들이 기막히게 자기 조율을 해 가면서 협업하고 있다. 그런데 중요한 것은 사람들마다 어떤 영역을 가장 활성화하며 사느냐는 모두 다르다는 점이다. 뇌간과 대뇌변연계 중심의 파충류형, 포유류형으로 살아가는 사람과 대뇌피질 중심의 영장류형으로 살아가는 사람까지. 인간의 욕구는 철저히 생물학적 토대 위에 만들어졌다는 뜻이다. 쉽게 말해 갑자기 내가 난폭해지고 있다면 지금 나의 뇌간과 대뇌변연계 부위가 활성화되는 중에 나온 동물적 행동이라고 생각하면 된다는 것이다.

그래서 1단계에서 4단계까지를 일반적으로 결핍 욕구라고 부르고 5에서 7단계를 성장 욕구라고 칭한다. 만약 이 결핍 욕구를 충족시키지 못할 경우, 더 강력한 동기가 수반되고 충족되면 욕구는 일시적으로 평강을 찾게 된다. 하지만 성장 욕구는 충족할수록 욕구가 훨씬 더 강해지는 특징을 가진다. 과유불급過猶不及인 것이다. 그러나 때때로 이러한 기본적인 욕구들이 좌절되거나 충족되지 못할 때도 있는데, 바로 그때 우리는 우울과 불안에 빠지게 된다.

매슬로 박사의 이론을 자세히 살펴보면 1단계에서 5단계까지 모든 욕구는 철저히 자신을 향하고 있다는 걸 발견할 수 있다. 욕구는 나를 중심으로 움직인다는 뜻이다. 그리고 그것을 움직이는 원동력은 바로 본능이다. 본능은 인간을 생존하게 하는 가장 기본적인 내적 동기이다. 물론 그것이 인간이 가진 기본적 욕구라고 하지만 우리도 모르게 무의식적으로 나오는 타자에 대한 배려, 이타심에 관한 언급은 그 어디에도 없다. 그렇다면 이타심은 인간의 욕구를 벗어나 신에게 다가가려는, 우리 안에 있는 가장 아름다운 신성神性의 몸짓은 아닐까? 일종의 '잉여 욕구剩餘慾求' 혹은 '초월 욕구超越慾求'처럼 말이다.

설악산 지게꾼 임기종 씨처럼, 자신의 모든 것을 다 내 주고도 더 주지 못해서 미안해하는 마음 씀씀이를 가진 천사처럼 사는 분. 2017년 포항에서 지진이 났을 때 광주에서 김밥 100줄과 현금 100만 원을 꼬깃꼬깃 뭉쳐서, 꼭두새벽부터 달려와 흥해읍 체육관에서 나와 마주한 할머니의 얼굴은 분명 구도자의 낯빛이었다.

수많은 재난의 현장에서 나는 생생한 우리의 본성과 마주했다. 피가 거꾸로 솟는 분노도 말로 다하지 못하는 감동도 모두 우리 안에 있는 야성과 신성의 몫이다. 철저히 생물학적 본능으로 살아가는 우리의 모습 안에 어떻게 이토록 아름다운 신성이 숨겨져 있을까? 감히 짐작할 수는 없지만 창조주의 뜻을 빌어 해석하자면, 숨겨진 신성을 찾아가는 마음으로 우리가 살아갈 때 세상에서 가장 아름다운 인류의 미래는 물론 신의 뜻에 부합하게 살아가는 것임을 일깨워 주기 위해서가 아닐까? 드러난 신성보다 숨겨진 신성이 훨씬 더 은밀하고 위대한 것처럼 말이다.

매슬로 박사가 주장한 자기실현의 욕구를 넘어 그동안 자기중심적으로만 살아온 우리에게 작은 위로와 희망을 동시에 주었던 영화가 바로 〈미션〉(1986)이다. 영화 〈미션〉은 우리에게 매슬로 박사의 1943년 이론이 미완성의 주장이었고 어쩌면 여기에 새로운 인간의 욕구, 즉 이타심의 욕구를 넣을 수 있을지도 모른다는 사실을 보여 주는 증거였다. 본능 중심의 이기심利己心이 지배하는 우리의 마음에 깃든 본능을 넘어선 이타심利他心은 신이 우리에게 바라는 가장 정직한 마음일지도 모른다.

그래서일까? 모든 욕구에는 제동 장치가 달려 있지만 유일하게 이타심의 욕구에는 제동 장치가 없다. 매슬로 박사가 말한 가장 높은 단계인 자기실현의 욕구만 하더라도 과하면 부작용이 생긴다. 그러나 이타심의 욕구는 아무리 많이 사용하고 퍼 날라도 부작용이 없다. 신의 뜻으로 사는 일에 부작용을 만들지 않은 것은 그런 방식으로 살아가라는 신의 메시지는 아닐까? 숭고한 희생의 의미를 찾다가 발견한 뜻밖의 선물이다.

29

나에게 전하는 선물의 기적

친한 지인이 내 교수 연구실에 왔다. 참새가 방앗간 들르듯 자주 오는 친구다. 친구는 기계 제작과 관련한 직업을 갖고 있어 매우 섬세하고 꼼꼼한 성격이다. 그리고 일에 관한 한 완벽에 가까울 정도로 매사에 철두철미하다. 어떻게 저렇게 살 수 있을까? 가끔 나와 다른 라이프스타일을 가진 친구가 신기하다. 털털하고 소지품도 자주 흘리고 다니는 나를 놀리는 재미 때문에 자주 놀러 온다는 생각이 들 때도 있다. 나보다 나이는 어리지만 생각이 건강하고 깊어 잘 어울린다.

자신의 후배가 컴퓨터 프로그램 제작자로, 지금 공황이 와서 너무 힘들어하는데 어떻게 도와줘야 할지 모르겠다며 나에게 도움을 청했다. 나는 지인 후배의 현재 상태에 대해 꼼꼼히 이야기를 들었다. 이후 그분의 하는 일과 성격, 취미 세 가지만 물었다. 하는 일에 대한 팩트 체크는 일과의 연결 관계에서 습관화된 몸의 기억을 확인하는 절차다. 그리고 성격에 대한 질문은 일에 대처하는 마음 크기를 확인하는 과정이다. 마지막으로 취미에 대한 질문은 몸과 마음을 쉴 수 있게 하는 스스로의 보상을 확인하기 위함이다.

이 세 가지만 정확하게 확인하면 원인이 나오고, 원인이 나와야 처방이 나온다. 쉽다. 분명 명확하고 쉽지만 실천하지 못하는 게 사람이다. 운동과 명상이 사람의 마음과 건강에 좋다는 건 누구나 다 알지만 둘 모두를 잘 실천하는 사람은 많지 않다. 소식이 건강하다는 건 다 알지만 음식에 대한 욕망 때문에 절제가 어렵다. 마음을 비우고 내려놓으면 자신이 행복해지는 걸 알지만 그렇게 하지 못한다. 욕망은 늘 이성을 이기는 '욕망 승리의 법칙' 때문이다.

모든 설명과 답변까지 들어 보니 정답이 손에 잡혔다. 엄청난 책임감을 가질 수밖에 없는 환경과 스스로가 만든 높은 도덕적 기준이 공황의 원인이었다. 후배분에게 전화로 상담하면서 스스로 할 수 있는 두 가지를 처방으로 내렸다.

첫째, 주기적으로 자신에게 선물 주기.
둘째, 완벽의 강박을 의도적으로 깨기.

딱, 이 두 가지를 실천하지 않으면 당신은 공황 때문에 당신이 지금 가장 중요하고 소중하다고 생각하는 모든 걸 잃을 수도 있다고 강력하게 경고했다. 그녀의 주변을 둘러보았다. 가족의 생계를 사실상 책임지고 있는 가장의 무게 배낭 하나, 양가 부모님의 노후와 책임 마스터의 배낭 둘, 끊임없이 새로운 일을 만들어야 생존할 수 있는 직업적 특성의 배낭 셋, 마지막으로 모든 일에 완벽함을 추구해야 직성이 풀리는 개인적 기질의 배낭 넷. 이렇게 많은 배낭이 양어깨 한 쪽에 두 개씩 올라가 있다고 생각해 보라! 생각만 해도 숨이 막힌다. 상담해 주는 내 가슴이 더 답답했다.

"……단 한 번도 나 자신을 돌아볼 시간적 여유도 없었습니다. 그렇다고 자신을 위로하고 격려해 주는 사람도 주변에 없었습니다. 모두 나만 바라볼 뿐이었죠. 그렇게 하루하루의 죽음의 시간이 쌓였고 나는 서서히 죽어 가고 있었습니다……."

"선생님은 지금 창문 하나 없는, 사방이 꽉 막힌 방에서 24시간을 생활하고 있습니다. 가끔은 자신에게 감동의 시간을 선물해 주세요. 이건 권고가 아닙니다. 강력 처방입니다."

한 번도 자기 보상을 해 본 적 없다는 그녀의 말에 나는 작지만 강한 회복력을 갖는 몇 가지 솔루션을 말씀드렸다. 의외로 쉬운 제안에 반색하는 그녀에게서 높은 책임감과 도덕성을 느꼈다. 결국 그 책임감과 도덕성이 문제였다. 그녀 스스로가 만든 완벽이라는 이름의 강박은 직업적 특성이다. 하지만 문제는 모든 일상생활에까지 강박을 요구하는 자신이었다.

"괜찮아요? 여기서 당신 자신을 위해 스스로 보상해도 누가 뭐라하지 않습니다. 그리고 잠시 놀아도 괜찮습니다. 당신은 충분히 잘했고 놀 자격이 있습니다."

놀아도 괜찮다는 내 말에 순간 침묵이 흘렀다. 잠시 후 전화기를 통해 그녀의 흐느끼는 소리를 들었다. 어쩌면 그렇게 치열하게 살아온 그녀가 유일하게 듣고 싶었던 말이 이 한마디가 아니었을까?

"놀아도 괜찮다는 교수님의 말씀에 갑자기 눈물이 났습니다.
그 누구도 제게 그런 말을 해 준 사람이 없었거든요."

무거운 배낭 네 개의 무게를 시시포스의 형벌처럼 달고 살았던 그
녀. 결국 그녀가 견뎌야 했던 무게는 마음의 무게였던 셈이었다. 어떻
게 자신에게 셀프 선물을 할까? 웃으며 솔루션을 찾아보겠다는 그녀
의 밝은 목소리를 들으며 짧았지만 강렬한 상담은 끝났다.

사람들은 모두 한도 초과의 배낭 한두 개씩은 어깨에 메고 살아간
다. 단거리가 아닌 장거리 달리기에서 지치지 않는 유일한 방법은 내
어깨에 올라간 무게를 줄이거나 나의 심력을 기르는 것뿐이다.

'감동적으로 놀자……. 감동적으로 놀자…….' 그녀가 읊조리며
끊었던 그 마지막 독백이 내 귓가에 아직 맴돈다.

30

욕망과 무욕의 경계에서 자라는
'내면의 빛'

가오나시는 영화 〈센과 치히로의 행방불명〉(2002)에 나오는 조연이다. 아직까지 주연 이상의 사랑을 받고 있는 캐릭터인데, 가오나시의 존재를 아느냐 모르느냐가 꼰대와 MZ를 구별하는 기준이란다. 그런 면에서 나는 확실히 감성만큼은 MZ다.

강의 도중 학생들에게 그런 가오나시를 한번 그려 보자고 했다. 제각각 솜씨는 다르지만 모두 나름 비슷하게 잘 그렸다. 그리고 가오나시를 가지고 학생들과 대화를 나누었다. 가오나시에게서 받은 느낌과 교훈까지 조금씩 차이는 있었지만 외로움과 욕망이라는 공통점은 모두 같았다. 전체의 모습은 무슬림 여성들이 착용하는 모자가 달린 '차도르chador'와 비슷하다. 얼굴은 중국 경극의 가면 같다. 표정 없이 눈과 입만 있고, 눈을 중심으로 눈물을 흘린 자국처럼 보이는 어두운 다크서클이 위아래에 그려져 있다. 강렬하다. 대부분 영화를 본 뒤로

꽤 많은 시간이 흘러 주인공 치히로의 이름은 헷갈려했지만 조연이 었던 가오나시의 존재는 모두 잊지 않고 기억했다. 미친 존재감이다.

검은색이 가지는 상징성은 어둠과 슬픔이다. 또한 모든 것을 삼킬 수 있는 욕망이다. 필요할 때만 나오는 손은 존재감 없는 가오나시의 특징이다. 손은 창조와 내가 하는 일에 관련된 은유다. 미술 치료에서 손의 소멸은 내가 무엇을 해야 하는지를 모르는 존재감의 상실로 해석된다. 그러고 보면 가오나시는 딱히 하는 일이 없다. 아무도 그가 무슨 일을 하는지 알지 못하고 그에게 관심도 없다. 존재감 없는 그의 이미지를 반영하듯 가끔씩 사라지기도 하고 또 투명해지기도 하는 몸을 갖고 있다. 바로 이 주변의 무관심이 가오나시를 소멸시켰다.

발도 비슷하다. 발은 이동의 수단이며 동시에 자신의 존재감과 목적에 대한 상징이다. 갈 곳도 없고 오라는 데도 없는 가오나시에게 발의 존재는 무의미하다. 발을 잃은 가오나시는 할 일도 없고 딱히 갈 곳도 없는, 그야말로 그림자 같은 존재다.

그런 가오나시에게도 딱 하나 있었던 것은 외로움에서 벗어나고 싶어 하는 강렬한 욕망이다. 노자는 무욕은 집착을 끊는 것이라고 했다. 《도덕경》에는 '무욕이관기묘無欲以觀其妙' 즉 '욕심이 없으면 그 신묘함을 볼 수 있다'고 기술돼 있다. 신묘함으로 표현한 진리를 볼 수 있는 무욕의 정신은 아무나 도달할 수 있는 경지는 아니다. 그래서일까? 끊어 내지 못한 집착 하나가 가오나시를 괴물로 만들었다. 치히로가 가오나시에게 준 경단은 모든 것을 치유하는 신비의 약이다. 깨끗하고 순수한 자와 내면의 신묘함을 가진 자만이 받을 수 있다는 전설의 약이다. 그 약으로 가오나시를 치유했다. 욕망을 상대한 무욕의 조용한 한판승이다.

'치히로千尋'의 이름을 다시 한번 찬찬히 들여다보자. '천千'을 한자 사전에서 찾아보면 '여러 번'이란 의미와 '많다'라는 의미가 들어 있다. 나머지 한 글자인 '심尋'은 '찾다'라는 의미가 있으니 치히로는 '많은 것을 찾는 사람'이란 뜻이다. 그렇다면 치히로가 그토록 찾으려고 한 것은 무엇이고, 또 무엇을 찾은 것인가? 치히로의 이름을 기억하며 구출하기 위해 애를 쓰는 하쿠는 다른 세계에 들어와 다른 모습으로 살게 되었지만, 원래의 모습과 있던 곳을 그리워해 왔다. 강에 빠져 위태로웠던 자기를 구해 준 이를 희미하게 기억하는 치히로와 그가 함께 찾아낸 것은 정체성이라는 내면의 보물, 바로 자신 안의 또 다른 자신이었다. 굳이 하쿠를 치히로의 아니무스animus라고 보지 않더라도 말이다. 가마 할아범의 말처럼 '위대한 사랑의 힘'을 찾은 것이다. 성장의 길목에서 만난 진정한 사랑은 어두운 삶을 밝히는 내 안에서 만난 가장 위대한 보물이다.

'인간 존재의 유일한 목적은 암흑 속에서 한 가닥 등불을 밝히는 것'이라고 융은 말했다. 또한 '모든 인격의 궁극적인 목표는 자기임과 자기실현의 상태를 달성하는 것'이라고도 했다. 치히로가 그토록 찾아 헤맸던 것은 바로 자신 내면의 빛이었던 것이다. 그로 인해 치히로는 암흑 속에서 등불을 밝히고, 인생의 긴 여정 속에서 자기실현을 할 수 있는 힘을 얻었다. 해서 결국에는 모든 마법의 주문을 풀고 다시 터널을 통과해서 일상으로 돌아가게 된다. 단, 터널을 다 통과할 때까지 돌아보지 말 것을 당부하는 하쿠의 말은 새로운 생명을 얻기 위한 유일한 조건이었다. 성장에는 위험과 한계가 반드시 존재한다. 돌아

본다는 것은 퇴행이고 집착이다.

'뒤를 돌아보지 말라'는 스토리는 그리스 오르페우스 신화 속에서도 발견된다. 오르페우스는 음유시인이자 리라lyra의 명수이다. 예술의 신이기도 한 아폴론에게서 연주를 배웠기 때문이다. 리라를 연주하며 노래를 부르는 소리는 초목들과 동물들까지도 감동을 받을 정도였다. 그러나 그 재주를 시기한 운명 때문에 그의 아내 에우리디케는 독사에 물려 죽었다. 이에 오르페우스는 아내를 살리기 위해 명계冥界로 내려가 연주 솜씨로 지옥의 신 하데스를 감명시키고 아내를 데려가도 좋다는 허락을 받는다. 하지만 지상에 올라갈 때까지 뒤를 돌아봐서는 안 된다는 조건이 있었다. 안타깝게도 에우리디케는 명을 어겨 다시 죽음의 세계로 돌아가게 됐다는 슬픈 이야기다. 약조를 어긴 자의 운명은 비극이다.

이와 비슷한 이야기가 성경 속에서도 보인다. 롯Lōt은 아브라함Abraham의 조카이며 소돔에 살고 있었다. 죄악으로 가득 찬 소돔을 응징하기 전 천사들은 롯의 가족을 미리 대피시키라고 일러 주었다. 이때 조건은 역시 뒤를 돌아보지 말라는 것인데 롯의 아내는 이를 어겨 결국 소금 기둥이 되고 말았다. 또 우리나라 전설 속에서도 비슷한 이야기가 있다. '용소바위와 며느리' 이야기에서 못된 시아버지 몰래 시주를 한 며느리만 재앙에서 대피해서 집을 나올 수 있었지만, 뒤를 돌아보지 말라는 금기를 어겨서 아기를 업은 채로 돌이 되고 말았다는 이야기는 잘 알려진 사례다.

왜 하필이면 '뒤를 돌아보지 말라'라는 금기를 동·서양을 막론하고 모든 신화나 전설 속에 썼던 것일까? 우리네 삶은 우여곡절이 많다. 특히 이야기 속 주인공들의 삶은 질곡의 연속이며 파란만장하다. 그럴수록 감동은 커진다. 뒤를 돌아본다는 것은 과거로의 퇴행이다. 성숙과 성장을 위해서는 숙성의 기간 동안에는 과거를 돌아보지 않아야 한다는 뜻이다. 와인이 숙성되기 위해서는 어둠과 인고의 시간이 필요한 것처럼 말이다. 이것은 단군 신화에서 곰과 호랑이가 사람이 되기 위해서 쑥과 마늘만 먹고 동굴 속에서 기다림의 시간을 가졌다는 이야기의 의의와 상통한다. 또한 바로 지금 이 순간에 충실하라는 교훈적 의미도 담고 있다. 힘들고 고될수록 과거도 미래도 아닌 현재를 차곡차곡 걸어 나가라는 선명한 진리를 포함하고 있는 상징이다. 마치 치히로의 걸음처럼, 무소의 뿔처럼 말이다.

이제 치히로는 첫 장면처럼 다시 터널을 통과하고 아무 일도 기억하지 못하는 부모와 함께 일상 속으로 가게 되었다. 하지만 이미 치히로는 예전의 치히로가 아니다. 원래 있던 곳으로 돌아오는 것이 영웅 서사의 일환이지만, 현재로 돌아온 인물은 과거와는 다른 자신과의 싸움에서 승리해 위대한 영웅이 되어 있다. 내면의 빛을 알게 되었고 내면의 사랑까지 찾게 된 치히로는 이전과 다른 성숙한 모습으로 당당하게 자신의 길을 걸어갈 것이다.

오늘을 살아가는 동안 누구나 만날 수 있는 욕구의 표상체인 가오나시는 사실상 현대인들의 검은 그림자다. 그림자를 있는 그대로 바라보면서 휘둘리지 않았던 치히로. 그림자가 가진 욕망을 겁내지 않고 직면하는 치히로의 행동은 당당하다. 내면이 빛으로 가득 찬 사람들의 걸음걸이는 언제나 당당하다.

10살짜리 치히로에게 배우는 인생 공부치곤 너무 감동적이다. 좋은 영화 한 편이 주는 힘이 이런 것이다. 때론 만화 영화 속 10살짜리 소녀에게서 지혜와 정의, 용기와 절제까지 배운다. 이런 스크린의 세상에 우린 살고 있다.

초월

상담을 위해 내가 만나 본 사람치고 절망의 벽 앞에 서 보지 않은 사람은 단 한 명도 없었다. 늘 어두운 그림자를 망토처럼 두르고 다녔다. 그럼에도 불구하고 그들이 최후로 선택한 카드는 항상 그린 컬러였다. 휴식과 안정의 상징! 그린 카드는 절망의 벽을 녹이는 가장 강력한 스페이드 에이스였다.

손에 쥔 모든 것이 사라진다 해도 두려워 말라. 때로는 빈손일 때 새로운 걸 쥘 수 있다. 다시 쥘 때의 힘은 처음 무엇을 쥘 때보다 훨씬 강렬하며 힘차다. 빈손을 두려워하지만 않으면 누구든 스페이드 에이스 카드 한 장은 손에 쥐게 된다. 그러니 결코 두려워하지 말라.

희망이 보이지 않는 너에게

31

시련에 흔들리는
당신에게 보내는 작은 글

많은 사람을 만나고 문자를 받는다. 어느 분이 보내 주신 문자가 가슴에 오래도록 남았다. 삶의 무게가 너무 무거워 쉴 수조차 없다고…….
어쩌면 이번 글은 익명의 그를 위한 치유의 글이 될 수도 있겠다.

2010년 구제역 광풍이 불었던 때가 있었다. 전국의 수많은 가축들을 살처분하게 했던 아픈 기억, 그 기억 속에 내 이웃집 할아버지께서 키우던 누렁이 소도 있었다. 구제역이 가축들의 호흡기를 통해 병균이 전파되는 특징이 있어 반경 500m 내의 모든 살아 있는 가축들을 산 채로 매장했다. 보건 당국으로서도 어쩔 수 없는 선택이었고 당시는 그것이 최선이었다.

대형 트럭에 실린 소와 돼지들은 살처분 현장으로 향했다. 공포에 질린 가축들은 자신들이 어디로 가는지도 몰랐다. 그리고 이어지는 무차별적인 살처분! 아비규환의 상황에 가축들이 할 수 있는 유일한 행동은 절규였다. 그 소리는 컸고 길었으며 절절했다. 당시 현장을 감독했던 공무원들이 심각한 트라우마에 걸렸다는 소식을 나중에 들었다. 그 절규는 사람들을 좌절시켰다. 그래서 공무원들의 정신적 트라우마를 덜어 주기 위해 석시콜린이라는 강력한 신경계 마취제를 처방했다. 그 처방은 소리 없이 가축들을 살처분할 수 있는 가장 효과적인 방법이었다.

한 번의 석시콜린 주사로 600~800kg의 소들은 짧으면 10초, 길면 1분 만에 숨을 거둔다. 그토록 강력한 독성 약물이었다. 그렇게 우리나라 모든 지역에서 살처분이 이루어졌다. 그런데 강원도 살처분 현장에서 믿을 수 없는 일이 벌어졌다. 소들이 길어 봐야 10초면 모두 의식을 잃는데 유독 어느 소 한 마리만 3분을 넘게 버텼다는 기사가 신문에 실렸다. '어미 소의 모정'이라는 제목에 작은 소가 그려진 삽화 한 장의 기사는 그렇게 14년이 지난 지금까지 나를 울리고 있다. 삽화에 이끌려 강원일보에 실린 이 기사를 읽는 순간 나도 모르게 눈물을 흘렸다. 읽고 나서 왜 기사의 제목이 '어미 소의 모정'인지 알 수 있었기 때문이다.

강원도의 농장도 다른 지역과 똑같이 살처분을 하고 있었다. 어느 암소에게 석시콜린을 주사하고 다른 소에게로 이동하는데 그 암소가 의식을 잃지 않더란다. 좀 더 정확하게 말하면 '버틴다'라는 표현이 맞겠다. 그 모습을 본 보건 당국 사람이 사용한 주사기를 확인했는데 아무 이상이 없었단다. 주위를 두리번거리며 원인을 찾던 도중 새끼 송아지가 어미 쪽으로 비척거리며 오고 있는 모습을 보았다.

"아, 새끼 송아지 때문이었구나!"

작은 탄식이 나왔다. 그제야 어미 소가 버틴 이유를 알았기 때문이다. 그 소는 젖을 먹기 위해 다가오는 어린 송아지를 위해 절대 의식을 잃을 수 없었다. 아니, 끝까지 버텨야만 했으며 결코 죽을 수가 없었다. 그래서 10초…… 20초…… 30초를 견디며 결국에는 2분 50초를 견뎌 냈다. 그렇게 젖을 다 먹인 후 어미 소는 어린 송아지가 간 방향으로 머리를 돌리고 눈물을 흘리며 서서히 눈을 감았다.

기적이다. 그걸 옆에서 지켜본 보건 당국 사람은 그 어미 소의 모습에서 오래전에 돌아가신 자기 어머니의 모습을 보았다. 그래서 자신도 모르게 눈물을 흘렸다. 그리고 그 사연을 강원일보에 제보했고 그 이야기를 들은 기자도 눈물을 흘리며 기사를 썼다는 이야기다. 14년 전의 이야기지만 이 글을 쓰는 지금도 내 눈에 다시금 눈물이 고인다. 아무리 어려운 시련이 닥쳐도, 아무리 힘든 상황이 다가와도 살아야 할 분명한 '삶의 의미'와 '생존의 이유'가 명확하면 그 어떤 어려움도 이겨 낼 수 있다는 큰 울림을 깨닫는 순간이었다.

오스트리아의 유명한 정신과 의사이자 심리 치료사인 빅터 프랭클이 만든 실존주의 치료는 바로 삶의 의미를 발견하는 치료법이다. 삶의 의미를 찾음으로써 고통을 이겨 내고 스스로 상처를 치유할 수 있도록 만드는 의미 치료는 지금껏 내가 발견한 가장 강력한 내면의 에너지를 끌어 올리는 치유의 힘이다. 14년 전 구제역 현장에서 보여 준 강원도 어미 소의 안타까운 죽음이 우리에게 던지는 울림이 그래서 생각보다 크다. 조용히 묵상으로 그들의 영혼을 위로한다.

32

내 몸에 숨어 있는
마음 명약 '회복 탄력성'

'회복 탄력성'이란 말을 들어 본 적이 있는가?

이 말을 들어 본 사람이라면 한 번쯤 자신의 마음을 깊이 들여다본 적이 있는 사람이다. 그 이유는 그 용어가 상담 심리학에서 매우 비중 있게 다루는 용어이기 때문이다. 상담 심리학에서는 '회복 탄력성'을 다음과 같이 정의 내린다.

'개인이 역경, 트라우마, 위협 등 스트레스 원인을 만나게 되었을 때 적극적인 행동적응 양식을 보여 주는 역동적인 과정'. 전문 용어는 아무래도 딱딱하다. 이를 좀 더 쉽게 풀이하면 '다시 되돌아오는 경향', '회복력', '탄성력', 즉 스트레스나 역경에 적극적으로 대처하고 시련을 견뎌 낼 수 있는 힘을 의미한다.

핵심은 마지막 문장에 있다. '시련을 견뎌 낼 수 있는 힘'. 이 문장이 바로 '회복 탄력성'의 핵심이다. 살아가면서 우리가 만나는 시련과 절망은 인생이라는 거대한 게임 속 필수 이벤트다. 또한 우리 삶과 시간의 중간중간 잘 맞춰진 타이머처럼 작동되어 참 기막히게 나타난다. 때론 지뢰 3개가 동시에 터지기도 하고 때론 한 개만 터지기도 한다. 여기에서 '지뢰'는 당연히 시련과 절망이다. 어찌 지뢰만 있겠는가? 삶의 설계자들은 지뢰의 반대 개념인 기쁨과 환희라는 '축포'도 사이사이에 넣어 놓았다. 삶을 포기하지 말란 의미다. 축포 3개가 동시에 터지는 기쁨도 있고 한 개만 터지기도 한다. 물론, 드물지만 지뢰와 축포가 전혀 터지지 않는 심심한 삶도 있다.

지뢰와 축포는 절대 공평하지 않다. 삶 속에서 만나는 인생의 축포는 분명 축복이지만 지뢰는 비극이다. 문제는 이 지뢰를 만났을 때 우리가 반응하는 마음의 태도다. 그 태도가 사람을 살리기도 죽이기도 한다. 기쁨을 느끼는 마음은 모든 사람이 유사했다. 그러나 지뢰를 만났을 때 반응하는 사람들의 마음은 절대 똑같지 않았다. 개인별 대응 편차가 너무 컸다. 나는 여기에 주목했다. 반응의 편차는 왜 생기며, 특히 이것을 극복하는 마음은 왜 사람마다 차이가 나는 것일까? 또 그것을 극복하는 가장 빠른 방법은 무엇일까? 만약 의료계에서 시련과 절망을 극복하는 신비의 명약만 만들어 낸다면 노벨의학상은 분명 따 놓은 당상일 것이다.

지금부터 신의 영역을 살짝 엿보자.

우리가 물리적 운동이나 일을 심하게 하면 몸이 다친다. 몸에 난 상처는 스스로 치유력을 발휘해 빠르게 상처를 치료하고 회복시킨다. 신이 살아 있는 생명을 만들고 스스로를 치유 할 수 있는 재생 능력을 준 것은 분명 신의 한 수다. 그런데 중요한 것은 몸에만 이런 기능이 있는 것은 아니라는 점이다. 신은 우리 마음에도 이런 셀프 치유 능력을 심어 놓았다. 이 중요한 치유력이 바로 '회복 탄력성'이다.

옛날 어릴 때 보물찾기를 해 본 사람은 기억할 것이다. 귀하고 비싼 보물은 선생님께서 찾기 어려운 곳에 꼭꼭 숨겨 놓았던 것을 말이다. 그래서일까? 마음의 자가 치유력이라고 하는 '회복 탄력성'은 마음의 심연이라는 곳에 꼭꼭 숨겨져 있다. 그 탓에 찾지 못하거나 없다고 생각하는 사람들이 의외로 많다. 아무리 큰마음의 상처를 입고 회복 불가능할 것 같은 사람도 이 '회복 탄력성'만 찾으면 정말 기적처럼 일상으로 돌아온다.

우리 같은 상담 심리를 공부하는 사람은 모든 사람이 가지고 있으면서도 잘 모르는 자가 치유능력인 '회복 탄력성'을 마음 치유라는 CPR로 회생시킨다. 심리 상담을 오랫동안 해 본 사람은 안다. '회복 탄력성'을 찾지 못해 방황하는 사람의 마음을 바꾸기 위해선, 삼성 고 이건희 선대 회장의 표현을 빌리자면 1톤 분량의 자기계발서를 읽어야만 한다는 것을. 엄청난 시간과 노력이 필요하다는 이야기다. 마음 하나 바꾸는 데 이렇게 힘들면 누가 도전하겠는가? 그래서 신은 기막힌 지름길을 또 설계해 놓았다. 결론부터 말하면 그 지름길의 핵심 키는 '삶의 의미'와 '생존의 이유'란 이름의 마음가짐이고 '집중'과 '몰입'이란 이름의 몸가짐이다.

삶의 의미는 가장 쉽게 찾을 수 있는 회복 탄력성으로 가는 길이다. 삶의 의미와 생존의 이유를 선명하게 가슴에 새기고 살아가는 사람들은 웬만한 시련과 절망은 문제도 안 된다. 그만큼 강력한 면역력을 자랑한다. 하지만 모든 사람이 똑같지 않다. 그래서 신은 집중과 몰입이라는 현실적 방법을 처방했다. 집중과 몰입은 우리가 가진 몸에 집중하고 몰입하는 것인데 정말 치유 효과가 빠르다. 신은 우리에게 말한다. 해답은 이미 주어져 있다고. 다만 최소한의 노력은 우리 스스로가 해야 한다고.

33

자연으로 돌아가라!

마음 치유와 이에 관한 강의를 직업으로 가진 내 책상에는 몸의 건강과 관련된 책이 의외로 많다. 몸과 마음은 둘이 아니라는 내 오랜 신념 때문이다. 그래서 나는 마음 치료는 몸 치료로 가능하다고 늘 힘주어 말한다. '자연과 가까우면 건강하고 자연과 멀어지면 병이 온다'는 말이나 '누우면 죽고 걸으면 산다'는 책 제목처럼 자연이 가지고 있는 치유력과 회복 탄력성은 우리가 상상하는 것 그 이상이다. 몸이 건강하면 마음이 건강하고, 마음이 아프면 몸도 아프다. 이 소소한 이치속에 우리의 미래가 있다. 몸이 건강해야 마음이 건강해진다는 절대진리 말이다.

혹시 세계에서 가장 오래 사는 장수 마을을 아는가? 서양에 한 곳, 동양에 한 곳 있다. 세계 여러 나라 가운데 장수 마을을 딱 지정해서 찾기란 쉽지가 않다. 그래서 정답부터 말하자면 서양 쪽은 이탈리아의 '사르데냐'고 동양 쪽은 일본의 '오키나와'이다. 얼핏 들어도 섬과 관련된 지역이란 걸 알 수 있다.

사르데냐는 이탈리아 남부에 있는 섬으로, 제주도의 10배 정도 되는 면적에 인구만 160만 명이다. 얼마 전까지만 해도 100세 이상 노인만 300명 정도였다. 섬 전체 어딜 봐도 인공적인 부분 없이 자연에 순응해 사는 모습과 청색 바다와의 조화가 아름다운 것이 특징이다. 섬 천체에 염소가 도로를 제집처럼 걸어 다녀도 전혀 개의치 않을 정도로 자연에서 나는 먹거리도 풍부하다. 그래서 그들의 생활 습관을 찾아보았다. 의외로 단순하지만 그 메시지는 강렬했다.

첫째, 눕지 않고 움직인다.

둘째, 적게 먹는다.

셋째, 제철 채소나 과일을 먹고 거친 음식을 먹는다.

넷째, 생선을 많이 섭취한다.

다섯째, 낙천적으로 생활한다.

굉장하지 않은가? 뭐 대단한 비결이라도 있을 거라 생각했다면 착각이다.

이 다섯 가지 원칙 중 내 마음을 사로잡은 항목은 첫째와 다섯째다. 눕지 말고 움직인다, 그리고 낙천적으로 생활한다. 그러고 보니 사르데냐의 노인들은 집에 가만히 있는 사람이 없을 정도로 부지런하다고 한다. 종일 염소를 돌보거나 채소를 가꾸는 등 끝없이 움직이는 것이 장수의 비결이라고 스스로 이야기할 정도로 노동 그 자체를 즐긴다. 즐김에서 나오는 마음의 여유가 낙천적인 성격을 만들어 내고, 그 낙천적인 성격이 바로 스트레스에 강한 면역력의 원동력이 되었다. 새벽에 일어나 염소젖을 짜고 아침에 마당에서 금방 따온 양배추, 시금치, 브로콜리 등 신선한 채소에 올리브오일을 버무려 거친 통밀빵으로 건강한 식사를 즐긴다. 여기에 한두 잔의 레드와인은 즐거운 식단의 화룡점정이다.

그럼 이제 동양권을 보자. 일본 큐슈 남단으로부터 약 985km 떨어진 곳에 일본의 대표적인 관광지 오키나와가 있다. 사르데냐가 남성들이 오래 사는 지역으로 유명하다면 이곳 오키나와는 여성들이 오래 사는 지역으로 유명하다. 이곳의 장수 비결도 다섯 가지다.

첫째, 소식과 자연식을 하라.
둘째, 서두르지 말고 둘러 가라.
셋째, 활발한 사회 활동을 하라.
넷째, 상부상조의 정신으로 봉사하라.
다섯째, 놀이를 즐겨라.

오키나와의 장수 비결은 다섯 가지 모두가 의미 있지만 특히 첫째와 둘째, 다섯째가 흥미롭다. 일본의 전통 건강 비결 중 '하라하치부腹八分'란 용어가 있다. 80%만 먹으라는 뜻이다. 과식에서 오는 육체적 비만과 심리적 욕심에 대한 경계를 함께 포함하고 있으니 이보다 더 큰 자기 절제가 어디 있겠는가? 둘째와 다섯째는 서두르지 말고 놀이를 즐기라고 하고 있다. 마음으로는 이해하지만 현실적으로 실천이 어려운 엄청난 내공의 가르침이다. '빨리빨리', '파이팅'이 대한민국 공식 응원가인데 거꾸로 실천하라는 소리다.

세상을 뒤집어 보면 이해가 된다. 서울 한강 공원에서 하는 '멍 때리기 대회'에 점점 더 많은 사람이 모여들고, 대한민국에서 중년 남성들에게 가장 인기 있는 TV 프로그램으로 〈나는 자연인이다〉가 선정되었으니 어찌 보면 우리의 마음과 몸이 간절히 휴식을 원하고 있는지도 모른다. 사르데냐와 오키나와의 가르침을 섞어 보면 메시지는 더욱 선명해진다. 자연 식단을 즐기면서 즐겁게 일하고, 삶의 의미를 갖고 사는 것이다. 그러면 우리 모두 김형석 교수님처럼 분명 건강하고 행복하게 살 수 있지 않을까?

그러나 여기에도 경계가 필요하다. 혹시나 현대 문명의 이기에 취해 자연주의 식단을 버리고 인스턴트 음식으로 위장을 채우고, 노동의 즐거움 대신 육신의 편안함을 찾는다면 한때 장수 마을로 유명했던 야마나시현의 유즈리하라촌이나 최근 빠르게 도시화가 된 작금의 사르데냐처럼 언제 그곳이 장수 마을 이었냐는 듯 순식간에 모든 것을 빼앗겨 버린다.

마음과 몸의 오만은 언제나 욕심이라는 '비만'으로 돌아온다.

34

자연과 함께 호흡하기

꽃이 핀다. 3월, 꽃의 계절이 시작되었다. 어떤 지인은 밤에 핀 목련을 보고 터지는 팝콘에 비유했고, 어떤 이는 만개한 벚꽃을 보고 한낮의 축포라는 문자를 보내왔다. 이렇게 매년 3월은 모두가 시인이 되는 시기다. 가장 멋지고 가장 즐거운 이미지를 꽃에서 느끼는 이 시간들이 어쩌면 생의 가장 행복한 순간인지 모른다. 신이 인간을 너무 사랑해서 꽃을 선물로 주었다는 이야기가 있다. 이에 인간은 신을 위해 음악을 선물했다지……. 그래서일까? 꽃과 음악은 사랑하는 사람들에게 우연을 인연으로 연결하는 세상에서 가장 귀하고 가장 아름다운 선물이다.

3월의 꽃이 특별한 이유는 단지 꽃이 아름답기 때문만은 아니다. 겨우내 차가운 바람과 세상을 다 얼려 버리는 혹한의 고통 속에서도 기어이 희망의 꽃을 피워 낸 인내의 결과이기 때문이다. 봄의 전령사

매화가 '설중매雪中梅'란 이름으로 자신의 격조를 올리고 군자의 반열에 오른 것은 차디찬 고통의 시간을 견딘 이미지 때문이다. 어디 그뿐인가? 주변 눈을 뚫고 나오는 봄의 전령사 노랑색 복수초福壽草가 '복福'과 '장수壽'를 뜻하는 이름을 얻게 된 것도 눈 속에서 꽃을 피우는 강인한 생명력 때문이다. 사람들이 감탄하는 고명은 그냥 얻어지는 것은 아닌 모양이다. 자연이나 사람이나 똑같다.

개인 상담을 오시는 분들에게 나는 아주 특별한 미션을 준다. 숙제는 아니고 미션이다. 숙제는 하기 싫어하지만 미션이라고 하면 다들 흥미로워하기 때문이다. 일주일에 두 번 오는 상담 외 시간은 상담사의 미션을 수행하며 자신의 내면과 직면하는 또 다른 치유의 시간이다. 그래서 나는 상담 외 내담자에게 드리는 미션을 매우 살뜰하고 정성스럽게 챙긴다.

내가 내담자에게 드리는 미션은 의외로 엉뚱하다.

- 나무를 1분간 껴안아 보고 나무가 들려주는 이야기를 글로 적어 오기.
- 누워서 하늘을 보고 구름이 만드는 그림 이야기를 글로 적어 오기.
- 흐르는 냇물에 손을 1분간 대고 그 느낌을 글로 적어 오기.
- 바람을 손으로 1분간 느껴 보고 그 느낌을 글로 적어 오기.
- 2명 이상의 사람들과 허그를 하고 감동을 글로 적어 오기.

어떤가? 진짜로 많이 엉뚱하지 않은가? 그런데, 정말 신기하게도 많은 사람이 이 엉뚱한 미션을 다 해 온다. 미션을 받으면 웃으며 상담실을 나가지만, 다음 상담 때 한 분도 빠짐없이 잘 해 온다. 사실 나도 그 이유가 궁금할 정도다. 상담 전에 서명한 상담사의 지시 사항을 잘 따르겠다는 서약서 때문이냐고? 천만에! 자신들이 수행한 미션을 가지고 공감 나누기를 해 보니, 처음엔 다소 쑥스러웠지만 하고 나니 정말 많은 걸 느낀 의미 있는 시간이었다고 이구동성으로 말했기 때문이다.

나무를 안아 보라는 미션에서는 나무로부터 위로를 얻었다고 했고, 구름이 만드는 그림 이야기 미션에서는 다를 초등학교 시절을 빼고 그렇게 구름을 오랫동안 본 것이 처음이라고 신기해했다. 모두 동심으로 돌아가 보았다고 했다. 하늘과 구름이 들려주는 치유의 이야기를 느꼈다고 했다. 그뿐만이 아니다. 냇물과 바람을 느껴 보라는 미션에서는 자연의 부드러움과 온화함을 느꼈다고 했고, 손끝에 닿는 시냇물과 바람의 느낌에 놀라워했다. 사람과의 허그에서는 말로 표현할 수 없는 위안과 위로를 받았다고 말했다. 세상에 이런 엄청난 결과가 나오는데 어떻게 자연과 함께 호흡하는 미션을 내지 않겠는가?

우에하라 이와오 선생은 자신의 저술 《내 몸을 치유하는 숲》에서 자연을 '회복의 공간', '치유의 공간', '용서의 공간'이라고 했다. 자연을 구성하는 나무와 물, 구름과 바람 중 어느 것이 회복을 담당하고 치유를 담당하고 용서를 담당하는지는 모른다. 하지만 한 가지 분명한 것은 자연의 전체이든 부분이든 그들과 공감하고 소통하는 순간, 우리는 분명 회복되고 치유되며 누군가를 용서한다는 사실이다.

그래서 나는 우울증이나 트라우마와 관련된 내담자를 상담할 때 꼭 자연과의 교감 부분을 상담 회기에 넣는다. 내가 이름 붙인 일명 '치유의 시간'이다.

　내가 지내는 곳에서 40분 정도만 가면 운문사 초입에 솔숲길이 있다. 수백 년 된 아름드리 소나무들이 열주처럼 서 있는 곳. 나의 심리적 안전지대다. 인적이 드문 솔숲 길을 오롯이 걸어 본 적 있는가? 소나무에 이는 바람 소리, 물소리, 새소리 등 그곳에 있는 모든 것들에 집중하는 순간 분노와 증오는 사라지고 사랑과 이해가 올라온다.

　분노와 증오는 뫼비우스의 띠처럼 꼬리에 꼬리를 물고 사람을 괴롭힌다. 남성보다 여성이 훨씬 더 강렬하다. 남자는 생각을 몸으로 정리하고 여자는 머리로 정리하기 때문이라는 의견도 있다.

　남편의 오랜 폭력과 외도로 자살을 여러 번 시도했던 중년 부인에게 냈던 미션은 '솔숲 길을 맨발로 걸어 보기'였다. 트라우마 프로그램 총 12회기 중 꼭 5~6회기 정도에 넣는다. 스트레스를 이겨 내는 몸의 기억을 위한 아주 동적인 심리 치료 활동이다. 모든 심리 상담이 상담실에서만 진행되는 것은 아니다. 나는 필요하면 자연의 현장에서 현장 상담을 진행하기도 한다. 중증 내담자일수록 이 프로그램의 만족도는 높다.

　심장에서 가장 멀리 떨어진 발은 신체에서 가장 둔감한 곳이다. 그곳을 온몸으로 자극시키는 동적 명상은 생각의 고리를 머리가 아닌 몸으로 옮겨 부정 감정을 끊어 내는 가장 효과적인 프로그램이다. 마사토가 깔린 솔숲 길을 한 걸음 한 걸음 온 신경을 발에 집중하며 걷노라면 어느새 분노와 증오는 가라앉고 정돈된 마음들이 제자리를 찾는다. 그 순간 몰려와 오감을 자극하는 다양한 풍경과 소리들은 치유의 감각을 확장시키는 장치들이다. 건드리지 않던 다양한 신체의 감각들을 깨우면 야성은 죽고 감성이 살아나는 자연 치유의 원리다.

현재 대한민국에 맨발 걷기 광풍보다 훨씬 오래전부터 해 왔던 명상 치유 프로그램인데 최근에 이렇게 화제가 될 줄은 몰랐다.

참 신기하다. 자연은 조건 없이 사람들을 안아 주고 위로해 주는 묘한 힘이 있다.

"교수님, 제가 교수님께 받은 프로그램 중에서 자연과 함께하는 '치유의 시간'이 가장 큰 힘이 되었던 것 같습니다. 숲에서 교수님과 함께 발걸음 집중하면서 걸었던 시간, 흐르는 물을 느끼면서 자신의 불안을 흘려보냈던 마치 의식 같았던 시간, 물소리 새소리에 집중하면서 오직 그 소리만 의식하며 걸었던 모든 시간이 저를 위로하는 시간들이었습니다."

한 달 뒤 내담자가 보내온 사진 속에는 건강하고 씩씩한 모습으로 남편과 사이클을 즐기는 사진이 위 글과 함께 담겨 있었다. 물론 자살 충동도 깨끗이 사라졌다는 추신도 함께.

35

바보 '뇌'의 깜직한 반전

나는 평소 뇌가 가진 무한한 힘을 믿고 사람에게 한계란 없다고 믿고 사는 사람이다. 인류의 지식 발달과 더불어 모든 학문 영역에서 눈부신 업적과 성과를 만들었지만 아직도 무한한 가능성의 보고로 여겨지는 유일한 영역이 뇌 연구 분야이다. 그럼에도 불구하고 내가 '뇌는 바보야!'라고 한다면 많은 사람이 '무슨 소리지?'라고 할 거다. 바로 뇌가 가진 상상과 현실을 구분하지 못하는 엉뚱한 매력 이야기다.

똑똑한 듯 바보 같은 뇌가 가진 엉뚱한 매력 속에서 우리는 잊고 있었던 나의 또 다른 가능성을 찾는다. 자! 쉽게, 먼저 나와 함께 여러분의 입 속에 탱글탱글하고 새콤한 맛있는 알갱이가 가득 들어 있는 유리병에서 레몬 한 조각을 꺼낸다고 상상해 보자. 그리고 그것을 힘껏 깨문다고 상상해 보자.

입 안에서 알갱이가 터지면서 새콤하고 시원한 과즙이 입 안 가득

찬 상상을 하는 순간 입에 침이 쏟아 나는 걸 경험할 수 있을 거다. 상
상과 현실을 구분하지 못하는 뇌가 실제로 신맛을 느끼고, 침을 내보
내라는 지시를 내렸기 때문이다.

이야기를 바꿔 보자. 《삼국지》 조조편에 재미난 일화가 있다.

조조는 한때 전쟁에 패한 군사를 이끌고 높은 언덕을 넘어가고 있
었다. 뒤에서는 적군이 쫓아오고, 온몸은 지쳤고, 설상가상 타는 듯한
날씨 탓에 물은 떨어졌고, 가파른 언덕까지 오르자 군사들이 하나둘
낙오하기 시작했다. 이대로 가면 군사 모두를 잃을 것 같은 위기 상황
에서 갑자기 조조가 '저 언덕 너머에 살구밭이 있다!'고 군사들에게
외쳤다. 이에 살구를 상상한 병사들의 입에는 침이 고였고, 맛있는 살
구를 먹을 욕심에 죽을힘을 다해 언덕을 넘었다.

병사들이 살구를 생각하기 전까지는 길고 가파른 언덕밖에 보이
지 않았다. 하지만 살구를 상상하는 순간, 언덕이 아니라 건너편의 살
구 밭에서 편안하게 살구를 먹는 모습을 상상하게 되었다. 그 결과 순
간의 고통들은 사라졌고 모두 안전한 언덕 위로 넘어 갈 수 있었다는
이야기다.

상상과 현실을 구분하지 못하는 뇌에 관한 다른 재미있는 사례가
하나 더 있다. 사람을 최면 상태에 빠지게 한 뒤, 고드름을 몸에 갖다
대면서 지금 당신 몸에 대인 것이 시뻘겋게 달아오른 쇠꼬챙이라고
말하면 접촉된 부위에 물집이 잡히기 시작한다. 뇌가 최면 상태의 상
상을 현실로 인지하고, 곧바로 피부를 화상으로부터 보호하기 위해
물집을 만들라는 명령을 내리기 때문이다. 그뿐만이 아니다. 너무나
아이를 갖고 싶어 했던 임신부가 간절한 마음이 원인이 되어 실제로

배도 나오고, 가슴도 커지고, 구역질도 나는 아기를 가진 것과 똑같은 변화를 보였다는 사례들은 모두 뇌가 상상을 현실로 받아들이기 때문에 나타나는 흥미로운 자연 현상들이다.

하버드대학교의 한 연구자가 이를 이용한 흥미로운 실험을 했다. A그룹은 과제를 성공적으로 수행한 자신의 모습을 생생하게 그린 뒤 과제를 하게하고, B그룹은 그냥 과제를 하게 했다. 그 결과 A그룹의 과제 수행 능력은 100%의 정확도를 보였던 반면 B그룹은 55%밖에 보이지 못했다고 한다.

티베트인들의 재산에 대한 관념은 매우 특별하다. 우리는 재산이 많은 사람을 부자라고 하지만, 그들은 죽을 때 가져가지 못하는 것은 참된 재산이 될 수 없다고 한다. 죽을 때 가져갈 수 있는 것을 진짜 재산이라고 믿기 때문에 참회와 친절을 쌓는 데 많은 시간과 정성을 기울인다고 한다. 내 머릿속에 어떤 이미지와 신념을 넣어 그리는가에 따라서 하얀 캔버스 속에 나타나는 현실이라는 작품은 달라진다는 이야기다.

내가 하는 모든 말과 행동은 결국 나의 생각으로 인한 나의 결과물이다. 내가 하는 모든 생각이 결국 말로 표현되기 때문이다. 말은 행동은 만들어 낸다. 내가 하는 작은 행동이 모여 습관이 된다. 습관이 모여 드러나는 모습이 바로 나의 인격이다. 결국, 그 인격이 내 미래의 모습이고 나의 운명이다.

돌이켜 보면 운명의 작은 뿌리는 생각이고, 그 생각은 순수하고 천진난만한 '뇌'가 만든 결과물이 아닐까? 이것이 우리가 긍정의 뇌를 추앙해야 할 이유다.

마음이 무너진 사람들을 많이 만났다.
하나같이 몸도 함께 무너져 있었다.
본래 마음과 몸이 하나가 아님은 잘 알고 있었지만
이렇게 철저히 둘 다 무너진 모습을 보면 놀라게 된다.

내담자에게 건넨 나의 처방은
어설픈 조언이나 상담이 아니다.
부엌에 솥단지를 올리고 곰국을 한가득 끓이라는 조언과
체력을 길러야 된다는 극약 처방뿐이다.

곰국 안에 감사와 웃음, 그리고 신념이 있고
체력 안에 기도와 명상, 그리고 신체가 있다.
몸까지 무너지면 안 된다.
튼튼한 뱃심과 심장은
인생 역전의 베이스캠프다.

신의 선물! 6개 긍정의 빛 **3**

명상
기도
웃음
신체
감사
신념

명상

처음엔 명상이 아주 어려운 줄 알았다. 하지만 살면서 명상이 우리 주변
에 가까이 있다는 걸 발견하는 순간 세상이 달라졌다.

돈과 시간을 들이지 않아서 좋았던 게 아니다. 내 평범한 생활의 알아차
림이 명상이라는 사실에 놀랐을 뿐이다.

걸음의 속도를 늦추고 조절하는 게 명상이고

숨을 내쉬고 들이 쉬는 게 명상이고

한두 시간 무엇을 그리고 만드는 게 명상이고

먼 산을 생각을 지우고 바라보는 게 명상이고

좋은 친구들과 즐겁게 놀고 웃는 게 명상이고

연탄 봉사를 하느라 까매진 얼굴을 보며 웃는 게 명상이더라.

결국 명상은 감사와 감동, 그리고 내 발걸음의 멈춤 속에 존재하더라.

내가 오롯이 집중하는 모든 명상,
그것이 곧 치유다

36
길 위에서 찾은 치유의 흔적

2024년 104세가 되신 김형석(연세대 철학과) 명예 교수의 행복 담론 인터뷰 기사를 읽었다. 100년을 넘게 산 철학자의 입에서 나온 행복의 정의는 의외로 담백했다. '정신적 가치를 알고 만족할 줄 아는 사람'과 '이타심을 실천하는 사람'이 세상에서 가장 행복한 사람이라는 평범한 일갈. 세상을 조금만 진지하게 살아 본 사람이라면 안다. 만족과 이타심의 실천에 얼마나 큰 용기가 필요한지를…….

몇 년 전 사업 실패로 힘들어했던 후배를 우연히 만났다. 가장 힘든 시기에 보고 최근 처음 만났으니 2년 만이다. 당시 맘고생이 얼마나 심했는지 삶의 고단함이 얼굴에 고스란히 묻어났었다. 그랬던 그가 최근 경제적으로 힘든 상황임에도 얼굴이 너무 좋아 보였다. 좀 더 정확하게 말한다면 편안해 보였다. 그동안 좋은 일이 있었느냐는 질문에 후배는 보일 듯 말 듯한 웃음으로 답변을 대신했다. 2년 전 삶이 지치고 힘들다고 상담을 받으러 온 그에게 자신을 찾아 보라 했던 내 권고를 진지하게 받아들인 결과였을까? 궁금했다.

벼랑 끝까지 내몰린 그가 선택한 것은 자살도 방황도 아닌 모든 것을 내려놓고 자신을 찾아 떠나는 여행이었다. 물질적 가치에 집중하면 할수록 황폐해지는 자신을 발견하고는 주변에서 우연히 들었던 스페인 순례자의 길에 모든 걸 쏟아 부었다. 사업을 정리하고 남은 몇 푼의 돈을 모아 미련 없이 떠났다. 여행이 아니라 잃어버린 자신을 찾아 떠나는 순례자의 고된 여정은 낯선 길에서 잃어버린 자신을 찾는 치유의 길이 되었다고 했다.

제주 올레길의 모델이고 해마다 10만 명 이상이 찾는다는 스페인 '순례자의 길'. 길이만 무려 800km에 달하는 여정으로 서울과 부산을 왕복하는 거리인 780km보다 길다. 스페인 산티아고 데 콤포스텔라로 향하는 길, 카미노 데 산티아고Camino de Santiago이다. 스페인어 'Camino'는 우리말로 '길' 혹은 '거리'라는 뜻이고 'de'는 '~로 향하는'이란 뜻이다.

'Santiago'는 스페인 북서부에 있는 산티아고 데 콤포스텔라Santiago de Compostela를 일컫는다. '빛나는 별 들판의 산티아고'라는 뜻이다. 천 년이 넘는 시간 동안 수많은 사람이 그 길을 걸었다. 종교적 이유로, 여행을 하려고, 자기 성찰을 위해. 저마다 사연은 다르지만 길의 목적은 선명했다.

"한 걸음 한 걸음 오직 걷는 것에만 집중했어요. 걸으면서 내가 누구이고 어떻게 사는 것이 행복한 삶인지도 알게 되었어요. 산티아고로 향한 발걸음은 정신적 성장을 위한 치유의 걸음이었어요……."

이야기를 하는 후배의 눈이 반짝반짝 빛이 났다. 언어엔 무게가 있었고 향기가 깃들었다. 치유자의 모습이었고 힐러의 얼굴이었다. 걷기가 가져다 준 기적 같은 선물이었다. 스페인 순례자의 길은 많은 사람의 이야기를 간직하고 있다. 2천 년 전 순교한 야고보의 눈물 이야기. 800년 전 죄 사함을 받기 위해 걸었던 속죄의 이야기. 그리고 삶이 힘들고 지쳐서 찾아오는 이들의 다양한 이야기들까지……. 사람들은 침묵하는 길에서 역설적으로 삶의 의미를 찾았다.

한때 죽음까지 생각했었던 후배가 그 순례자의 길에서 찾았던 것은 돈도, 권력도, 명예도 아니었다. 정신적 가치의 위대한 발견이었고 눈에 보이는 모든 것들을 사랑하고 아끼는 이타심의 발견이었다.

많은 사람은 100 정도 되는 크기의 불행을 보상받기 위해선 동일한 크기의 행운이 필요할 거라 생각한다. 하지만 아니다. 오히려 너무나 소소하고 일상적인 것들이 불행을 극복하게 하는 가장 귀한 보물이다. 넬슨 만델라가 27년 감옥 생활을 견딜 수 있었던 것은 소소한 식물 키우기를 통한 행복과 이타심의 실천 덕분이었다. 식물을 키우면서 생명의 소중함을 배웠고, 그 식물을 나눔으로써 이타심을 실천할 수 있었다고 한다.

걸어 본 사람은 안다. 걷는다는 것이 얼마나 큰 치유력을 가지고 있는지. 그리고 그러기 위해 얼마나 큰 용기와 인내심이 필요한지. 평범함의 실천이 가장 어렵다. 많은 사람을 상담해 보니 알겠더라. 세상에 아프지 않은 사람은 없다는 걸. 다만, 조금 덜 아픈 사람이 더 많이 아픈 사람을 안아 주고 위로해 주는 것이 세상살이란 걸.

그해 가을 낙엽은 불꽃보다 더 붉었다.
운문사 목우정牧牛亭에서 만난 일진 스님과의 다담茶談은
치유와 명상의 시간이었다.
가끔은 아주 낯선 길 위에서
잃어버린 나를 발견하기도 한다.

37

마음을 치유하는 동적 명상

일반적으로 명상이라고 하면 종교적 의미로 해석하는 경우가 많은데 심리 치료 활동에서 명상은 '자신을 찾아 가는 치유의 여행'이다.

명상은 어렵다는 고정 관념을 가지고 있는 사람들에게 나는 일종의 '즐거운 놀이'로 명상을 권한다. 또한 모든 일상의 행동에서 명상의 의미를 찾아 준다. 명상의 가장 큰 효능은 뇌파의 진정과 스트레스 해소다. 어려운 명상이 치유에 걸림돌이 되지 않기를 바라는 마음에 명상의 의미를 확장시켜 보았는데 결과는 감동적이었다.

독서는 앉아서 하는 여행이고, 여행은 걸으며 하는 독서다.

즐거운 집중과 몰입이 있는 독서와 여행을 혹자는 '동적 명상'이라고 부른다. 이런 관점에서 본다면 기분이 좋아지고 스트레스가 해

소되는 우리의 모든 행위가 명상인 셈이다.

- 한적한 숲길, 오직 호흡과 발걸음에 집중하며 걷는 걷기 명상
- 음악에 맞춰 무아지경으로 춤을 추는 무용 명상
- 좋아하는 그림에 빠져 배고픔도 잊고 작업에 몰두하는 그림 명상
- 나무를 예쁘게 다듬는 조경사들의 나무 명상

그러고 보니 우리의 모든 활동이 명상이다. 오롯이 몸을 사용한다는 것만이 공통점이다. 그리고 즐거운 집중과 몰입이라는 점도. 일상 속에서 찾아보는 명상의 소소한 즐거움이 의외로 크다. 그래서 명상을 통찰 명상과 집중 명상으로 나누었다.

통찰 명상은 고도의 수련자들과 스님들이 하는 전문 명상이며, 집중 명상은 대상을 정해 놓고 오감에 집중하는 명상으로 초보자들이 쉽게 따라 할 수 있는 생활 명상이다. 내가 하루도 빼먹지 않고 하는 설거지도 즐겁다면 집중 명상의 변형이다.

하지만 생활 명상이라고 우습게 보면 안 된다. 효과는 상상을 초월한다. 3일을 연속으로 하면 습관이 시작되고, 30일을 집중하면 세포들이 알아차리고, 3개월을 집중하면 체질이 바뀐다. 높았던 혈압이 낮아지고 스트레스 호르몬이 줄어든다. 좋은 습관은 당신의 몸의 세포와 정신의 호르몬까지 바꾸어 놓는다.

"자세를 바로 하고 몸에서 힘을 뺀 뒤 눈을 지그시 감아 봅니다."

"들숨과 날숨의 자각은 무의식 속 자신을 만나는 중요한 순간입니다."

"숨을 코로 깊게 들이마시고, 입으로 천천히 내뱉습니다."

눈을 감으면서 명상은 시작된다. 명상瞑想의 '명瞑'은 '눈을 감다'란 뜻이다. 눈 뜨는 행위가 의식의 시작이라면 눈 감는 행위는 무의식의 시작이다. 오감은 그때부터 열린다. 호흡을 자각하면서 명상에 집중하면 몸이 천천히 이완된다. 몸의 이완은 뇌가 안정감을 느끼는 가장 쾌적한 상태다.

영화 〈바람의 파이터〉(2004)의 실전 인물이었던 최배달(본명 최영의) 선생이 치바현 기요스미산에서 수련할 때 새벽 4시부터 5시까지 하루를 여는 명상으로 아침을 시작하고, 수련을 마치고 잠들기 전 밤 10시에 하루를 정리하는 묵상을 했다고 한다. 젊고 혈기 넘치는 무도인이 스스로의 힘을 통제하고 무도를 사랑으로 완성할 수 있었던 가장 큰 힘은 바로 명상에 있었다.

대기업에 다니던 7년 차 회사원이 밤늦게 전화를 걸어 왔다. 늘 반듯하게 예의를 차리던 사람이라 무슨 일인가 싶어 급하게 받았다.

"교수님, 갑자기 7층 기숙사에서 뛰어내리고 싶은 충동에 너무 두렵습니다. 어떻게 해야 할까요?"

오랫동안 공황 장애를 겪고 있는 사람이었다. 병원 약도 먹었는데 효과를 보지 못한 걸 잘 알고 있던 터라 급히 처방을 내렸다.

"가까운 곳에 맨발 걷기 할 만한 곳이 있습니까? 당장 그곳으로 가서 맨발로 한 발 한 발 온전히 발걸음에 집중하면서 30분을 걸어 보세요. 단, 온전히 걷는 데만 집중하셔야 합니다."

1시간 뒤에 걸려온 전화에 나는 겨우 안도의 한숨을 쉬었다. 호흡이 정상으로 돌아오고 심리적 안정을 찾았다고 한다.

아찔했던 그날을 잊을 수 없다. 마음의 치료는 몸의 처방이 해답이다. 의외로 꼭 깊은 산속이 아니더라도 주변에 숨은 명약이 많다. 다만 우리가 찾지 못할 뿐. 동적 명상은 바로 당신이 몰라본 마음의 명약이다.

38

그림 한 장의 위로

집에 그림 한 점을 걸어 본 사람은 안다. 때로 그림 한 장이 갖는 위로의 힘을. 그래서 그런지 내 방에는 전자 제품보다 그림과 직접 만든 소품 장식들이 더 많다. 거실 한편에는 적당한 크기의 그림 두 점이 걸려 있고, 침실에는 고가구 위에 바람 부는 대로 자라다 마른 나뭇가지가 빛바랜 도자기 위에서 무심하게 서 있다. 불 꺼진 어두운 밤, 창문을 통해 소소하게 비치는 달빛을 조명 삼아 새벽녘에 바라본 나뭇가지는 정말 숨이 멎을 듯 아름답다. 도자기 위 자연스럽게 고사된 나뭇가지는 나에게 자연이다.

이창동 감독의 영화 〈오아시스〉(2002)에서 한공주로 분했던 문소리는 극중에서 뇌성 마비 장애인으로 나온다. 그 영화에서 그녀는 메소드 연기의 정수를 보여준다. 중증 뇌성 마비 장애인 한공주는 거동이 불편해 24시간을 집에서만 보낸다. 무료하고 지루한 일상 속 유일한 친구는 침실 한 모퉁이에 걸려 있는 태피스트리의 오아시스 그림뿐이다. 그녀에게 오아시스 풍경의 그림은 감옥 같은 방에서 영원한 자유와 안식을 허락하는 유일한 오아시스다. 절벽 같은 하루하루의 삶을 참고 견디다 희망의 빛인 종두를 만나 사랑하기까지 그녀에게 하나뿐인 구원은 낡고 오래된 오아시스 그림이었다. 한공주에게 오아시스 그림 한 장은 생명이었다.

오래전 기억이다. 한국의 대표적 문인인 신경숙 작가에게 기자가 질문했다. 글을 전문으로 쓰는 작가들도 다른 책을 읽고 감동을 받느냐고. 그리고 최근에 어떤 책을 읽으면서 감동을 받았냐고 묻자 신경숙 작가는 주저 없이 《그림과 눈물》이라는 책을 권했다. 그림 앞에서 울어 본 행복한 사람들의 이야기가 담긴 제임스 엘킨스의 책이라고 소개했다. 예술 치료와 치유의 인문학을 전공하고 있는 내게 《그림과 눈물》이라는 책은 그렇게 조용히 다가왔다.

미국 텍사스주 휴스턴 성당에는 '마크 로스코 예배당'이 있다. 마크 로스코는 러시아 출신의 미국 화가로, 추상 표현주의의 대가이며 색면 추상의 1세대 작가다. 예배당 이름을 마크 로스코로 붙였다는 것은 당연히 마크 로스코와 관련이 있다는 뜻이다. 예배당이지만 교회나 성당 등 특정 종파나 교파에 소속되지 않는 독립적인 예배당이다. 그래서 이곳에는 일반인은 물론 지미 카터와 넬슨 만델라를 비롯한 정치인, 데스몬드 투투 대주교나 달라이 라마처럼 종교가 서로 다른 유명인들이 마치 성지 순례하듯이 방문했다.

마크 로스코의 예배당에는 그 흔한 성화나 십자가가 하나 없다. 예배당의 그 넓은 공간은 마크 로스코의 거대한 작품들만 벽을 가득 채우고 있다. 검은색에 가까운 색채들로 채워진 캔버스는 침묵으로 방문자를 맞는다. 사람들은 빈 의자에 앉아 하염없이 그림만 바라보며 묵상에 잠긴다. 그게 전부다. 그 어떤 설명도 해설도 없다. 위로도 없고 치유도 없다. 그곳에는 오직 침묵만 있을 뿐이다. 그 침묵이 사람들을 불러 모은다.

참 신기한 건 그 다음부터다. 수많은 사람이 그렇게 앉아 말없이 그림을 바라보면서 조용히 눈물을 흘린다. 가슴속 깊은 곳에서 올라오는 내면의 소리를 들으며 눈물을 흘린다. 사람들이 보이는 눈물은 세 종류뿐이다. 슬픔의 눈물과 기쁨의 눈물, 그리고 정화의 눈물이다.

세상에서 가장 아름다운 눈물은 바로 정화의 눈물이다. 이 눈물을 심리 치료를 하는 사람들은 치유의 눈물, 자정의 눈물이라고 부른다. 마크 로스코 예배당에서 수많은 사람이 흘리는 눈물은 모두 이 눈물이다.

제임스 엘킨스의 《그림과 눈물》이라는 책은 바로 이런 치유의 눈물을 흘린 사람들의 스토리를 담았다. 고흐가 숨지기 직전에 그렸다고 전해지는 '까마귀 나는 밀밭'을 보면서 37년을 고독과 가난으로 살았던 영혼이, 아름다운 화가의 생애와 우리의 삶이 그래도 부족하지 않음을 느낀다. 프리다 칼로의 '상처입은 사슴'을 보면서 내 삶의 고통이 아무것도 아님을 배운다. 손상기의 '자라지 않는 나무'를 보면 내 초라한 육신이 너무나 귀하다는 걸 깨닫는다.

어찌 위대한 예술가들의 영혼에만 상처가 있으리오. 어쩌면 우리 모두의 삶에는 고독과 상처가 나이테만큼 두텁게 둘려 있는지 모른다. 부모의 무게, 가장의 무게, 엄마의 무게 때문에 우리의 눈물은 사라졌다. 오랜 유교적 교육에 익숙해진 우리에게 눈물은 유약함과 패배의 상징이었다. 공공의 장소에서 눈물을 흘리면 안 된다고 배웠고, 눈물을 흘리면 지는 것이라고도 배웠다. 질량 보존의 법칙에 의해 눈물이 사라진 자리는 분노와 슬픔이 채운다. 억눌린 분노와 슬픔은 나를 갉아먹는다.

치유의 눈물을 아끼지 말라. 정화의 눈물을 아끼지 말라. 눈물은 당신에게 새로운 희망의 카타르시스를 선물로 건네줄 것이다.

가을 낙엽이 모두 떨어지기 전에 가까운 미술관에 가 보라. 아니면 가을 낙엽이 아름답게 물든 산림을 바라보며 하염없이 걸어 보라. 그곳에서 당신은 당신이 맞이할 치유의 눈물을 추앙하고 애정하고 환대하면 된다.

39

ASMR, 귀를 열면 마음이 열린다

"뭐라고, 백화점 안에 폭포가 들어왔다고?"

"뭐라고, 백화점에서 숲의 소리가 들린다고?"

몇 년 전 서울의 모 백화점에는 지금까지 단 한 번도 시도하지 않았던 아주 특별한 공간을 만들어, 오픈 효과를 누리는 건 물론 모든 백화점 이슈의 중심이 되었던 곳이 있었다. 이러한 신선한 시도는 젊은이들의 SNS를 통해 빠르게 확산되었다. 그 입소문 덕분에 백화점의 매출은 지금까지도 하늘 높이 고공 행진을 하는 중이다.

'와, 이제는 소리가 돈이 되는 세상이네.'

소리가 돈이 되는 세상을 넘어 최근에는 소리가 사람의 마음까지 치유한다. 아니, 좀 더 정확히 말하면 사람의 몸까지 치유하는 시대가 되었다. 소리는 이미 우리의 마음속 깊은 곳까지 와 있다. 1993년, 모차르트 음악이 태어날 아이들의 기억력과 학습 효과를 증진시킨다고 해 모차르트 음반이 한때 산모들 사이에 대대적으로 유행한 적이 있었다. 물론 나중에는 그 주장이 과장으로 판정되기도 했지만, 치유의 소리가 사람들의 마음은 물론 산모와 태아의 심리 안정에 도움이 된다는 학술 자료는 차고 넘친다.

그러고 보니 세계에서 제일 먼저 자연의 소리를 태교에 접목해서 태아를 교육하신 분이 조선시대 사주당 이씨고, 그분이 남긴 책이 《태교신기胎敎新記》라고 하니 우리나라의 교육열이 그냥 만들어진 게 아닌 것 같다. 실제로 산모가 듣는 것이 자식의 기운이 되며, 먹고 마시는 것이 자식의 살이 된다고 《태교신기》 4장에 기술되어 있다.

여기에 피츠버그대학교 연구진들은 한발 더 나아가 인간의 지능지수를 결정하는 데 있어 유전자의 역할은 48%에 불과하며, 나머지 52%는 태내 환경이 차지한다고 1997년에 연구결과로 발표하기도 했다. 태내 환경의 중요성을 지적한 대목으로, 조상들의 태교 연구가 현대 과학으로 증명된 셈이다.

산모와 태아의 마음을 안정시키는 소나무에 이는 바람 소리란 의미의 '풍입송風入松'이란 단어가 《조선왕족실록》에 등장할 정도이니 좋은 소리에 얼마나 큰 치유의 효능이 있는지는 모두 알 것이다. 이 풍입송이라는 단어가 요즘 유행하는 ASMR(자율 감각 쾌락 반응)이고 네이버의 VIBE가 제공하는 백색 소음이다. 아이들이 백색 소음을 듣고 잠을 잘 자는 건 소리가 가진 특별한 치유력 덕분이다.

최근 많은 사람이 불면증에 시달리고 있다. 뇌의 각성이 깊은 수면을 방해하고 있는 것이다. 눈을 감아야 잠을 잘 수 있는데, 뇌가 각성되어 있는 사람들은 눈을 감으면 잡념이 파도처럼 밀려와 잠을 잘 수 없다고 한다. 생각을 잠재우고 뇌를 쉬게 하는 가장 빠른 방법은 무엇일까?

그게 바로 낮은 데시벨의 백색 소음이다. 실제로 내가 가장 좋아하는 행복한 백색 소음도 장작 타는 소리와 돌 틈 사이를 빠져나오는 개울물 소리, 그리고 대나무에 이는 바람 소리다. 잠이 잘 오지 않는 밤에는 양철 지붕을 조용히 두드리는 빗소리를 들으며 잔다. 아무리 지독한 불면증도 한 방에 날려 버리는 빗소리 치료는 나만의 수면 처방제다. 인간이 안전함을 느끼고 쾌적한 기분이 될 때 나오는 뇌파가 알파파다. '쾌적파' 혹은 '행복파'라고 부르기도 한다. 우리가 자연의 소리를 듣고 행복함을 느낄 때 나오는 유일한 뇌파다.

이렇게 행복한 쾌적파를 우리 인간들의 언어로는 못 만들어 낼까? 그렇지 않다. 그래서 나는 딱, 세 문장으로 사람들을 단박에 행복하게 만드는 방법을 찾았다.

'감사합니다.'
'고맙습니다.'
'덕분입니다.'

내 삶의 행복에 도움을 준 모든 이들에게 던지는 이 위대한 세 문장은 나와 타인을 즐겁고 행복하게 만드는, 세상에서 가장 힘차고 아름다운 ASMR이다.

40

'언령言靈', 작지만 큰 기적

고등학생을 위한 전공 체험 강의를 나갔다.

심리학에 관심을 가진 학생들을 위해 고등학교에서 마련한 특별 강연 자리였다. 총 8번의 강의로 2명의 교수가 참여했다. 나는 긍정 심리, 영화 심리, 성격심리, 미술 심리를 통해 학생들과 소통했다. 고등학생 특유의 관심과 적극적 참여는 대학생들과 조금 달라 아주 특별한 경험이었다.

마지막 강연 날, 여학생 한 명이 프로그램 막바지에 갑자기 울음을 터트렸다. 헤어지는 것이 슬퍼서 눈물을 흘린 게 아니다. 마지막 수업에 맞춰 내가 준비한 '치유 활동'에서 받은 감동 때문이었다.

좋은 대학 진학을 위해 경쟁적으로 생활했다. 학교를 마치면 또 학원으로 쉼 없이 달렸다. 앞만 보고 달리고 또 달렸다. 옆에 있는 친구가 어떤 생각을 하는지, 내가 무슨 생각을 하는지 곰곰이 들여다볼 시간적 여유조차 허락하지 않았다. 하지만 나의 경쟁자라고 생각했던 친구들에게서 들은 나의 장점과 강점들……. 돌아가며 자신에 대한 은유를 긍정적으로 이야기하는 소리를 들은 학생은 울지 않을 수 없었다.

"선생님! 지금까지 학교 생활을 해 오면서 오늘처럼 감동적인 시간은 없었습니다."

"선생님! 전 저보다 저를 더 정확하게 많이 아는 친구들이 있으리라고는 한 번도 상상하지 못했습니다."

학생들의 반응은 감동 반 눈물 반이었다.

"그래, 너희 모두 오늘의 수업을 기억해야 한다."

학생들을 울렸던 마지막 수업은 '긍정의 힘'이라는 주제의 미술 치료 활동이었다. 말에 혼이 담겨 있다는 영력의 단어 '언령言霊, 고토다마ことだま'처럼 50분을 오직 그림과 글로 서로를 응원하고 지지하는 시간을 가졌다. 학생들에겐 살면서 단 한 번도 경험해 보지 못했던 감동의 시간이었을 것이다. 어쩌면 그들은 그렇게 애정이 듬뿍 담긴 응원과 지지에 목말라 있었는지도 모른다.

영화 〈쇼생크 탈출〉(1995)에서 주인공 앤디는 쇼생크의 도서관을 바꾸기 위해 6년간 의회에 일주일에 한 통씩 편지를 썼다. 6년간 무려 288통의 편지를 쓴 결과 결국 주 의회로부터 200달러와 다수의 책, 그리고 LP 음반 수십 장을 받는다. 딱, 6년이 걸렸다. 6년의 기다림 끝에 받은 결과물을 가지고 앤디는 웃으며 읊조리듯 속삭였다.

"와, 6년밖에 걸리지 않았어!"

이 강렬한 영상 속 앤디의 독백에 나는 소름이 돋았다. 그 다음에

이어진 앤디의 속삭임은 언령이 탄생하는 위대한 장면이었다.

"이제부터는 일주일에 두 통씩 보내야지!"

승리하는 자의 속삭임을 들여다보면 그 언어에 그 사람의 무의식 속 긍정의 빛과 신념이 들어 있다. 그래서 앤디의 언어 속에서 승리의 화신인 이순신의 언어를 만나는 건 아니었다.

"고작 12척의 배로 무엇을 하려느냐?"

칠천량에서 조선의 수군이 괴멸된 후, 조선의 수군을 파하고 권율의 육군으로 합류하라는 선조의 교지에는 실패하는 자의 어두운 그림자와 언어가 들어 있었다.

"신에게는 아직 12척의 배가 있습니다!"

'고작'이라는 선조의 언어를 받아 '아직'이라는 승리의 언어, 긍정의 언어로 바꾼 이순신의 장계 속에는 단순한 언어를 넘어선 긍정의 영적 기운이 넘실거렸다. 영화 속 앤디의 문장에는 가공의 이미지가 있다. 하지만 역사는 때론 영화보다 더 강렬하고 드라마틱하게 현실로 다가온다. 누가 영화와 역사를 이분법으로 구분할 수 있겠는가? 내 작은 삶이 영화보다 더 극적인 드라마가 될지 누가 알겠는가? 이순신 장군의 마음을 온전히 헤아릴 수 없다. 다만, 그의 《난중일기》와 《함경도일기》를 통해 그 마음을 헤아릴 뿐이다. 언어의 영이라고 하는 어록과 글은 그래서 힘이 있다. 그 속에서 실패와 좌절을 보고 불굴의 신념과 도전을 읽는다.

선생님이 되고 싶다던 닉네임 '박구륵' 학생. 행정 고시를 패스해서 5급 공무원이 되고 싶다던 '일개미' 학생, 과묵하지만 번뜩이는 재치와 아이디어를 가진 '골드백' 학생. 지각에 정직하고 솔직했던 '실버벨’ 학생……. 4번의 만남을 통해 그들의 신념을 얼마나 바꿀 수 있을까? 잠시 고민했던 내가 미안해지는 마지막 시간이었다. 그들이 닉네임이 장군인 나에게 남긴 수업 후기를 통해 나는 그들의 내일을 보았다.

> **"친구들이 나에게 보내 준 응원의 글이**
> **나의 현재와 미래를 바꿀 것 같습니다.**
> **오늘 수업이 제 인생 최고의 수업이었습니다."**
>
> - 실버벨 -

    나는 그들의 미래를 모른다. 다만, 한 가지 확신하는 것은 프로그램에 참여한 학생들 모두가 엄청난 감동을 받았다는 것이다. 그 감동은 친구들 한 명 한 명의 언령들이 모여 받은 작지만 큰 기적의 선물이었다. 넷플릭스 드라마 〈더 글로리〉에서 학창 시절 뜨거운 고데기에 팔을 다친 문동은의 아픈 상처와 트라우마가 복수로 돌아왔듯, 학창 시절 친구들에게 받은 감동의 선물이 나중에 어떤 축복으로 돌아올지 생각만 해도 가슴이 설렌다.

기
도

기도는 인간이 할 수 있는 가장 신성한 행동이다. 동시에 가장 강력한 무기다. 한 팔과 중졸의 학력으로 세계 미술계를 평정한 나의 스승 소산 박대성 화백이 내게 건넸던 어록이다.

스승의 말씀을 꼭꼭 씹어 삼켰다. 위장이 불타는 듯 뜨겁게 달아오른다. 처음 느끼는 몸의 변화다. 무심하게 툭 하고 던진 하나의 어록에는 지독한 편견과 가난, 그리고 처절한 자신과의 싸움에서 이긴 자만이 담을 수 있는 촌철살인의 무게가 실려 있었다.

그래, 어쩌면 기도는 우리가 생각하는 것보다 더 많은 가능성을 가지고 있는지 모른다. 살아 보니 우리 모두는 운명처럼 살아왔다. 하지만 그 운명을 바꾼 것은 오직 기도의 힘이었다.

나는 운명을 믿지 않는다.
하지만 기도의 힘은 믿는다.

41

나는 운명을 믿지 않는다,
하지만 기도의 힘은 믿는다,

외팔로 세계에 우뚝 선 화가가 있다.

대한민국을 넘어 세계를 호령하는 위대한 한국화가다. 전 세계 명사들이 이분의 작업실을 찾는다. 80세 소산 박대성 화백 이야기며, 내 예술과 내 영혼의 사숙私淑 이야기다.

경주 삼릉에 자리를 잡은 지 20년. 그 구석진 곳을 쟁쟁한 정치인들이 찾았다. 삼성 고 이건희 선대 회장이 평소에 가장 존경한다고 면전에 대고 이야기한 인물이다. 삼성의 보물 창고에 선생님의 작품이 많은 이유가 그래서이다.

개인적으로 선생님을 찾아뵐 때마다 말씀하셨다.

"김 선생! 나는 운명을 믿지 않습니다.
그 대신 기도의 힘은 믿습니다."

나는 지금까지 이토록 강렬한 어록을 들어 보지 못했다. 돌아가신 내 어머니께서 행동으로 보여 주신 강렬한 기도의 모습 이후 처음이다. 스승의 모습에서 어머니의 모습을 보았다.

초등학교 때 나는 78명의 학생들 중 무려 2년 동안 78등을 했다. 꼴찌를 2년간 했으면 어머니의 인내도 한계를 넘었을 텐데 어머니는 단 한 번도 나를 야단치지 않으셨다. 오히려 너는 늦게 머리가 트이는 아이라며 나의 장점과 강점에 더욱 집중해 주셨다. 지금도 인문학 교수와 화가의 직업을 동시에 갖고 있고, 스타 교수로 사람들이 불러 주는 멋진 삶을 살 수 있는 건 오직 어머니의 믿음 덕분이다. 돌이켜 보니 어머니의 간절한 믿음은 간절한 기도였다. 그리고 현실을 극복하는 유일한 직면의 힘이었다. 강한 믿음과 강한 기도의 힘은 강한 직면의 힘의 원천이다. 기도는 그렇게, 보이지 않는 우리의 마음 뿌리에서 우리의 몸과 마음을 지켜 주고 있다.

김한민 감독의 영화 〈최종병기 활〉(2011)의 엔딩 장면은 직면의 힘을 날것으로 보여 준다. 조선의 국경선 들판에 조선 최고의 명궁 남이와 청나라 최고의 전사 쥬신타가 서로 활과 활을 겨누고 있다. 마지막 한 발을 놓치면 죽음이다. 모두에게 마지막 화살인 까닭이다. 주인공 남이가 날린 화살의 첫발이 쥬신타의 얼굴을 간발의 차이로 스치고 지나갔다. 여동생이 볼모로 잡혀 있었기 때문이다. 두려움이 실패의 원인이다. 순간 불덩이같이 뜨거운 화살이 남이의 왼쪽 어깨에 박힌다. 동생을 살려야 한다는 마음이 간절한 순간 바람이 바뀐다. 바람이 남이를 직면시켰다. 남이는 자신의 왼쪽 어깨에 박힌 쥬신타의 화살을 빼서 마지막 시위를 당긴다. 바람을 읽은 활시위는 직면과 기도의 힘으로 날아 쥬신타의 목을 그대로 관통한다.

**두려움은 직시하면 그뿐,
바람은 계산하는 게 아니라 극복하는 것이다.**

두려움을 극복하는 유일한 방법은 회피가 아니다.

강한 믿음과 기도라는 직면의 힘은 가장 강력한 긍정의 힘이다. 영화 〈미션〉에서 가브리엘 신부가 보여 준 모습도 그렇다. 나의 인생 영화다. 선교를 위해서 죽음을 선택하는 사람들이 있다. 그래서 종교는 한편으론 위대하고 한편으론 위험하다. 이과수 폭포 원주민인 과라니족을 상대로 선교 활동을 벌이던 예수회 신부들이 연이은 죽음을 당한다. 모두가 죽는 사지에 다른 신부를 대신해 가브리엘 신부가 들어간다. 이과수 폭포를 거슬러 올라가는 신부의 모습은 이 영화의 백미다. 상류에 도달했을 때, 침입을 눈치챈 원주민들이 숲에서 독화살을 겨누고 있었다.

절체절명의 순간, 가브리엘 신부는 천천히 오보에를 꺼낸다. 그리고 그 살기 넘치는 아름다운 숲에 천상의 소리가 울려 퍼진다. 죽음의 문턱에서 할 수 있는 행동은 분명 아니었지만, 그에게 삶과 죽음은 의미가 없다. 오직 음악으로 기도를 드릴 뿐이다. 계곡 사이사이 울려 퍼진 가브리엘의 오보에의 선율은 천상의 화음이고 하나님의 복음이었다. 야성을 잠재우고 감성을 일깨우는 진리의 소리이자 기도였다.

그 순간, 상상도 할 수 없는 일이 벌어졌다. 신부를 죽이려 다가온 원주민들이 그가 연주한 오보에 소리를 듣고 활과 창을 내려놓았다. 두려움을 떨쳐 내고 직면하는 순간 죽음의 공포 너머에서 희망의 햇살을 보았던 것이다. 가브리엘 신부도 이런 반전이 일어날 줄 몰랐을 것이다. 운명보다 기도를 선택한 가브리엘 신부의 선택은 옳았다. 그의 간절한 기도에 하늘이 응답한 것이다.

이 영화는 실제로 일어났던 이야기다. 물론 영화의 마지막, 영화 속 등장인물들은 모두 죽는다. 하지만 실제로 죽은 것은 우리이고 그들은 죽지 않았다. 산 자들의 기억 속에 살아 있는 사람들은 언제나 그렇듯 영원히 죽지 않는 법이다. 기도의 힘은 부활의 원동력이다.

42

엔니오 모리코네의 기도 같은 음악

따스하고 말랑한 햇살이 캠퍼스 건물의 노란 벽을 타고 강의실로 들어왔다. '미술 속의 음악 읽기' 과목을 강의하던 중 이탈리아 건축과 회화에 대해 몰입하려는데 학생 한 명이 호기 있게 카사노바에 대해 물었다. 갑작스러운 질문에서 학문적으로 접근하려는 나의 호흡을 감성적으로 바꾸려는 학생들의 도발적인 갈망이 읽혔다.

한동안 잊고 있었던 이탈리아의 추억이 몽글거리며 올라왔다. 언젠가 비발디의 사계를 듣고 도대체 어떤 환경과 감성을 가지면 계절의 느낌을 저렇게 음악으로 표현할 수 있을까 궁금했다. 카뮈의 소설 《이방인》의 주인공 뫼르소가 '햇빛 때문에' 살인을 저질렀다고 말한 것처럼, 비발디보다는 그러한 감성을 만들어 준 지중해 바다와 햇살을 직접 보고 싶어 이탈리아 베네치아에 간 적이 있기 때문이다. 캠퍼스의 곰살가운 햇볕이 숨어 있던 지중해의 바다를 불러낸 셈이다.

한 뼘의 거리를 두고 두칼레 궁전과 산마르코 대성당은 천 년을 지중해의 햇살과 함께했다.

궁전 내 감옥에서 카사노바가 탈출한 직후 광장의 전통 카페 플로리안에서 마신 에스프레소의 짙은 커피향은 260년이 지나도 똑 같은 향으로 내게 다가왔다. 그가 탈출할 때 탔을 곤돌라의 흔들거림은 곤돌리에가 불러 준 '산타 루치아'의 음색 안에서 비발디의 노래와 함께 어우러져 파도를 탔다. 베네치아에서 내가 본 건 눈이 시리도록 푸른 지중해가 부르는 햇살의 노래이고, 들은 것은 바람 위에 새겨진 그들의 이야기였다.

역사를 보매 눈으로 보지 말고 가슴으로 봐야 된다는 누군가의 가르침 속에, 영화 같은 인생을 살다 간 이들의 향기 속에 음악과 이야기의 역사가 있음을 가슴으로 느낀다.

제88회 아카데미 시상식, 영화 음악계의 거장 엔니오 모리코네 감독이 88세의 백발이 다 되어서 영화 〈헤이트풀8〉(2016, 감독 쿠엔틴 타란티노)로 생애 처음 아카데미 음악상을 받았다. 무려 그의 영화 음악 인생 55년 만이었다. 평생을 그려 왔을 인생 최고의 순간, 과연 그는 어떤 말을 할까? 전 세계의 음악 팬들이 숨죽이며 그의 수상 소감에 귀 기울였다.

조용히 단상으로 올라온 그는 시상자와 짧은 포옹을 하고 10초가량 어떤 말도 하지 않은 채 고개를 숙이고 눈물을 흘렸다. 통역을 맡은 아들 앞에서 88세의 '미생' 엔니오 모리코네가 55년의 기다림 끝에 '완생'으로 거듭나는 순간 흘린 눈물이었다. 그 눈물의 의미는 말하지 않아도 알았기에 모든 배우와 참석자들은 뜨거운 기립박수를 보내 주었다.

2015년 6월 17일, 미국 사우스캐럴라이나주. 찰스턴의 교회에서 총기 난사 사건으로 희생된 클레멘타 핑크니 목사의 장례식이 열렸을 때, 버락 오바마는 연설 도중 20여 초 침묵을 지켰다. 대통령의 침묵은 보기에 따라선 엄청난 파장을 불러올 수 있다. 모두가 그의 침묵에 집중할 즈음 그는 낮고 잔잔한 목소리로 흑인들의 찬송가이면서 '소울 뮤직' 영가靈歌인 '어메이징 그레이스Amazing Grace'를 조용히 무반주로 부르기 시작했다. 그 순간 교회에 있었던 모든 사람이 합창으로 오바마의 선창을 따라 부르기 시작했다. 위대한 지도자의 탄생을 알리는 세상에서 가장 아름다운 침묵에 기도의 향기가 배어드는 순간이다.

오바마의 침묵과 엔니오 모리코네의 침묵이 그래서 묵상이고 기도다.

엔니오 모리코네는 마음을 추스르고 떨리는 목소리로 '음악은 삶이란 감옥에 갇혀 힘들어하는 모든 사람을 위해 건네는 한 잔의 위로주 같은 것'이라고 짧고 강렬한 소회를 밝혔다. 인생은 한 편의 드라마다. 결코 반복되지 않고 재연출이 없는 단 한 편의 영화! 그 속에서 우린 모두가 주연이다.

소망을 위해서 온전히 자신을 바쳐 본 적 있던가? 그래 본 사람은 알 것이다. 자신을 불꽃처럼 태우면서 살아 본 사람은 안다. 자아실현을 위해 노력하는 자신의 모습이 얼마나 아름다울 수 있는가를, 오늘 이 시간이 얼마나 소중한가를……

해가 아침을 밝히는 게 일상이라면 사람은 세상을 밝히는 게 일상이어야 한다. 깊은 밤 소망의 나뭇가지를 뻗어 달빛을 건져 올리는 것처럼 우리의 일상이 기도여야 한다.

그래야 비로소 인생이란 드라마에 깊은 에스프레소 향기가 묻어날 수 있다.

45

기다려라!
내일은 또 다른 태양이 떠오를 것이다

《설득의 심리학》 저자인 로버트 치알디니 교수는 사람은 자기와 닮은 상징적 이미지에 본능적으로 강한 긍정적 반응을 보인다고 했다. 자신의 이야기를 닮은 것들에 더욱 강한 애착을 보이는 건 그래서 당연한 일이다.

내 시선을 사로잡았던 흥미로운 사례가 있다. 요식업 회사 사장이었던 아버지가 갑자기 돌아가시며 물려준 건 400억 원의 빚뿐이었던 36살의 한 샐러리맨, 유자와 쓰요시의 이야기다. 절박한 스토리보다 더 감동적이었던 건 그 엄청난 시련을 헤쳐 나간 그만의 해법이 오랫동안 상담을 한 내게는 비슷한 삶을 살아온 동지로서 잔잔한 공감으로 다가왔다는 점이었다.

한 치 앞도 보이지 않는 깜깜한 절벽을 마주한 그의 선택은 현실을 직면하는 것과 무엇이든 간에 '잘되는 일'을 하나만 만드는 것이었다.

나는 어려운 상황 속에서 그가 정신 줄을 놓지 않고 살 수 있었던 건 바로 이 두 선택 덕분이었다고 진단한다.

심리학에서 '직면의 힘'은 엄청난 트라우마에 맞서는 자기 극복의 가장 핵심적인 활동이다. 공포를 극복하는 에너지도, 스트레스를 이겨 내는 원동력도, 앞으로 나아가게 하는 추력도 바로 여기에서 나오기 때문이다. 직면 후 그가 선택한 또 하나의 신의 한 수는 비록 빚만 400억 원에 달했지만, 물려받은 회사가 가진 강점에 모든 역량을 집중해서 이를 살린 데 있다.

변화를 모색하고자 할 때 미래를 설계하는 가장 효율적인 전략으로 흔히 '스왓SWOT 분석'을 든다. SWOT 모형은 조직과 개인이 가진 내부의 강점과 약점, 외부 환경 요인인 기회와 위협을 분석·평가하고 이들을 연관시켜 전략을 개발하는 툴을 말한다. 이를 토대로 강점은 살리고 약점은 보완, 기회는 활용하고 위협은 억제하는 마케팅 전략을 수립하는 것인데 그 절묘한 타이밍에 그는 이것을 가장 잘 활용했다. 또한 심리적으로 좌절할 수 있는 자신의 마음을 다잡아 흐트러지지 않게 한 것도 어려움을 극복한 또 하나의 비결이었다. 절실하게 수를 찾는 자에게 모든 경우의 상황이 다 수로 보이고, 핑계를 찾는 자에게 모든 상황은 핑계로 보이는 법이다.

앞의 두 가지가 다소 추상적인 마음가짐이었다면 세부적인 마음의 실천도 병행했다. 그것이 네 가지의 실천 전략이었는데, 상담 기법의 관점에서 보아도 아주 훌륭한 실천법이어서 소개한다.

하나, 자신의 심리 상태를 늘 파악하려고 노력하고 평정심을 찾아라.

둘, 어려운 환경에서 습관적으로 나올 수 있는 부정적인 말투를 긍정적인 말투로 바꾸어라.

셋, 듣는 것에 주의를 기울여 책이나 영화를 보며 마음의 평온을 얻으라.

넷, 모든 걸 남 탓으로 돌리지 말고 나 자신에게서 원인을 찾아라.

어려움을 몸으로 헤쳐 나온 사람들은 본능적으로 안다. 이 네 가지의 작은 실천이 주는 마음의 안정과 심리적 평온을. 특히 유자와 쓰요시는 영화 〈대부〉(1973)와 〈바람과 함께 사라지다〉(1957)를 몇 번씩이나 돌려 보며 주인공에게 자신의 처지를 오버랩하고, 그들이 삶을 헤쳐 나가는 태도에 용기를 얻었다고 했다.

그래서인지 유자와 쓰요시가 가장 좋아하는 말도 '아침이 오지 않는 밤은 없다.'이다. 〈바람과 함께 사라지다〉에서 주인공 스칼렛 오하라가 던진 영화 최고의 명대사, '내일은 내일의 태양이 떠오를 테니까.'와 닮아 있다. 타라로 돌아가 레트를 되찾는 방법을 생각하겠다고 결심한 스칼렛의 마지막 대사로, 과거에 집착하지 않고 앞으로 나아가는 스칼렛의 불굴의 정신이 유자와 쓰요시의 흔들리는 마음을 강렬하게 사로잡았던 모양이다.

상담 심리학에서 마음이 흔들릴 때 가장 좋은 치료법이 바로 강력한 동기 부여가 되는 책이나 영화를 이용한 인지 심리 치료법이다. 나도 이 방법으로 많은 도움을 받았는데, 개인적으로는 이현세의 《공포의 외인구단》을 즐겨 보았다. 만화의 주인공으로 나왔던 설까치의 이미지가 내 외로움과 많이 닮았다고 생각해서였다. 힘들 때 마다 그의 만화를 보며 마음을 다잡았다. 20대 후반 진주경상대학교로 첫 강의를 나갈 때 입었던 진한 밤색 바바리코트도 한때 담배 갑의 포장지를 장식했던 설까치를 이미지한 것이었다. 꿈의 시각화, 이미지의 시각화는 우리가 생각하는 것보다 효과가 좋다.

그래서일까. 유자와 쓰요시는 16년 만에 드디어 400억 원을 전부 갚게 되었다고 한다. 그사이 목표로 삼았던 많은 회사가 사라졌단다. 밀림 속 정글의 법칙처럼 처절하게 살아남은 결과였다. 그가 살아온 16년의 세월을 굳이 더 자세히 언급하지 않겠다. 그냥 온몸으로 전달되기 때문이다. 유자와 쓰요시의 스토리가 남의 일처럼 느껴지지 않았던 이유도 여기에 있었다.

실패를 극복하려는 마음의 추력은 내 안에 있는 자존감의 강도에 따라 달라진다. 영화 〈패치 아담스〉의 패치와 〈예스맨〉의 칼, 그리고 유자와 쓰요시는 누구보다 자신을 사랑하는 자존감이 강한 사람들이다. 물론 이 사람들이 처음부터 자존감이 강했던 것은 아니었다. 자신의 능력을 믿고 자존감을 회복할 수 있었던 결정적 계기가 있었기 때문이었다.

한 사람의 미래는 과거 자신의 외상 경험이나 정신성 발달에 어느 정도 영향을 받는다는 프로이드의 견해가 일정 부분 사실이지만 결코 절대적이지는 않다. 오히려 자신의 부족한 부분을 만회하기 위해 자신의 단점을 극복하고 열등감을 넘어서기 위해 최선을 다한다는 아들러의 '열등감 콤플렉스inferiority complex' 이론이 나에겐 훨씬 설득력 있게 다가온다.

44

'No Man'과 'Yes Man'의 한 끗 차이

영화 〈예스맨〉은 우리 주변에서 쉽게 찾아볼 수 있는 사람들의 이야기를 담고 있다. 세상살이가 뜻대로 되지 않는 사람, 가진 것 없이 태어나 맨땅에 헤딩하듯 살고 있는 이 땅의 젊은 청춘들, 사는 게 크게 재미있지 않은 사람들의 반전 이야기다. 그래서 실화 같고 때론 공감의 웃음이 묻어 나온다. 가끔 영화 속에 등장하는 속절없는 주인공 칼이 어쩌면 우리 이야기 같단 생각이 들 때가 많다.

모든 걸 거절하는 남자 칼 알렌(짐 캐리 분)은 대출 회사에서 심사를 담당하고 있는 사람이다. 이혼한 경력을 가진 소심남으로, 자기 방어가 심한 전형적인 No Man이다. 심리적으로 자기 방어가 심한 사람들은 과거의 상처를 안고 산다는 공통점이 있다. 칼은 이혼 후 3년 동안 사랑하는 사람을 만나지 못했다. 타고난 자기 방어적이면서도 부정적인 성격으로 이혼을 당한 후 이렇다 할 상대를 만나지 못했던 것으로 짐작할 수 있다.

짐 캐리의 영화가 대부분 그렇지만 진한 다큐멘터리 형식이나 교훈이 듬뿍 담긴 영화는 아니다. 가볍고 날렵하며 제트 비행기처럼 빠르다. 잔잔한 여운의 감동은 제트 비행기 뒤를 따라오는 소리처럼 딱 5초 뒤에 온다. 그 타이밍을 못 맞추면 100% 시시껄렁한 개그 영화가 된다. 중요한 건 영화에 대한 평가보다는 그 영화에서 어떤 보석을 캐는가라는 것이다. 분명 그것은 우리 몫이다.

이 영화의 핵심 포인트는 전형적인 부정남이 어떻게 긍정남으로 거듭 났을까 하는 부분이다. 그곳에서 의외의 보물을 발견할 수 있다. 1톤 분량의 자기 계발 서적 2,000권을 읽거나 거기에 상응하는 정신적 충격을 받아야 한 사람의 신념이 바뀐다고 한다. 즉, 시간을 들여 지속적으로 자극을 받든지 아니면 강력한 충격 요법을 받든지 둘 중에 반드시 하나는 해야 한다는 의미다.

그렇게 매사 'No Man'으로 살던 칼은 급기야 친한 친구 피터의 약혼 파티까지 잊어버리고 만다. 분노한 친구가 칼에게 뼈 있는 충고를 던진다.

"계속 그렇게 살다간 평생 혼자 지낼 거야!"
"평생 혼자."
"친구도 없이."

계단을 내려가는 순간에도 메아리처럼 울리며 반복되는 피터의 마지막 말이 가슴에 남았던지 결국엔 칼의 꿈속에서 또 한 번 재현된다. 칼의 꿈속에 나타난 친구 피터가 칼의 모습을 보며 죽은 것 같다며 비아냥거리자 친구 루니는 너무 가끔 봐서 잘 모르겠다고 응수한다. 그러곤 별로 하는 게 없었고 쓸모도 없었으며 친구도 아니었다며 칼의 얼굴에 이불을 덮어 버린다. 사람의 얼굴에 이불을 덮는 것은 죽음을 암시하는 상징적 행위다. 칼의 꿈속에 나타난 친구들은 더 이상 칼을 의식한 배려의 멘트를 날리지 않는다. 꿈속 친구들의 말은 시퍼렇게 날이 선 칼날이었다. 말로 난도질을 당한 칼이 놀라 소파에서 깨어나는 순간 꿈이었음을 깨닫는다.

한숨을 토해 내며 놀라는 칼의 반대편엔 마침 영화 〈300〉(2007)이 우연히 방영된다. 이 영화가 어떤 영화인가? BC 5세기경 서아시아를 제패한 페르시아의 크세르크세스 왕이 100만 대군을 이끌고 그리스를 침공했을 때 이에 맞서 스파르타의 왕 레오니다스(제라드 버틀러 분)가 이끄는 300명의 스파르타 용사들이 '테르모필레 협곡'을 지키며 맞섰던 전설의 영웅 이야기가 아니던가? 절대 이길 수 없는 싸움이었지만 싸워야 하는 분명한 이유로 전설이 된 전투 영화다. 제라드 버틀러의 강렬한 눈빛이 수많은 팬을 영화관으로 이끈 그 영화가 꿈에서 깬 칼의 이미지와 오버랩 되며 신념의 결정적 변화를 예고한다.

죽음을 재현한 짧은 꿈으로 신념의 변화를 예고한 스토리는 마치 짐 캐리 본인이 더빙한 애니메이션 영화 〈크리스마스 캐롤〉(2009)과도 같다. 기막힌 타이밍과 우연이다. 찰스 디킨스의 원작을 바탕으로 한 이 영화는 유명한 구두쇠 스크루지 영감에 관한 이야기다. 크리스마스의 단골 메뉴며 은근히 재미와 감동, 교훈 이 세 박자가 꼭 맞아떨어진 명작이다. 현실주의자를 넘어선 냉혹한 유물론자이자 황금만 능주의자인 스크루지는 조카의 저녁 초청을 야박하게 거절하는 삼촌이자 기부금을 요청하는 신사에게 온갖 비난을 날리는 표독스러운 영감이다.

그런 그에게 크리스마스이브 밤에 유령이 찾아오는데, 7년 전에 죽은 구두쇠 동업자 친구 '말리'다. 온몸에 돈 통을 족쇄처럼 달고 온 말리는 곧 세 유령이 나타날 것이고 지난 일을 반성하지 않는다면 형벌을 받을 것이라고 경고한다. 오직 돈밖에 모르고 살아온 지난날 때문에 이런 시련을 받는 것이라 이야기하며 인생이 얼마나 짧은 것인가를 알려 주고, 한번 실패하면 아무리 오랫동안 후회해도 소용이 없다는 것을 알리기 위해서 왔다고 전한 뒤 친구의 유령은 사라진다. 후에 나타난 과거, 현재, 미래의 유령들은 스크루지의 무지를 일깨우며 각자의 방식으로 그를 직면시킨다는 스토리다.

결국 그 짧은 하룻밤의 꿈이 결정적 계기를 마련해 칼은 'Yes Man' 프로그램에 참여하게 된다. 그곳에서 'Yes Man' 프로그램의 리더 테런스는 그의 삶을 엑스레이처럼 투명하게 꿰뚫어 보며 변화의 필수 요건으로 'Yes'를 가질 것을 주문한다. 얼떨결에 선택한 'Yes' 때문에 생기는 여자 친구며 승진의 신비한 마법 같은 이야기는 잘 버무려진 양념이다. 진짜 중요한 메시지는 영화의 마지막 부분에 나온다.

'Yes Man' 프로그램의 리더 테런스가 알려 준 대로 Yes를 남발하며 승자의 깃발처럼 살았던 칼은 Yes가 나중엔 사랑하는 여인 앨리슨을 떠나보내게 되는 걸림돌이 된다. 테런스에게 자신에게 주문처럼 걸었던 계약 관계를 취소해 달라 요청하려고 그의 자동차에 몰래 올라타서 이야기를 나누는 도중 교통사고가 발생한다. 병실에서 다친

칼에게 테런스는 Yes는 타인들에게 자신의 마음을 여는 첫 단계라고 설명하고, 시간이 지나면 의무감이나 서약 때문이 아니라 진심에서 우러나 'Yes'라고 한다고 알려 준다.

와우! 나의 감탄사처럼 칼의 입에서 튀어나온 감탄사는 자신이 무엇을 해야 하는지 깨닫게 해 주는 바보의 도 터지는 소리처럼 직관적이다. 속옷도 하나 없이 환자복만 입고 병실을 탈출하듯 빠져나온 그가 향한 곳은 앨리슨이 아침마다 조깅하며 사진을 찍는 공원이다. 맨엉덩이가 드러난 채 오토바이를 타고 달리는 칼의 모습은 영화 〈패치 아담스〉에서 패치가 졸업식 때 알몸에다 학위복만 걸친 장면과 절묘하게 겹쳐진다. 우연치곤 참 기막히지 않은가? 이것은 마치 고대 그리스의 수학자 아르키메데스Archimedes, BC287?~BC212가 왕의 명령으로 왕관에 불순물이 섞였는지를 알아내고자 고민할 때 목욕탕에서 원리를 찾고 알몸으로 뛰쳐나와 '유레카!'라 소리치며 내달렸던 기쁨의 순간과도 닮아 있다. 진리를 발견한 기쁨은 이성적으로 통제가 되지 않는 감성적인 몸의 반응으로 나타난다.

패치가 벼랑 끝에서 들은 마음의 소리 'All is well'은 유자와 쓰요시가 400억 원을 갚기 위해 노력한 한결같은 마음의 소리인 '아침이 오지 않는 밤은 없다.'와 닮아 있고, 그 말은 부정적인 칼의 운명을 바꾼 Yes와 닮아 있었다. 스스로를 바꾸기 위해선 기도가 필요하다. Yes, Yes, Yes!

45

인간이 신에게 바치는
위대한 선물 '음악'

강의하다 보면 학생들에게 다양한 질문을 받는다.

"교수님은 어떤 영화가 가장 기억에 남습니까?"

"그리고 이유는 뭐죠?"

굉장히 압축적이고 핵심적이다. 학생들의 질문에는 커브가 없다. 항상 직구다. 질문은 간단한데 답이 절대 간단하지 않기 때문이다. 지금까지 내가 좋아했던 영화들을 쫙 펼쳐 놓고 보니 꼭짓점이 선으로 연결되었다. 완성된 도형은 별 모양을 그리고 있었다. 말로 꼬집어 설명하긴 어렵지만 내 마음이 좋아하는 영화는 아마 별을 닮았나 보다.

영화 〈죽은 시인의 사회〉(1990)를 보면 키딩 선생이 아이들에게 시에 대해 설명하는 장면이 나온다. 학생들에게 '시의 이해'를 읽게 하더니 갑자기 책을 찢어 버리라고 말한다. 완성도와 중요도로 시를 평가하는 것은 시에 대한 정당한 평가가 아니라면서 말이다. 내가 보는 시각도 비슷하다. 별점 몇 개보다 내가 느끼는 감동에 따라 평가받기를 희망하기 때문이다.

내가 말하는 감동이란 시각과 청각, 촉각, 후각을 비롯한 인지적 자극의 총합이다. 말로 쉽게 표현 할 수 없는 '신체 반응의 종합'이라고 에둘러 표현하고 전문 용어론 '자율 감각 쾌락 반응', 즉 ASMR이라고 한다. 고민하고 있는 순간 TV에서 '온몸으로 느끼는 짜릿함!'이란 광고 카피가 흘러나온다. 절묘한 타이밍이다. 더 이상 완벽한 표현은 없다.

음악이 내 인생에 쓱 하고 들어오게 된 게 학회에 발표할 실험 논문을 위해 자료를 찾던 중이었으니 지금으로부터 7년은 됐겠다. 1993년 미국 캘리포니아 주립대학 어바인 연구소 신경생물학센터 프랜시스 라우셔Frances Rauscher 박사는 '천재 음악가 모차르트의 작품 속에는 그가 지닌 천재의 에너지가 녹아 있을 것'이라고 판단하고 매우 흥미로운 실험을 기획했다. 모차르트 음악을 들었을 때 수학 문제 풀이 능력이 향상하는지에 대한 실험이었다. 실험을 위해 선정된 곡은 '두 대의 피아노를 위한 소나타'였다.

수학적 사고력을 높이기 위한 10분 정도의 뇌 자극에 딱 맞아떨어진 유일한 곡이었기 때문이다. 결과가 궁금하지 않은가? 결과는 라우셔 박사의 짐작대로였다. 실험에서 음악 감상을 한 집단은 하지 않은 집단보다 공간 추리력 검사에서는 30%의 성적이 향상되었고, 지능 검사에서는 8~9%의 지능이 향상이 되었다. 결과만 놓고 본다면 라우셔 박사의 가설은 완벽히 입증된 것이다.

곧바로 이 연구는 유명 과학 전문잡지 《네이처》에 실렸고 곧이어

미국의 유명 언론지 《타임》에 흥미로운 결과로 발표되었다. 그 이후에 일어난 일들은 상상했을 대로다.

'모차르트의 음악을 들으면 아이들의 머리가 좋아진다더라.'

임신부들 사이에 퍼진 바이럴 마케팅의 시초, 태교 음악의 바이블이라 불리는 '모차르트 효과Mozart Effect'의 전설은 그렇게 해서 시작되었다. 모차르트와 관련된 클래식 음반이 상상 이상으로 팔렸고 그 여파는 태평양을 넘어 한국의 임신부들에게까지 퍼지면서 대한민국 고전 음반 시장 역사상 전대미문의 판매량을 달성했다. 그 바람 속에 나도 있었다.

나에게 음악이란, 치유의 숲에서 불쑥 찾아온 낯선 손님처럼 다가왔다. 우연히 찾아온 음악은 지루한 겨울 온돌에 적당히 데워진 두꺼운 솜이불처럼 한 치도 내 곁을 떠나지 않고 그렇게 나와 한 몸이 되었다.

여행을 가 보면 안다. 낯선 나라에 가서 가장 먼저 보게 되는 것은 그 나라의 건축물이란 걸. 건축물이 나무의 줄기라면 미술은 나무의 꽃이고, 음악은 달고 맛있는 열매다. 영화를 보면서 꽃의 향기와 열매의 달콤함을 동시에 느낄 수 있다면 이미 당신은 진정한 영화 마니아가 된 것이다.

영어를 한마디도 못 하면서 가장 많은 영미권 영화 음악을 작곡한 소감이 어떠냐는 질문에 엔니오 모리코네는 어깨를 으쓱이며 손바닥을 살짝 뒤집는 듯한 이탈리아인 특유의 제스처와 함께 이렇게 대답한다.

"영화를 이해하는 데 필요한 것은 언어가 아닙니다.
영화의 분위기 자체를 이해하면
배경 음악이 저절로 머릿속에 떠오르는 것이지요."

음악을 머리가 아닌 가슴으로 들어야 하는 이유가 여기에 있다.

감사

어느 한 방송사에서 중년 남자들을 대상으로 아버지에게 갑자기 전화를 걸어 '감사합니다, 아버지!'라는 통화를 하게 했다. 당연히 특별한 일은 없는 이벤트성 전화였다. 무뚝뚝해 보이는 많은 중년의 남자들이 늙은 아버지에게 '감사합니다, 아버지!'라는 말을 하는 도중에 눈물을 흘렸다.

"내가 더 너를 사랑한다......."

"밥...... 흐흠, 잘 먹고 다니거래이~"

전화기를 통해서 전해지는 늙은 아버지의 떨리는 목소리, 더듬거리는 말투, 끊어지는 호흡, 그리고 짧은 침묵. 서로 더 긴 말은 하지 않았지만 감사함을 전하는 아들도 그 말을 듣는 아버지도....... 짧은 그 말 속에 담긴 의미를 두 사람이 어떻게 모를까? 먹먹한 장면에 인터뷰하는 사람이나 그 장면을 지켜보는 사람들까지 콧등이 빨개졌다.

감사함은 너를 향하지만 항상 나를 위로하는 참 신기한 말이다.

누군가에게 감사해 봐,
신기하게 마음이 편해질 거야!

46

상담 심리학자의
판도라 상자 '행복의 비밀'

"성삼아, 아무리 바빠도 이 두 권의 책은 꼭 읽어 볼래?"

"왜요, 아버지?"

"나중에 네가 힘들 때 힘이 될 내용들이 많더라!"

20대 아버지께서 권한 두 권의 책은 시간이 흘러 내 인생을 바꾼 필독서가 되었고, 나의 행복을 책임지는 유산이 되었다. 너덜너덜 해어진 두 권의 책은 아직도 내 책상 위 손만 뻗으면 닿는 곳에 있다. 하루야마 시게오 선생의 《뇌내혁명》과 데일 카네기의 《카네기 성공론》. 나이에 상관없이 깊은 감동을 주는 책이야말로 위대한 명작이 아닐까? 그런 관점에서 보았을 때 이 두 권의 책은 읽을 때마다 다른 색깔의 감동으로 다가오는 내 인생 최고의 베스트셀러다.

최근 상담을 받으러 오시는 분들이 부쩍 늘었다. 코로나 정국과 주변 국가에서 일어나는 전쟁의 영향도 있다. 그들을 만나 상담하면서 나를 찾는 분들이 가진 공통의 조각을 발견했다. '부정 감정'이다. 그들과 조금만 깊이 있게 이야기를 나누다 보면 자신만 유독 불행하다는 뉘앙스의 이야기가 꼭 나온다. 이런 상황을 나는 '주관적 불행'이라고 부른다. 왜냐하면 나를 찾아오는 내담자들이 객관적으로 보기에 전혀 불행하지 않은 직군들이 많기 때문이다. 소위 돈 많은 중소기업 사장, 이름난 연예인, 높은 직위를 가진 공직자 등이 그들이다.

흔히 행복의 조건이 무엇이냐는 질문에 응답자의 80% 이상이 돈, 명예, 권력, 건강 순으로 대답한다. 그럼 당신이 원하는 대로 이것들을 다 가지면 당신은 행복해질까? 결론부터 말하자면 절대 아니다. 예를 들어 보자. 당신이 오랫동안 염원했던 주택을 구매했다고 하자. 온 가족이 고생해서 장만한 집이고 가족의 숙원 사업이었기에 집만 장만하면 '불행 끝, 행복 시작'이 될 줄 알았을 것이다. 하지만 이게 웬걸, 행복은 며칠 가지 않고 또 다른 욕심이 생겨 힘들어했던 경험이 있었을 것이다. 어디 그뿐인가? 자신의 로망이었던 자동차를 사서 신줏단지 모시듯 했지만 얼마 지나지 않아 심드렁해진 경험 또한 많았을 것이다. 이성적 부조화다.

내 신념의 문제인가? 내 욕심이 너무 많아서인가? 아직 내가 성숙하지 못해서인가? 세상 근심 혼자 짊어진 채 고민하다가 결론을 내린다. '이건 분명 내가 욕심이 너무 많아서야!' 그러나 이제부터는 자신의 잘못으로 돌리지 않아도 된다. 그건 우리 인체의 면역 체계가 생존을 위해 적응해 왔기 때문이다.

아무리 좋은 것이라도, 혹은 아무리 나쁜 상황이라도 시간이 지나면 무뎌지게 되는 것은 자연스러운 현상이다. 우리는 이것을 '쾌락 적응'hedonic adaptation'이라 부른다. 인간의 행복을 반감시키는 면역 반응이라 썩 반갑지 않은 녀석이다. 새로운 행복감을 느끼기 위해 다른 행복과 더 강한 자극이 필요하고, 곧 그 행복은 시들기를 반복한다. 세상 '차~암' 살기 어렵다.

그래서 긍정 심리학의 창시자 마틴 셀리그먼은 행복의 학습에 주목했다. 긍정적인 행복감을 잠식하는 부정 감정과의 싸움에서 이기는 방법은? 어떻게 하면 행복을 지속적으로 유지할 수 있을까? 심리학에서는 행복을 느끼는 능력의 요인을 3가지로 분류한다. 유전 50%, 환경 10%, 마지막으로 학습에 의한 낙관성이 나머지 40%다. 이 수치를 자세히 들여다보면, 낙관성만 훈련하면 행복을 느끼는 능력을 길러 나머지 60%를 구성하는 유전적 요인과 환경적 요인을 지배할 수 있다는 설명이다.

낙관성은 다행히 너무나 쉬운 방법으로 학습할 수 있다. 물론 수강료도 없다. 그냥 의심하지 말고 실천만 하면 된다. 예를 들면 나의 강점·장점 100가지 써 보기, 거울 보고 웃기, 감사의 편지 쓰기, 무작정 친절한 행동 하기, 내가 받은 축복 헤아려 보기, 좋은 사람과 충분히 대화 나누기, '감사합니다'와 '고맙습니다'와 '덕분입니다' 큰 소리로 복창하기…….

셀리그먼 교수는 우울증에 걸린 집단을 대상으로 이 아주 사소한 실험을 했다. 보름 동안 진행한 결과 대상자의 94% 우울 증세가 호전되었다고 발표했다. 이 실험을 통해 크고 위대한 것이 아니라 작지만 지속적인 긍정 자극이 행복으로 가는 지름길임을 알 수 있다.

자, 이제 실천은 우리의 몫이다. 아브라카다브라!

47

괜찮아, 놀아도 돼!

2019년에는 모든 에너지를 모아 일을 했다. 마치 굶주린 승냥이처럼 일을 찾아다니고는 그걸 다 쌓아 놓고 계속 일했다. '워커홀릭'이 마치 나를 위해 만들어진 단어인 것처럼 말이다. 그즈음 모든 불행이 태풍처럼 한꺼번에 몰려왔다. 부모님의 사망은 시작이고 가까운 사람의 사업 부도에서 내 사기 피해까지……. 불행이 이때만 기다렸다는 듯이 거센 바람과 높은 파도를 몰아 순식간에 나의 영혼과 감성을 삼켜 버렸다.

아무리 상담 심리를 전공했더라도 매 순간 다가오는 고통과 가혹한 현실 앞에서는 무기력했다.

고통과 상처를 잊는 가장 빠른 방법은 '몰입'이다. 적어도 학문적으론 그랬다. 그래서 일에 매달렸다. 마치 내일이 없는 것처럼. 당연히 상처와 고통을 주는 아픔은 잊을 수 있었다. 그해 12월 내 생애 최고로 많이 아팠다. 죽도록 아팠다. 열이 40도를 넘어서고 하늘이 땅으로 내려왔다. 그 와중에 강연도 다녔다. 내 몸의 전기 코드가 갑자기 빠진 느낌, 번 아웃이 온 것이다.

절대 쓰러지지 않고 무너지지 않을 것처럼 보였던 내 몸과 마음이 허물어졌다. 최선을 다하겠다는 강철 같은 내 신념이 내 몸과 마음을 역으로 친 것이다. 스무 날을 비틀거리며 살았다. 그래도 견뎌 보겠다고 지친 몸과 마음을 질질 끌고 시내로 나갔다. 한적한 동네 어느 길 모퉁이를 도는 순간 작은 서점 앞에서 나는 숨이 멎었다. 내가 그토록 찾던 해법이 그 서점의 창문에 처방전처럼 붙어 있었다. '아, 세상에. 바로 이거였구나.'

1 2 3 4 5 6 7 8 ' 10

쉼표는 숫자 9를 닮았다.

1에서 9까지 열심히 달려왔다면
10으로 넘어가기 전에 잠시 쉬어 가라는 뜻이다.
9에서도 머물지 않고 10, 11로 허겁지겁 달려가는 사람은
12는 구경도 못 하고 지쳐 주저앉고 만다.
쉼표에 인색하지 마라.

쉼표를 찍을 줄 아는 사람만이
마침표까지 찍을 수 있다.

카피라이터 정철 작가의 저서 《영감달력》에 나오는 글귀다.

세상에, 바로 이거야! 나는 쉬어야 했구나. 어쩌면 나는 이 평범한 진리를 모르고 산 것이 아니라 애써 외면했는지 모른다. 더 치열하고 또 치열하게 살아야 된다는 신념이 스스로를 가두는 감옥이 되었다. 쉰다는 것은 단순히 신체적 휴식만의 이야기가 아니다. 미국의 유명한 에너지 전도사 토니 슈워츠는 인간의 완벽한 휴식은 정신적, 신체적, 영혼적, 감성적 이 네 가지 영역이 완벽하게 힐링될 때 진정으로 이루어진다고 했다.

집으로 돌아와 모퉁이 작은 서점에서 적어 온 글을 읽고 또 읽었다. 붉은 해가 새들을 모아 함께 산을 넘으려 할 즈음 지인으로부터 한 통의 전화가 왔다. 오늘 경험했던 이야기를 어머니에게 고자질하듯 늘어놓았다.

"그래 괜찮아! 넌 놀아도 돼, 충분히 놀 자격이 있어."

그 말에 참았던 울음이 나도 모르게 터져 나왔다.

"놀자! 우리 재미있게 놀아 보자."

내가 살아가는 모습을 옆에서 거울처럼 보아 온 친구가 해 준 말이었다. 내가 얼마나 치열하게 살았는지, 얼마나 부지런한지 누구보다 잘 아는 친구였다. 내 거울 같은 친구의 그 말이 얼마나 고맙고 위로가 되었는지 모른다. '그래, 이제 나도 쉬어도 되는구나…….' 내 생애 최고의 쉼표였다. 그때의 경험이 나를 성숙시켰다.

중견기업에 다닌다는 K에게서 갑자기 연락이 왔다. 암에 걸렸다고 했다. 팀장으로 진급했다고 축하까지 했는데 암이라니……. 평소 친절하기로 유명하고 바쁜 와중에도 늘 미소를 잃지 않았던 친구라

더 놀랐다. 아무리 일이 많이 밀려와도 싫은 내색 한 번 없이 묵묵히 일만 했단다. 그래서인지 더 많은 일이 밀려왔고 꾹꾹 눌러 놓은 마음의 상처는 결국 몸에 상처를 남겼다. 친구의 하소연에는 자조가 섞여 있었다.

"하루 종일 병원에 누워 있어 보니 내가 너무 초라했어. 의사가 쉬라고 하는데 생각해 보니 난 어떻게 쉬어야 하는지 방법을 모르겠더라고."

상담을 마치고 친구에게 프로그램을 짜 주었다. 재미있고 즐겁게 노는 방법, 일종의 놀이 치료 처방전이었다. 거창하고 돈 많이 드는 유흥이 아닌 일상을 즐거운 놀이터로 만드는 방법을 처방했다. 한 달 뒤 연구실로 K가 찾아왔다. 미소를 가득 머금은 친구가 했던 말을 잊을 수 없다.

"병원에 다니면서 받아 본 처방전보다도 자네 처방전이 내 생애 최고의 처방전이었네."

'일하면서 즐기고, 즐기면서 일하라.' 미국 실리콘 밸리 어느 사무실 벽에 붙어 있던 짧고 굵은 글이 벚꽃 향기처럼 피어난다.

48

칭찬과 믿음은
인간 성장의 보약이다

'꽃으로도 아이를 때리지 말라.'

스페인 교육자 프란시스코 페레가 세상의 모든 아동 훈육자를 향해 날렸던 뼈 때리는 어록이다. 하지만 이 땅에는 페레가 천명한 교육 선언 후로 100년이 지났건만, 부모들의 폭력으로 2020년 10월 사망한 정인이와 같은 아이들은 계속 나오고 있다. 교육과 사육, 줄타기의 민낯이다.

나는 어릴 적 공부를 못했다. 그냥 못한 게 아니라 아주 못했다. 초등학교 4학년 때 담임께서 산수 시험을 치게 하면서 제일 점수가 낮은 3명을 남기겠다고 했다. 사실 시험을 칠 필요까진 없었는데 말이다. 그냥 공부 못하는 학생을 성적순으로 밑에서 3명만 끊으면 되는데 군이 시험을 치셨다. 우여곡절 끝에 시험은 끝났고 3명의 명단을 부르는데 제일 먼저 내 이름이 호명되었다. '올 것이 왔구나.' 혼잣말로 중얼거리던 중 나머지 두 명도 함께 불렸다. 그냥 혼만 내시고 끝내는 줄 알았더니 선생님께서는 2시간 후에 다시 시험을 치겠다는 것이었다. 그리고 가장 성적이 낮은 아이에게 화장실 청소를 시키겠다고 했다.

'아니, 공부 못하는 것도 억울한데 그것 때문에 화장실 청소까지 해야 하나?'

한참을 고민하다가 난 도망을 결심했다. 선생님께서 한눈을 파는 사이에 잽싸게 도망을 쳤다. 덕분에 난 화장실 청소를 면했고 남아 있던 두 명 중 한 명이 꼴찌를 했다. 마지막까지 시험을 친 내 친구는 지금까지 영원히 꼴찌의 타이틀을 보유하고 있다. 물론 난 다음 날 선생님께 내 부드러운 엉덩이를 반납해야만 했다. 얼마나 맞았는지 지금도 얼얼한 것 같다. 엉덩이의 희생은 컸지만 내 자존심을 지켰다는 긍지와 자부심은 아직도 살아 있다. 초등학교 시절 나는 철저한 아웃사이더였다.

그 시절에 받았던 생활 통지표를 최근에 꺼내 보니 너무 감동적이다. 8과목 중 딱 세 과목만 '양'이었고 나머지 과목은 전부 '가'다. 이쯤 되면 우리 어머니도 나를 엄청 혼내시고 큰소리 정도는 내셨을 법한데 난 그 흔한 야단 한 번 맞지 않았다. 공부를 못해서 주눅 들어 있는 나에게 어머니는 늘 이렇게 말씀해 주셨다.

"넌 공부를 못하는 게 아니야, 공부를 하지 않았기 때문이지!"

"넌 머리가 나쁜 게 아니야, 늦게 머리가 트이는 아이지!"

어머니의 근거 없는 믿음이 도대체 어디서 나왔는지 알 수가 없다. 하지만 어머니의 예언은 지금까지 하나도 틀린 적이 없었다. 내가 받은 '양' 세 과목은 미술, 체육, 국어였다. 아무리 못해도 '미'는 받고 시작한다는 과목에서도 난 '양'을 받았다. 어머니는 내가 받은 5과목의 '가'에 집중하신 게 아니라 3과목의 '양'에 집중하셨다. 마치 그것이 어머니의 위안인 것처럼 말이다.

"책과 노트에 그린 그림을 보니 참 잘 그렸네!"

공부하는 책에 그린 낙서를 보시고 하신 말씀이다.

'툭' 하고 던진 어머니의 그 한마디는 꼴찌를 밥 먹듯이 하던 아들의 자존감이 되었다. 그 후 난 홍익대 미대 대학원까지 졸업하고 미대 교수까지 될 수 있었다. 칭찬에도 타이밍이 있다.

"넌 타고난 건강 체질이야, 머슴 체질!"

얼마나 타고났는지, 중2 때 학교를 빠져 볼 요량으로 친구와 눈을 비볐는데도 눈병에 걸리지도 않을 정도로 건강한 체질이었다.

시간이 지나 보니 그것이 얼마나 큰 힘인지 모른다. 아무튼 어머니의 그 응원 덕분에 나는 아직도 정신적, 육체적으로 최고의 자존감을 유지하고 있다. 2019년, 코로나가 발생하기 전 대학 신입생 1,600명과 팔굽혀펴기 시합을 해서 2분에 147개로 최고 기록 144개를 해낸 체육과 신입생을 3개 차이로 이기는 기염을 토했다. 체육 '양'의 기적이다.

돌이켜 보면 어머니의 예언은 기다림과 믿음에서 나왔다. 꼴찌를 해도, 산으로 들로 뛰어다니며 숱한 사고를 쳐도 끝까지 자식을 믿고 기다려 주시던 인내와 믿음이 지금의 나를 만들었다. 그리고 어머니의 그 기다림과 예언은 현실이 되었다.

"너는 반드시 잘될 거다."

"걱정하지 말거래이."

가끔 삶에 지쳐서 넋두리처럼 쏟아 내는 걱정에도 어머니는 늘 큰
스님의 음성 같은 목소리를 하고서 철없는 아들의 마음을 한결같이
어루만져 주셨다. 나이와 상관없이 진심이 듬뿍 들어간 칭찬과 믿음
을 받고 싶다. 이제는 들을 수 없는 그 음성과 눈빛으로 말이다.

49

감사! 위대한 언어의 힘

우울증을 앓고 있는 학생들을 대상으로 집단 상담 프로그램을 진행하면서 참가자 모두가 행복했던 시간들이 기억났다. "여러분들은 어떤 말을 들었을 때 기분이 좋아지고 자존감이 회복되었습니까?"라는 질문에 많은 학생들이 의외로 '고맙습니다'라는 말과 '감사합니다'라는 말을 들었을 때 기분이 좋아지고 삶의 의미를 느낀다고 했다.

도대체, 너무나 평범한 '감사합니다'와 '고맙습니다'라는 말 속에 어떤 힘이 있기에 우울증에 빠진 많은 학생들의 기분이 좋아지고 자존감이 회복되었을까? 궁금했다. 그래서 좀 더 깊이 들어가 상담을 해 보니 그건 그 말 속에 녹아 있는 강한 '긍정의 힘' 때문이었다.

사실, 하나의 단어가 사람의 기분까지 좌지우지할 수 있는 건 뇌가 가지는 특별한 감성 인지 능력 때문이다. 예컨대 '고맙습니다' 혹은 '감사합니다' 같은 말을 듣거나 할 때 뇌는 우리가 느낀 기분에 호르몬 작용으로 빠르게 반응한다. 이때 육체적 스트레스를 완화해 주는 스테로이드 계열 호르몬, 정신적 스트레스를 완화해 주는 엔도르핀 계열 호르몬이 분비된다. 우리의 생각이 긍정적인 신호가 되어 호르몬 분비라는 신체 작용에까지 영향을 끼치는 것이다.

반대로 부정적인 단어를 사용하거나 듣게 되면 즉각적으로 아드레날린 계통의 스트레스 호르몬이 분비된다. 이게 우리 몸을 병들고 황폐하게 만드는 주범이다. 단어 하나와 한마디 말이 우리 몸을 죽일 수도 있고 살릴 수도 있다는 게 감동적이다.

바꿔 말하면 사람들에게 좋은 말을 듣고 긍정적인 문자를 받는 게 결국, 자신을 살리는 치유의 시간인 셈이다. 그래서 나는 대학 신입생을 대상으로 매년 '자아 존중감 프로그램'을 진행한다. 그리고 많은 학생들이 똑같은 감동을 받는 걸 해마다 목격한다.

"교수님, 지금까지 전 한 번도 이렇게 많은 사람에게 칭찬과 긍정의 말을 한꺼번에 받아 본 적이 없었던 것 같아요. 너무 좋아요!"

진심이었다. 이것이 나로 하여금 해마다 이 감사 심리 상담 프로그램을 진행하게 만드는 이유다.

한 걸음 더 들어 가보자. 오래전 JTBC에서 〈오감도〉란 리얼리티 프로그램을 한 적 있다. 그 프로그램에서 제주도에 사는 김순국 씨의 스토리가 나왔는데, 그분의 사연 속 '감사'라는 단어가 가지는 매우 감동적인 사례가 나를 사로잡았다.

김순국 씨는 어린 시절 찢어지게 가난해 지긋지긋한 가난을 벗어나기 위해 수단과 방법을 가리지 않고 오직 돈만을 위해 살았다고 한다. 그래서 외국으로 나가 고생하면서 많은 돈을 모았고, 그 돈은 자신의 고생과 맞바꾼 고통의 결실이었다. 행복이 찾아왔다고 생각한 어느 날 김순국 씨가 갑자기 쓰러졌다. 급히 병원 응급실에 갔더니, 의사로부터 다발성 암이라며 앞으로 살날이 얼마 남지 않았으니 당신네 나라로 돌아가서 여생을 편하게 보내라는 최후통첩을 듣게 되었다.

하늘이 무너지는 심정으로 죽기 위해 한국으로 돌아왔다. 하염없는 눈물을 흘리며 지금까지 자신이 살아왔던 모든 인생을 돌아보니 오직 돈과 명예와 출세만 보고 긴장 속에 던져진 자신의 껍데기가 보였다고 했다. 자신의 몸과 마음에게 너무 미안했다고…….

이후 그는 지금까지 살아온 모든 생활 방식을 바꾸었다. 자신의 깊은 곳에 박혀 있는 돈에 대한 욕망을 버리고, 명예에 대한 욕심도 버리고, 출세에 대한 마음도 모두 버렸다. 대신 그 텅 빈 자리에 감사의 마음을 하나둘씩 채우기 시작했다. 무심하게 꾸민 제주도 조그마한 집에서 반찬 없는 밥도 감사히 먹고, 옆집에서 가져다주는 소박한 음식도 진심으로 감사해하고 그동안 부인에게 한 번도 말하지 않았던 '고맙습니다', '감사합니다'를 늘 입에 달고 살았다고 한다.

그 덕분이었을까? 생존 확률이 분명 3%도 되지 않고 길어 봐야 2~3개월도 넘기지 못할 것이라고 했던 미국 의사의 말을 뒤집고 김순국 씨는 정말 기적적으로 살아났다. 그것도 기대 이상으로 매우 건강하게 회복해 TV에 출연까지 하게 되었다.

"욕심을 버리고 매 순간 감사하게 살아가는 마음가짐이
제가 암으로 죽지 않고 지금까지 살았던 이유 같습니다."

김순국 씨의 말 속에는 암이라는 죽음의 공포까지 이겨 내고 견뎌
내게 해 준 '감사'의 위대함이 배어 있었다. 말과 언어에는 우리가 모
르는 강한 힘이 있다. 물리적 파동 에너지를 뛰어넘어 심리적 긍정 에
너지까지 이끌어 내는 긍정적인 언어의 힘은 어쩌면 우리 스스로가
만들어 낸 가장 평범하지만 가장 위대한 기적이 아닐까?

50

치유의 글쓰기

밤이라는 강을 건너지 않고 새벽이라는 선착장에 도달할 방법은 없다. 머리가 복잡해서 잠을 이루지 못한 날 새벽, 무심코 종이 위에 써 내려간 글에서 오랫동안 잊고 있었던 삶의 의미와 생존의 이유를 발견한다. 어쩌면 나의 글쓰기는 잃어버린 나를 찾아 주는 숨겨진 보석인지 모른다.

우리가 잘 알고 있는 이순신 장군의 《난중일기》는 1592년 1월부터 1598년 11월까지 7년 전쟁사를 기록한 장군의 개인 기록물인 동시에 역사적, 문학적, 군사적 가치까지 담겨 있는 국가적 보물이다.

한산 섬 달 밝은 밤에 수루에 홀로 앉아
큰 칼 옆에 차고 깊은 시름 하는 차에
어디서 일성호가는 남의 애를 끊나니

한 치 앞도 알 수 없는 전쟁 속에서 일종의 망루 격인 한산도 진영의 '수루'에 앉아 여러 가지 상념을 그대로 드러낸 독백의 시는 명장 이순신이 아니라 인간 이순신의 모습을 보게 하는 자기 성찰적 일기다. 장군께서 시를 통해 전쟁 중 자신의 마음을 위로받았다면 정유년 음력 4월 초이틀 《난중일기》의 기록은 백의종군 첫날 모든 것을 잃어버린 장군이 일기를 쓰며 마음을 다잡는 치유의 시간이었을 것이다. 만약 장군에게 글쓰기가 없었더라면 끝없는 절망과 좌절의 현실 속에서 내일의 희망을 보지는 못했을 것이다.

4월 2일
종일 비가 계속 내렸다.
(……)
필공筆工을 불러 붓을 매게 했다.

4월 2일, 이순신 장군은 감옥에서 풀려난 다음 날부터 일기를 썼다. 정유년 3월 4일에 투옥되어 4월 1일에 옥문을 나왔다. 28일 동안 국문鞫問이란 이름으로 가해진 고문과 태형의 고통은 감히 상상하기 어렵다. 없는 죄를 묻고 불순한 의도를 캐내려는 선조의 억측 속에서 얼마나 분노했으랴. 몸이 부서지고 짓이겨지는 고통 속에서 장군은 또 무슨 생각을 했을까? 심리학자로서도 고문 당시 장군의 마음을 헤아리는 것이 고통스럽고 아프다. 예수가 책형 기둥에 사지가 묶여 채찍질을 당하는 그 순간의 고통과 아픔이 아니었을까?

6년을 오롯이 전장에서 자신의 모든 걸 바쳤다. 전쟁 초장 사천 전투 때 왼쪽 어깨에 총상까지 입었다. 전쟁 중이라 갑옷을 벗지 못한 날이 많았다. 칼의 무게를 감당하지 못할 정도였던 육체의 고통 위에 또 야만과 억측으로 벼른 곤장이 마치 칼날처럼 장군의 몸에 꽂혔다.

선조는 장군의 목숨을 원했고 의금부와 사헌부의 관리들은 없는 죄를 만들어 장군을 죽이려고 했다. 예수를 정치적 제물로 삼으려는 본디오 빌라도, 죄 없는 자를 사지로 몰아 자신의 권세를 지키려던 유대 제사장 가야바. 빛을 상실한 괴물들은 모두 빛의 정의를 감당하지 못했다.

이순신의 생환은 천행이었다. 하늘이 장군을 살린 것은 아직은 그를 거둬 갈 때가 아님을 알았기 때문이다.

도대체 장군은 몸이 그렇게 망가진 상태에서도 왜 나오자마자 일기를 썼을까? 그리고 그렇게 지독한 고문과 억측 속에서 살아 나온 그가 일기장에 쓴 말은 무엇이었을까? 나는 그 속마음이 궁금했다.

4월 1일에 쓴 일기에는 옥문을 나와 아들과 조카를 만났다는 이야기와 영의정 유성룡과 우의정, 김명원 등 장군의 인품을 누구보다 잘 아는 대신들이 사람들을 보내 장군을 위로했다는 이야기가 나온다. 일기를 통해 감사가 표현됐다. 그리고 저녁을 먹으며 권하는 한 잔의 술을 박절하게 거절하지 못해 마셨다는 대목도 있다. 죽을 수도 있었을 억울한 한 달의 고문이 있었지만 그 어디에도 선조와 자신을 죽이려던 사람들에 대한 분노와 억울함의 표현은 없다. 일기를 읽는 내 속이 더 탔다.

내가 찾던 장군의 무의식과 신념을 엿볼 수 있었던 글은 다음 날, 4월 2일의 일기장에 있었다. '필공을 불러 붓을 매개 했다.'는 대목에서 사실 목이 탁 메었다.

'그래, 이 대목이야!'

붓을 다시 맨다는 것은 나는 결코 좌절하지 않겠다는 무의식의 표현이다. 말과 글, 그리고 행동은 생각에서 나온다. 그 생각은 감정에서 출발하며 감정은 무의식에 뿌리를 두고 있다. 장군의 무의식 속에는 그 어떤 상황에서라도 스스로 무너지지 않겠다는 강철 같은 신념이 있었던 것이다. 붓은 장군의 신념이었다. 세상에서 가장 부드럽고 유연한 털. 수백, 수천, 수만 개의 털을 모아 장군은 중심을 잡았고 중봉으로 지휘하며 글을 썼다. 결코 중심을 잃지 않은 글은 그래서 수백 년의 시간 속에서도 묵향을 잃지 않았고, 농묵의 빛을 잃지 않았다. 중심이란 그런 것이다.

장군이 쓴 이 한 줄의 문장이 428년 전 쓰러진 조선의 역사를 일으켰고, 벼랑 끝으로 몰린 이순신을 다시 일어나게 했다. 또한 나의 신념이 되었다.

독립 운동가이면서 정치가인 백범 선생님의 자서전 《백범일지》도 이순신의 《난중일기》를 닮았다. 상하 두 권으로 나뉜 일기에는 백범 선생님의 성장 과정은 물론 다양한 비공식적인 활동들을 비롯한 경력이 상세히 묘사되어 있다. 과장이나 수식어 없이 칼칼하게 기록된 백범 선생님의 글에서 나라를 걱정하는 그분의 마음을 손샅처럼 들여다볼 수 있다.

전쟁 중에 탄생한 《난중일기》와 어지러운 국가 상황에서 빛을 본 《백범일지》, 이 책들은 시련의 씨줄과 고통의 날줄이 빚은 긍정의 바이블이다. 도저히 일기를 쓸 상황이 아님에도 불구하고 치열할 정도로 일기를 썼다. 이것은 단순한 기록의 의미를 넘어 자신의 성찰은 물론 자신의 신념을 끝없이 닦아 나간 치유와 정화의 시간이 탄생시킨 결정으로 받아들일 수 있다.

이창동 감독이 만든 영화 〈시〉(2010)를 보면 주인공 미자(고 윤정희 분)의 손자가 동급생 16살 소녀를 강간한다. 절대로 시를 배울 수 없는 상황에서 시를 배우는 영화 속의 주인공 미자. 혼란스럽고 어지러운 현실에서 그녀가 배우고 쓰는 '시'는 순수를 찾아 주고 중심을 찾아 주는 영혼의 치유 의식과도 같다.

우리가 종이 위에 한 자 한 자 써 내려가는 시와 일기는 어쩌면 잃어버린 나의 중심을 찾아 떠나는, 세상에서 가장 아름다운 치유의 여행이 아닐까?

이순신과 백범의 일기, 그리고 영화 〈시〉 속에 등장하는 미자의 글에는 《노인과 바다》에 등장하는 산티아고의 독백 '나는 결코 포기 하지 않을 것이다.'가 녹아 있다.

세상 친절한 아저씨 같은 느린 말투로
나이와 상관없이 늘 상대를 먼저 배려하는 이창동 감독.
하지만 촬영장에선 배우들의 말없는 행동에까지
완벽한 감정을 요구하는 철저한 분이다.
그는 영화를 시처럼, 소설처럼 만든다.
짧지만 강렬했던 대화를 통해
영화 속 감동을 읽을 수 있었다.

웃음

강연 도중에 내 웃음소리를 듣고 따라 웃는 게 좋아 팬이 되었다는 관객들이 많다. 글에서 내 유머를 드러낼 수 없음이 그래서 아쉽다. 돌아보니 웃을 일이 많이 없었던 인생이었는데 왜 그렇게 늘 웃고 다녔을까? 때론 웃음도 타고난다는 생각이 든다. 인내하고 기다림이 많았던 인생에서 웃음마저 없었다면 어떻게 이 고달픈 세상을 지치지 않고 버텼을까? 감사한 일이다.

신에게 받은 선물일까?
아니면 성장하면서 스스로 만들었을까?
알 수는 없지만 돌아보니 내 생애 가장 큰 무기는 바로 웃음이었다.

웃음은 신이 인간에게 준
가장 강력한 자기 치유력이다

51

'카르페디엠'

2019년 출간된 내 책 《128분, 나를 바꾸는 시간》에는 〈죽은 시인의 사회〉 이야기가 나온다. 지성인이라면 반드시 보아야 할 영화 베스트 100선에 꼭 들어가는 영화이며, 이 시대 리더라면 필히 보아야 할 불후의 명작이기 때문이다. 2022년 3월, 러시아의 우크라이나 침공에 따른 우울한 해외 소식에다 정치 때문에 극도로 양극화된 진영 싸움은 진정한 '지혜'와 '정의'가 무엇이고 지도자의 덕목이 무엇인지 우리에게 묻고 있다. 어쩌면 이 영화는 이 시대 모든 선각자들에게 바치는 영원한 헌정 영화다.

미국 영화 연구소AFI 지정 미국 100대 명대사에 선정되기도 했던 이 영화 최고의 한마디는 '카르페디엠'이다. 라틴어 '카르페디엠Carpe diem'은 원래 농사와 관련된 은유로서 로마의 시인 호라티우스가 쓴 송가頌歌의 마지막 부분에 있는 시구다.

Carpe diem, quam minimum credula postero.
오늘을 붙잡게, 내일이라는 말은 최소한만 믿고.

'카르페carpe'란 말은 '카르포carpo(덩굴 및 과실을 따거나 추수하다)'라는 동사의 명령형이다. 한 해 동안 땀을 흘린 농부에게 추수란 그 무엇과도 비교할 수 없는 행복이다. 그래서 영어권에서는 '현재를 잡아라Seize the day'로 사용되고 있다. 가끔 의역해서 '오늘에 최선을 다하자'라는 식으로 뭔가 가치 있는 일을 하라는 의미로 사용되기도 하지만, 상황에 따라 의미가 변하는 '즐겨라'라는 뜻의 'enjoy'가 훨씬 인간적 해석으로 느껴진다.

요즘 시대에 자신이 하는 일에 매 순간 즐거움을 느끼며 사는 사람이 몇 명이겠는가? 모두 힘들고 고단하고 피곤할 것이다. 그럴 때 이런 생각의 전환은 어떨까? 유명 라디오 DJ였던 최화정 씨는 자타 공인 연예계 마당발이다. 그러다 보니 알고 있는 연예인들이 힘들다고 밤마다 전화로 삶의 피곤함을 하소연할 때면 이렇게 말한단다.

"응, 밥에다 간장 쓱쓱 비벼서 맛있게 먹고 푹 자!"

최화정 씨다운 최고의 조언이자 치유법이다. 현재의 고민을 잊기 위해 즐겁게 맛있는 것 먹고, 기분 좋게 자는 것. 어쩌면 우리가 아는 세상은 그렇게 복잡하게 생각하고 살지 않아도 된다는 의미가 아닐까? 상담사인 나에게 많은 사람이 상담을 받으러 온다. 마음이 아파서 찾아오는 사람들에겐 공통점이 있다. 모두 왼쪽 가슴에 파란색 점을 하나 찍어서 온다는 것과 세상에서 자신이 가장 힘들다고 생각하는 것이다.

하지만 내가 만난 사람들 중에 세상살이가 힘들지 않다고 말하는 사람은 한 명도 없었다. 301호에 사는 정숙이네를 부러워하는 302호의 미숙이는 303호에 사는 영숙이의 로망이다. 301호에 사는 정숙이는 또 303호 영숙이를 부러워한다. 자신이 얼마나 행복하고 멋진 사람들인지 정작 본인만 모르고 있다.

가끔 동화 속에서 어른들을 깨우는 보석 같은 이야기를 만난다. 상담할 때 내가 자주 응용하는 방식인데 생각보다 감동이 크다. 그중에서도 내 마음을 사로잡은, 미국의 동화 작가인 에이미 크루즈 로젠탈의 《숟가락》은 특별한 감동을 주었다.

아기 숟가락이 우울증에 빠졌다. 이를 눈치 챈 엄마 숟가락이 아기에게 다가가자 아기 숟가락은 친구들이 자신보다 훨씬 뛰어나 부럽다는 말을 한다. 나이프는 빵도 쓱쓱 자를 수 있고 잼도 바를 수 있다고 부러워하고, 젓가락은 키도 크고 멋지다고 부러워한다. 그리고 포크는 무엇이든 척척 잘 집는다고 부러워한다.

하지만 나중에는 친구들이 자기를 부러워하는 이야기를 듣게 된다. 나이프는 자기는 위험해서 친구들이 함께 놀지 않으려 한다며 숟가락을 부러워하고, 젓가락은 혼자 자유롭게 다니는 숟가락을 부러워하고, 포크는 설탕 통에 맘껏 들어가는 숟가락을 부러워한다는 것이다.

"이제 알겠지?

네가 얼마나 행복한 아이인지 말이야."

마지막에 던진 이 한마디는 이 동화책의 백미며 철들지 않은 어른들에게 눈높이를 맞춰 들려주는 이야기 같다. 301호부터 303호까지 모두 불러 놓고 이 이야기를 해 주고 싶다. 치열함의 대명사 '파이팅'보다 '그래, 난 최선을 다했어. 오늘은 나를 위로하는 날이야.'라는 말을, 그리고 아주 가끔은 때로는 '카르페디엠'을 소리쳐 외치며 스스로에게 가장 소중한 하루를 선물하라고 말이다.

52

신의 구원에 화답하는
인간의 가장 아름다운 표정

몇 년 전에 대한민국을 웃음 세상으로 만든 사람이 한 분 있었다. 황수관 박사다. 웃음 치료의 전도사이자, 대한민국 전체를 웃게 만든 장본인이셨다. 코미디언들도 그분의 강연을 모티브로 스탠딩 개그를 만들 정도였고, 웃음이 처음으로 건강과 웰빙의 반열로 올라온 시기였으니 지금 생각해도 정말 대단했다.

예전에 내가 아주 흥미로운 실험을 한 적 있다. 두 사람의 눈 사진만 오려서 서로 비교해 볼 수 있도록 배치했다. 그리고 눈만 보고 '사랑'과 '행복'의 이미지가 느껴지는 사람의 눈은 어느 쪽이고 '미움'과 '증오'의 이미지가 느껴지는 사람의 눈은 어느 쪽인가 고르는 실험이었다.

실험 참가자의 대상은 초등학생으로 정했다. 이유는 기성세대의 유명인을 미리 알면 안 되기도 했고, 가장 순수한 어린 학생들의 반응이 더 믿을 수 있다고 생각했기 때문이다. 실험으로 증명하고 싶었던 가설은 '많이 웃고 선한 영향력을 가진 사람들의 내면이 분명 밖(눈)으로 드러날 것이다'였다. 얼굴에 각인된 표식, 신이 인간에게 준 최고의 선물인 '스마일 마크'는 신의 신념대로 살아가고 있다는 증표라고 생각했기 때문이다.

과연 초등학생들이 눈만 보고 사람의 내면까지 읽어 낼 수 있을까? 있다면 몇 %의 학생이 정확하게 맞힐까? 내가 실험을 위해 사진을 사용한 사람 중 한쪽은 이름만 들어도 아는 국민배우 안성기며, 또 한쪽은 우리나라 거대 폭력 조직의 대부였던 김태촌이었다. 이 실험은 사람들의 긍정적인 생각과 신념이 만든 '웃음'이 외형으로 드러나는가에 대한 최초의 실험이었다.

"눈만 있는 두 사진을 보고, 사랑과 행복이 느껴지는 눈과 미움과 증오가 느껴지는 눈을 각각 고르시면 됩니다."

실험은 비교적 간단했다. 총 120명을 대상으로 인원은 20명 씩 6개 조로 나누었고, 결정 시간은 30초 이내로 했다. 결과는 놀라웠다. 각 조 20명중 평균 18명이 사랑의 눈빛을 가진 사람으로 배우 안성기를 정확히 찾아냈다. 많이 웃고 선한 영향력을 끼친 사람의 내면이 '웃음'이라는 외적 표현으로 완벽하게 밖으로 드러나는 순간이었다.

사실 결과를 보고 나도 놀랐다. 어린이들에게 배우 안성기 씨와 조폭 대부 김태촌은 존재감이 크지 않았기 때문이었다. 그럼에도 불구하고 눈빛만 보고 따뜻한 정서와 차가운 정서를 찾아낼 수 있다는 것은 결국 삶의 시간들이 몸에 각인된다는 의미였다.

세상에 베풀며 웃으며 살아온 인생의 그림자가 나무의 무늬처럼,

나이테처럼 각인된다는 사실이 나를 놀라게 했다. '나이 60이 넘으면 자신이 살아온 신념이 눈빛과 몸으로 보인다'던 어른들의 말씀이 거짓이 아니었다. 왜 우리가 분노를 거두고 미소와 웃음을 가져야 하는지, 우리 몸이 그대로 알려 주었던 소중한 실험이었다.

인생에 정답이 있겠냐마는 한 가지 분명한 것은, 미움과 증오는 분노를 낳고 사랑과 행복은 웃음을 낳는다는 사실이다. 내가 자주 가는 가게가 있다. 갈 때마다 사장님은 항상 웃어 주시고 친절하게 대해 주신다. 사장님의 친절이 너무 좋아 일부러도 간다. 친절 안에 위로가 보석처럼 숨어 있기 때문이다. '인생은 정말 큰 놀이터인데, 어른들이 되어 가면서 그것을 점점 잊어버리고 살아가는 것 같아.'라고 했던 영화 〈예스맨〉 속 칼의 여자 친구 앨리슨의 대사가 잊히지 않는다.

어린 시절 떨어지는 낙엽만 봐도 깔깔거리고 웃었던 기억이 언제인지 모르겠다. 요즘은 웃음이 사라진 시대에 살고 있다는 착각마저 든다. 웃음은 누가 나에게 만들어 가져다주는 '기성품'이 아니라 내가 스스로 만들어 선물하는 '수제품'이면서, 신이 인간에게 선물한 가장 강력한 셀프 치료제이다. 우리 스스로가 제조를 포기하는 순간 우리는 웃음을 잃어버린 좀비로만 살게 된다는 걸 명심하자!

53

인생을 재미있게 사는 법

세상에서 가장 행복한 사람은 어떤 사람일까? 오랜 상담 결과 돈, 명예, 권력은 분명 해답이 아니었다. 내가 만난 인생의 길잡이 같은 어른들은 인생을 즐기듯 재미있고 행복하게 사는 사람이 가장 행복한 사람이라고 이구동성으로 말했다.

수요일 날은 내가 대학에서 수업이 가장 많은 요일이다. 아침 9시 1교시부터 시작해서 3교시에 두 번째 강의가 있다. 두 번째 강의는 오후 1시에 끝난다. 여기가 끝이 아니다. 곧 세 번째와 네 번째 강연이 연속적으로 나를 기다리고 있다. 다행히 그 두 강연은 1시간짜리라서 오후 3시에 모든 강연이 끝난다. 이후엔 밀린 교수님들과의 회의와 학생들 상담이 예정되어 있다. 연강과 계속된 회의로 배고픔과 목마름에 숨이 턱턱 막힌다.

다른 교수님과의 미팅을 위해 그분의 연구실을 방문해 노크했더

니 응답이 없다. 옆에는 학생 한 명도 교수님을 기다리고 있었다. 왜 노크를 하지 않고 있냐는 내 질문에 대답이 어눌하다. 혹시 유학생이 냐고 물었더니 고개를 끄덕였다. 어느 나라에서 왔냐는 질문에 일본에서 왔다고 대답한다. 그래서 내가 노크를 대신 해 주겠다고 말하고, 교수님 방문을 노크하며 큰 소리로 "오겡끼데스까? おげんきですか?"라고 했더니 일본 유학생이 배꼽을 잡고 웃는다.

외국 유학생이 지도 교수 연구실에 왔는데 교수님이 계시지 않는 상황이 얼마나 황당했을까? 조금이나마 긴장을 풀라는 의미에서 대신 노크도 해 주고 전화도 연결해 주고 영화의 대사 한마디를 연극처럼 했더니 학생의 표정이 이내 환하게 밝아졌다. 오랫동안 사람들을 상담하고 위로하는 게 직업인 나의 몸에서 나온 습관적 유머이자 애드리브다. 멀리 사라져 가는 학생이 뒤를 돌아보더니 나를 향해 다시 고개를 숙여 웃으며 인사를 건넨다. 보는 내 마음까지 편해져 온다.

건강하게 장수하는 사람들의 면면을 보면 모두 유쾌한 분들이라는 공통점이 있다. 어려운 문제도 흥미롭게 바라보는 시각, 조금 실수해도 웃으며 넘길 수 있는 여유, 과한 욕심에 사력을 다하지 않는 절제가 특징이다. 그래서일까? 유쾌함은 날카로움을 부드럽게 만드는 힘이 있다. 그 힘이 동시에 자신을 살리는 묘법이 되기도 한다.

최근 전국에서 들어오는 강연의 주제는 '긍정'이다. 코로나 19때는 '우울감을 극복하는 힘'이나 '회복 탄력성'이 주된 강연의 주제였는데 확실히 사람들의 수요는 환경과 상황에 따라 달라진다는 느낌을 받는다. 긍정이 포장지 속에 들어 있는 선물이라면 유쾌함은 선물을 포장하는 포장지다. 선물도 좋고 포장지도 멋지다면 그 선물을 받는 사람은 감동을 느낄 수밖에 없다. 긴 삶의 여정을 지치지 않고 살아가는 유일한 방법은 재미있게 사는 것이 아닐까?

한국의 라미란이라고 부를 수 있는 일본 배우 키키 키린이 생전에 남긴 어록이 책으로 만들어졌다. 다른 곳에서 누군가를 기다리다 무심하게 읽었던 그 책에서 참 많은 감동을 받았다. 그 책에는 그녀가 남긴 120가지 말들이 보석처럼 빛을 내며 책장을 넘기는 내내 나에게 소곤거리며 다가왔다. 그중 특별히 내 가슴을 뛰게 만들었던 건 바로 이 짧고 강렬한 문장 한 줄이었다.

행복이란 늘 존재하는 게 아니라
스스로 발견하는 것!

평소 내 긍정 메시지에 꼭 부합하는 말이고, 늘 그렇게 실천하려 노력하기 때문인지 그 문장이 너무나 강렬하게 다가왔다.

'불행의 유일한 돌파구는 행복의 씨앗을 뿌리는 겁니다. 그렇게 부지런히 행복의 씨앗을 뿌리다 보면 언젠가는 주변에 온통 행복의 꽃이 피어날 겁니다.'

이건 세상살이가 힘들다는 내담자들에게 건네는, 내 경험으로 빚어 만든 격언 같은 말이다. 키키 키린의 어록과 닮은 구석이 있다. 결국 행복은 내가 뿌리고 가꾼 결과물이란 소박하지만 정직한 사실이 핵심이다. 그래서인지 그녀는 자신이 배우 같지 않은 외모를 가졌음을 누구보다 잘 안다고 웃으며 말한다.

"나의 얼굴을 보세요. 이건 실수에 의한 작품이라고요(웃음).
그래도 나는 실수를 만회해 보겠다는 마음으로 살아왔어요."

무심하게 생긴 자신의 외모까지 웃음으로 승화하며 살아간 그녀
가 진정 세상을 재미있게 살아가는 사람은 아닐까. 아마 천국에서도
그녀는 영혼들을 상대로 유쾌한 농담을 할지도 모르겠다. 그들도 우
리처럼 웃음을 터뜨릴까?

7전 8기 '도전의 아이콘'인 코미디언 이봉원 형님과
'긍정의 아이콘'인 내가 의기투합해서 만든 토크 콘서트의 한 장면.
"형님은 7번 실패한 게 아니라, 7번 도전했습니다.
그러니 지금의 '봉짬뽕'의 성공을 만들었죠?"
실패를 도전으로 바꾼 긍정의 생각이
형님과 나를 한 무대에 설 수 있게 했다.

54

씩 하고 한번 웃어 봐!
그것처럼 강한 카리스마는 없어!

결코 살아서 돌아오지 못하는 공간에 갇힌 사람들의 이야기는 많다. 앞서 언급한 2차 세계 대전 때, 공군 조종사로서 임무 수행 중 비행기 불시착으로 일본군에게 잡혀 포로수용소에서 죽을 만큼 가혹한 시련을 견뎌 냈던 실존 인물 루이 잠페리니를 주인공으로 한 영화 〈언브로큰〉(2015)이나 비슷한 소재의 한국 영화 〈군함도〉(2017)는 포로수용소라는 항거 불능의 공간 이야기를 다루고 있다. 그런가 하면 〈빠삐용〉(1973)과 〈쇼생크 탈출〉(1995)은 탈출이 불가능한 감옥이라는 공동 공간에서 한계를 극복하는 사람들의 이야기며 〈로빈슨 크루소〉(1997), 〈캐스트 어웨이〉(2001), 〈마션〉(2015)은 인간이 극복할 수 있는 시련의 한계가 어디까지인지 알려 주는 대표적인 영화들이다.

그러나 영화를 쭉 관통해서 들여다보면 그 영화들이 들려주는 이야기는 결국 시련의 '즐김'이란 걸 알 수 있다. 이걸 놓치면 영화를 보는 이유를 잃어버리는 것과 같고, 발밑에 투탕카멘의 황금 마스크를 깔고 앉아 10년 동안 찾아 헤맸던 영국의 고고학자 하워드 카터와 같은 허망함까지 느낄 수도 있다. '왜?Why'라는 질문을 포기하지 않았던 카터가 결국 왕가의 계곡에서 이집트 제18왕조 12대 파라오 투탕카멘의 무덤을 찾은 것처럼, 위대한 발견의 밑바탕에는 반드시 포기하지 않는 끈기가 있는 법이다.

아우슈비츠 포로수용소에서의 생활은 한계적인 상황에서만 볼 수 있는 인간 군상의 모든 민낯을 날것으로 드러낸다. 인간이 얼마나 잔인하고 비겁해질 수 있으며, 또한 반대로 얼마나 자애로워질 수 있는가? 이 모든 것을 생생하게 볼 수 있다. 수용소 내에서 같은 수감자들을 등쳐 먹는 악랄한 지옥의 사자 '카포Capo'가 있는가 하면 같은 처지의 수감자들을 정신적으로 위로하고 지켜 주는 위대한 스승 '구루Guru'도 있었다. 그야말로 선과 악의 경연장이고 야만과 신성이 함께 뒤섞인 공간이다. 과연 그 속에서 인간은 어떤 모습을 보일까? 빅터 프랭클이 《죽음의 수용소에서》란 그의 책에서 이 이야기를 언급하지 않았다면 나는 그가 발견하고 깨달은 의미 치료를 신뢰하지 않았을지도 모른다.

아우슈비츠에서 바바리아 수용소로 이송되는 호송 열차에 동물처럼 실려 이동하는 유대인들의 모습을 상상하면 공포와 절망으로 가득한, 삶을 포기해 암울하기만 한 표정이 스치듯 떠오를 것이다. 그러나 실제 호송 열차에서는 석양빛으로 막 물들기 시작한 잘츠부르크 산의 정상을 경외하며 바라보는, 신을 닮은 인간만 있었다. 절대로 삶과 자유에 대한 모든 희망을 포기한 사람들의 얼굴은 찾아볼 수 없었다. 빅터 프랭클의 책에서 언급한, 시련 속에서 삶의 의미를 찾는 사람들의 본능적 몸짓을 읽을 수 있는 가장 감동적인 대목이었다.

그뿐만 아니다. 어느 날 저녁 죽도록 힘든 노동에 시달려 늘어진 몸으로 막사 바닥에 앉아 수프를 먹고 있는 유대인들에게 동료 한 명이 달려와 모두 밖으로 나오라고 소리쳤다고 한다. 무슨 큰일이 일어난 줄 알고 밖으로 뛰어나갔던 동료들 앞에 펼쳐진 광경은 점호장 너머로 지는 아름다운 석양의 노을빛이었다. 감동으로 한동안 침묵이 흘렀다. 이어 사람들 사이로 새어 나온 작은 감탄사!

"아! 세상이 이렇게 아름다울 수도 있다니!"

희망과 꿈 그리고 내일이 소멸된 사람들에게서 나올 수 있으리라고는 결코 상상 못 할 감탄사다. 어떻게 이런 상황과 환경에서 이토록 아름다운 말이 나올 수 있단 말인가? 도저히 머리로 이해할 수 없어 가슴으로 이해해 보려고 노력했지만 그것도 어렵다. 세상살이의 단수가 9단이 넘어야 도달할 수 있는 경지의 말인가? 아니면 모든 걸 내려놓은 자만이 느낄 수 있는 신성神性의 경지인가?

아무튼 이 짧은 스토리는 바쁜 일상에 찌든 나를 바꾸었고, 나의 강연을 듣는 모든 사람을 바꾸었고, 나중에는 세상을 바꾸는 위대한 순간이 되었다. 또한 나의 모든 오만과 세상의 편견을 내려놓게 한 결정적 한 방이 되었다.

그래! 자유의지는 즐김의 미학美學인지도 모른다. 직면의 맛으로 숙성된 즐김의 미학 말이다.

55

마지막 포옹

교통사고 트라우마 대상자들을 위한 심리 치료 등의 이유로 병원에 자주 갔다. 몸이 아픈 환자들이 대부분이지만 시간이 지나면 마음이 아픈 환자들이 더 많아지는 곳이 이곳이다. 긴 병에 효자 없다고 가족 간의 갈등, 경제적 이유 등으로 병실에는 혼자 투병하는 환자들이 더 많다. 고독과 외로움까지도 견디고 싸워야 한다.

병마와 싸우는 그들을 마주하다 보면 환우들이 가장 고마워하는 것은 자신들의 이야기를 온전히 들어 주고 공감해 주는 것이다.

그런 활동 중 특별히 내 기억 속에 오래도록 남아 있는 환자가 있다. 80대 중반의 할머니가 교통사고로 병원에 입원하셨다. 장기 입원 자다. 아들이 한 명 있었지만 바쁜 탓에 늘 혼자 계셨다. 자주 방문한 탓인지 특별히 나를 반겨 주셨다. 내가 자신의 아들하고 비슷한 또래 라고 하시고 꼭 아들을 기다리는 것 같은 마음이라며 나를 한결같이 기다려 주셨다.

7일째 방문하는 날, 그날따라 할머니는 기침도 하시고 많이 아프셨다. 몸과 마음이 동시에 지친 듯 보였다. 무엇이 고마웠는지 모르겠지만 병실을 나가려는 나를 꼭 한번 안아 보고 싶다고 하셨다. 그래서 마음으로 쾌유를 빌며 어머니를 안아 주듯 꼭 안아 드렸더니 고맙다며 한참을 우셨다.

"교수님, 사실 저는 한 번도 우리 아들이 절 안아 준 적이 없어요."

"물론 저의 손 한 번 따습게 잡아 준 기억도 없고요."

조용히 눈물을 훔치는 늙은 할머니의 쳐진 어깨가 너무 안쓰러웠다. 병실을 나서면서 나도 모르게 눈물이 흘렀다. 아들의 차가운 정서가 늘 불편하셨을 할머니의 몸과 마음에 신경이 쓰였다.

많은 사람을 상담하고 심리 치료를 하다 보니 비슷한 환경 속에서 성장한 성인들의 정서가 한 끗 차이로 달라지는 건 어린 시절 부모 혹은 가족 간의 응원과 지지 그리고 따뜻한 포옹의 기억 유무에 달려 있다는 걸 알았다.

따뜻한 사랑을 받아 본 기억이 없는 이들은 사랑을 나누는 방법을 모른다. 따뜻한 정서와 감각의 기억은 그런 것이다.

1940년대에 사랑의 본질을 최초로 연구한 실험이 있었다. 심리학자 해리 할로는 새끼 원숭이 실험을 통해서 스킨십과 사랑의 본질을 알아보려 했다. 그는 두 개의 우리를 만들어 놓고 그 안에 원숭이 새끼를 넣었다. 그리고 한쪽 우리에는 철사로, 또 한쪽 우리에는 헝겊으로 어미 원숭이 모형을 만들어 놓았다. 더불어 철사 모형에만 우유를 먹을 수 있는 장치가 포함됐다.

놀라운 것은 대부분의 새끼 원숭이들이 모두 헝겊 원숭이 모형 쪽으로 몰려가 머물렀다는 사실이다. 조금 성장해서는 우유를 먹을 때만 철사 모형 쪽으로 이동했다가 다시 헝겊 모형의 어미 원숭이 쪽으로 이동했다. 이 실험을 통해 음식보다는 안정감이, 접촉을 통한 감각이 우선시된다는 결론이 내려졌다.

심지어 다양한 원숭이 애착 실험에서 철사 모형 우리에서만 지낸 새끼 원숭이들의 설사 비율이 상대적으로 높았고, 성장하면서 폭력성도 더 많이 보였다고 한다. 차가운 정서가 새끼 원숭이들의 감정에도 영향을 미쳤다는 결론이다.

아이가 엄마의 품에서 따뜻한 시선과 사랑의 체온을 온몸으로 느끼며, 엄마의 심장 박동 소리를 느끼며 젖을 먹던 기억은 세상에서 가장 맛있고 안전한 시간이었을 것이다. 시선을 마주하며 웃고, 손을 잡고, 안아 주는 가장 기본적인 상호 접촉은 나와 상대가 함께 보내는 세상에서 가장 아름다운 시간이다. 유년 때나 성인 때나 그 감정과 느낌은 동일하다.

유년기 시절 돈을 벌기 위해 자식과의 교감이 적어 나중에 돈으로 보상하려 하는 부모보다는, 가난해도 사랑과 교감을 함께 나누었던 부모의 아이가 더 많은 행복을 느끼고 나눈다는 결론이다. 80년이 훨씬 더 지난 이 실험이 아직도 유효한 것은, 오은영 박사의 〈금쪽같은 내 새끼〉가 장안의 화제가 되는 것처럼 우리가 그만큼 사랑과 애정을 갈구한다는 증거가 아닐까?

어머니가 폐암 4기로 돌아가시기 전 가족회의를 했다. 어머니의 마지막 유언은 분명했다.

"난 절대로 요양원에 안 갈란다. 집에서 가고 싶다!"

가족회의 끝에 집에서 모시기로 결정했다. 누님이 월요일부터 목요일 오전까지 어머니를 모시고, 내가 대학 강의를 목요일 오전까지만 짜고 목요일 오후부터 일요일 점심까지 어머니를 지키기로 합의했다. 사시는 동안 최대한 먹고 싶은 것, 가 보고 싶은 곳 모두를 건강이 허락하는 시간까지 함께 나누었다. 그리고 집으로 돌아올 때마다 포옹을 하면서 어머니와 수백 번의 짧은 이별을 나누었다. 돌아가시기 이틀 전, 병원 응급실에서 얼핏 나를 바라본 어머니께서 비몽사몽간에 두 팔을 높이 들고 웃으며 내게 안기시던 그 따뜻한 포옹이 나와 어머니의 마지막 포옹이었다.

6개월 동안 수백 번도 더 안아 드렸지만 여전히 안고 싶다. 깊게 파인 얼굴의 주름을 어루만지고 싶다. 사랑은 그런 것이다. 그리움은 그런 것이다.

우리의 삶이 지치고 힘들 때 우린 본능적으로 자기방어를 한다. '나만 힘든 게 아니야! 모두가 나처럼 힘들 거야!' 그리고 자신과 비슷한 처지의 영웅을 찾거나 나를 위로하는 글과 영상에 시선이 자주 머문다. 본능이다. 그리고 그 이야기 속 인물을 통해 나를 보거나 그들의 어록 속에서 위안과 위로를 얻는다. 영웅의 시련과 고난은 자신의 모습이 되고 영웅담은 자신의 이야기가 된다. 이런 긍정의 방어 기제는 엄청난 성장의 원동력이 된다. 위로는 그런 것이다.

내 어린 시절의 영웅은 이현세 작가의 만화 《공포의 외인구단》에 나오는 까치, 오혜성이었다. 일찍 어머니가 돌아가시고 그 충격으로 폭력적로 변한 술주정뱅이 홀아버지 밑에서 외롭게 자란 아이. 반항적인 눈빛, 분노와 독기가 실린 야구공. 만화 속에 나오는 카리스마 넘치는 까치는 거칠 현실을 야성으로 살아가는 킬리만자로의 표범, 딱 그 모습이었다. 던지는 공 하나에 분노와 슬픔, 그리고 사랑을 실었던 까치의 살아 있는 손끝의 집중력은 자신의 슬픈 과거를 지우는 거친 몸짓이었다.

때론, 우연히 찾은 자신만의 영웅이 벼랑 끝 9회 말 투 아웃 상황에서 처음으로 1루 주자로 나간 자신을 구원해 주는 전설의 홈런 타자가 될 수 도 있다. 마지막까지 우리의 영웅을 찾는 걸 포기하지 말아야 한다.

지치고 힘들 때
나처럼 한번 해 볼래?

56

부정 감정을 긍정 감정으로 쉽게 바꾸는 방법

세상에는 가장 쉽고도 어려운 일이 하나 있다. 그 일은 무엇일까?

이런 질문을 받는다면 여러분은 과연 어떤 답을 적을까? 물론 사람마다 정답이 다르겠지만 심리와 상담을 전공하는 내 대답은 늘 똑같다. 부정 감정을 긍정 감정으로 바꾸는 것. 내가 내린 결론을 특별히 부정할 사람은 많지 않을 거라 생각한다. 하지만 그 일이 결코 쉽지 않다는 것 또한 우리는 잘 알고 있다. 세상의 많은 일들이 내 생각대로, 내 주문대로 술술 풀리지 않는다는 걸 살면서 너무 많이 경험했기 때문이다. 하지만 세상일이 내 것이 아니라서 내 마음대로 바꿀 수 없다면, 내 마음은 내 것인데 왜 내 마음대로 못 바꿀까? 이런 생각도 여러 번 해 보았을 것이다.

자! 그럼 우리는 이렇게 명쾌하고 단순한 진리를 잘 알고 있음에도 불구하고 생각의 채널을 왜 쉽게 바꾸지 못할까? 시간과 돈이 드는 것도 아닌데 말이다. 그 이유는 인간의 오랜 삶의 경험 때문이다.

인류는 이 땅에서 오랫동안 거친 삶을 살아왔다. 그리고 자기방어와 부정적 생각(의심)을 가지며 조심스럽게 살아온 사람들의 생존 확률이 높다는 걸 경험으로 알았다. 소위 용기란 명분으로 겁 없이 나섰다가 명을 재촉한 사람들이 수없이 보았기 때문이다. 그러니 당연히 조심조심, 적당히, 안정적으로 그리고 모든 걸 의심하며 사는 게 자신의 생명을 지키는 가장 현명한 길이라는 걸 알았다.

시간이 흐르면서 이 방어적 경험들은 인간의 DNA에 깊이 각인이 되었다. 소위 생존 진화론이다. 그래서 오랜 경륜과 역사를 가진 부정 생각을 긍정 생각으로 채널을 확 바꾸기 위해선 과감한 '용기'와 '실천'이 필요하다.

얼마 전 친한 지인으로부터 전화가 왔다.

"집 밖으로 나설 때마다 걱정 때문에 일을 제대로 못 봅니다. 가스 밸브는 잠갔는지, 문단속은 잘했는지, 불은 껐는지……."

치매는 아닌데 모든 게 불안하다고 했다. 결국은 외출하다 말고 다시 들어가 모든 걸 한 번 더 확인하고 나서야 마음이 놓인다고 했다. 불안 장애의 전형적인 사례다. 이게 연결되어 평소에도 가족 걱정, 일 걱정 등 하루 종일 걱정하는 게 일상이 되었다. 그래서 가장 심각한 외출 후 집안 걱정부터 해결하기로 했다.

"포스트잇에 '밸브 확인! 전등 확인! 문단속 확인!'을 적어 현관문에 붙여 놓고 나갈 때마다 소리 내어 복창하시고 나가시면 됩니다. 딱 그렇게 일주일만 하시면 절대 두 번 돌아오시는 일은 없을 겁니다. 단, 꼭 소리 내어 복창하셔야 합니다."

단단히 주의를 준 덕분인지 한 달 지나서 전화가 왔다. 덕분에 이제는 마음 놓고 외출하게 되었다고 한다. 불안을 없애는 가장 **빠른** 방법은 확신이다. 그분에게 복창을 요구했던 이유는 일종의 자기 최면을 통한 확신을 심기 위해서였다. 한 달이면 행동이 습관이 되기 가장 완벽한 시간이다. 결국 그분은 한 달 만에 자기 믿음을 완성했다.

사람들이 하는 많은 걱정을 비율로 환산해 보았다. 그랬더니 놀라운 결과가 나왔다. 사람들의 걱정 중 99% 이상이 지금 상황에는 전혀 필요하지 않은 걱정이었기 때문이다. 걱정의 40%는 오지도 않는 미래에 관한 걱정이었고, 30%는 이미 지나간 과거에 관한 걱정이었다. 22%는 생활 중 부족한 부분에 대한 걱정, 4%는 절대로 바뀌지 않는 일에 대한 걱정, 그리고 나머지 3%는 지금 내가 하고 있는 일에 대한 걱정이었다. 하버드대학교 심리학과에서 나온 통계이니 믿을 수 있다.

- 지금 내가 하고 있는 걱정이 나에게 진짜 중요한 일인가?
- 내 불안과 걱정이 과연 적절한 걱정인가?
- 지금 내가 걱정함으로써 이 상황을 바꿀 수 있는가?
- 나의 걱정이 정말로 가치 있는 일인가?

걱정이 든다면 위와 같은 질문을 따져 봐야 한다. 스스로에게 던진 4가지 질문에서 단 하나라도 '아니다'라는 대답이 나오면 미련 없이 불안과 걱정을 버려야 한다. 그것보다는 지금 내가 당장 해결할 수 있는 일을 처리하는 데 집중하고 몰입하는 것이 더 효과적이기 때문이

다. 걱정하기 전 반드시 확인하자. 그리고 모든 게 'OK'가 아니라면
단호히 걱정을 끊어라! 그리고 땀을 흘릴 수 있는 몸의 활동에 집중하
라. 그럼 거짓말처럼 부정 감정이 긍정 감정으로 바뀔 것이다. '걱정
해서 걱정이 없어지면 걱정이 없겠다'는 성철 스님의 말씀이 가슴에
와 닿는다.

57

마음의 안전지대는 생명의 안전벨트

슬픔은 예고가 없다. 어떤 일들이 우리에게 닥칠지 아무도 모른다. 사소한 인간관계의 '인적 재난'에서부터 주변에서 흔히 일어나는 '사회적 재난', 화재나 태풍 같은 '자연 재난'까지 재난의 얼굴은 늘 평범한 가면을 쓰고 나타난다. 얼굴은 서로 다르지만 고통의 크기는 언제나 똑같다.

하지만 우리는 오랫동안 눈에 보이는 상처만 열심히 치료했고 눈에 보이지 않는 상처는 방치해 왔다. 보이지 않는다고 상처가 없는 것은 아니다. 마음의 상처는 몸의 상처보다 더 깊고 오래간다. 몸의 병이든 마음의 병이든 치료 적기가 있다. 우리는 그것을 '결정적 시기'라 한다. 시기를 놓친 병들은 상처를 남긴다. 70년이라는 물리적 시간이 지났지만 상처의 딱지가 아직도 붙어 있는 위안부 할머니들······. 깊은 밤이 되어도 불을 켜 놓고 자야 하는 대구 지하철의 일부 생존자들……. 어릴 적 웅덩이에 빠진 이후 물 근처만 가도 몸이 굳어 버리는 내 경우까지……. 치료의 결정적 시기를 놓친 사람들의 마음에는 어둡고 까만 돌이 하나씩 있다.

감기를 방치하면 독감이 된다. 그 독감을 또 방치하면 폐렴이 된다. 폐렴의 끝은 사망이다. 등식이 조금 극단적이지만 틀린 답은 아니다. 코로나19에서 보았듯이 면역력이 약한 사람들에게 폐렴은 죽음이었다. 마음도 똑같다. 초기 우울감을 방치하면 우울증이 되고 그 우울증을 방치하면 불안 장애, 공황 장애가 온다. 지독한 불안 장애, 공황 장애의 끝도 사망이다. 좀 더 정확히 말하면 자살이다. 이것이 우리가 마음의 상처를 방치하지 말아야 하는 이유다.

면역력은 병을 이겨 내는 가장 강력한 무기다. 세균을 잡아먹는 백혈구의 일종인 호중구와 대식 세포, 항체를 발사해 세균을 죽이는 T 세포와 B 세포 등은 건강한 사람이면 모두 가지고 있는 면역 세포들이다. 하지만 마음의 면역은 모두에게 주어진 선물이 아니다. 반드시 스스로 만들어야 하는 일종의 '미션'이다.

그래서 내가 만든 것이 '마음의 안전지대Safe Zone' 치료 활동 프로그램이다. 트라우마로 지친 내담자들이 가장 좋아했던 프로그램이면서 만족도도 가장 큰 활동이었다.

어릴 적 방 안에서 박스로 어설프게 집을 만들어 놓고 그 안에서 잠을 자며 안정감을 느꼈던 추억은 물리적 안전지대의 경험이었다. 세상살이가 지치고 힘들 때 수화기 너머 어머니의 목소리와 향기는 애절한 우리의 정신적 안전지대였다. 안전지대는 이처럼 내가 안정감을 느끼고 나를 행복하게 만들어 주는 물리적 공간이면서 또한 정신적 공간이다.

"혹시 어디에 가면 가장 마음이 편해지십니까?"

"어떤 생각을 했을 때 가장 기분이 좋아지십니까?"

상담을 하면서 의외로 많은 사람이 자신만의 안전지대가 없었다는 것에 놀랐다. 정확히 말하면 상실했다. 상담사들처럼 모든 사람이 세세한 부분까지 마음을 챙길 수는 없겠지만 당신이 지금 만든 마음의 안식처는 분명 생활의 활력이 된다.

베타 엔도르핀이 정신의 안정감을 가져다주고 부신 피질 호르몬이 신체적 이완을 가져다주는 것처럼, 물리적 안전지대는 몸의 긴장을 풀어 주고 심리적 안전지대는 정신의 긴장을 풀어 준다. 몸과 마음의 이완이라는 안전지대의 선정은 교양 선택이 아니라 전공 필수 같은 것이다.

물리적 공간의 안전지대로 추천하는 세 곳은 집과 카페, 그리고 야외 공간까지 3곳이다. 집은 가장 가까운 곳에 내가 직접 만들 수 있는 물리적 안전 공간이고, 카페와 야외 공간은 외부의 물리적 안전 공간이다.

집에는 가장 작고 아담한 곳에 쉼터 같은 공간을 만든다. 그곳에는 힐링이 되는 소품 몇 점과 따뜻한 조명, 그리고 아늑한 소파만 있으면 끝이다. 가능한 한 미니멀하게 만드는 게 팁이다. 텅 빈 공간이 주는 여백의 울림은 뇌가 위로받는 최고의 시간이다. 너무 황량하다고 생각하지 마라, 그 공간은 당신의 감성으로 얼마든지 채울 수 있다. 빈 공간에서의 멍 때림! 최고의 세이프 존은 의외로 쉽게 만들 수 있다.

집과 카페에서 즐기는 세이프 존이 정적 의미의 안전지대라면 야외 공간은 동적 의미의 안전지대다. 공원 숲길을 따라 걷는 시간은 운동과 명상의 복합적 체험이다. 여기에 명상적 몰입만 살짝 넣으면 동적 명상이 완성된다. 서울시 한강사업본부가 2015년부터 주최한 '멍 때리기 대회'도 멍 때리기의 최고봉인 '불멍'도 스스로 휴식을 찾으려는 뇌의 치유 기능이 아닐까? 일종의 '인지의 해방'처럼 말이다. 때론 '격하게 아무것도 안 하고 싶다'는 카피처럼……. '분발'이니 '책임감' 따위는 생각하지 마라! 오로지 자신만을 생각하고 위로하면 된다. 전쟁터 같은 세상에서 살아가고 있는 우리는 그것을 누릴 충분한 자격이 있다.

58

심리적 트라우마는
반드시 극복된다!

세월호, 코로나 19, 이태원 참사까지 다양한 형태로 트라우마를 경험
했다.

악몽 같은 사고는 우리 모두에게 깊은 상처를 남긴다. 특히, 이태
원 참사는 세월호의 아픔과 긴 코로나 19의 블루를 막 통과한 시점이
라 상처가 더 컸다. 현장에 참가했던 수많은 사람은 물론이고 보도를
통해서 실시간으로 올라오는 영상은 일반 시민들까지 트라우마에 시
달리게 만들었다. 나는 2014년 세월호 때부터 지금까지 국가 재난 트
라우마 현장에서 시민들을 상담하고 치유했다. 방치한 트라우마가
남기는 상처의 깊이를 알기에 반드시 그 짐을 벗겨 드리고 싶었다.

결론부터 말하자면 트라우마는 분명히 치유가 된다. 85%의 사람
들은 시간이 지나면 인간이 가진 '회복 탄력성'의 힘으로 이겨 낸다.
그러니 너무 걱정하지 마라. 하지만 트라우마를 경험한 대상자들 중

약 15%는 외상 후 스트레스 장애PTSD를 겪는다는 걸 반드시 기억해야 한다. 현장에서 살아 돌아온 피해자들이나 사망을 직접 현장을 목격하신 분들과 유족들은 직접적인 피해 당사자들이다. 또한 그런 경우가 아니더라도 공감 능력이 뛰어나거나 과거에 트라우마 상황을 경험하신 분들은 간접적인 당사자들이다. 우리는 그분들을 급성 스트레스 장애 위험군이라 부른다. 신체에 발생한 상처가 사람에게 흔적을 남기듯이 마음에 발생한 상처도 반드시 흔적을 남긴다. 심리 상담의 적기를 놓쳐서 안 되는 이유가 여기에 있다.

2016년 경주에서 발생한 지진으로 주민들을 상대로 심리 상담을 할 때 일이다. 나와 비슷한 또래의 50대 남성을 상담하는데, 그분의 심리적 불안감은 특별히 높았고 강했다. 집안에 있는 모든 가전제품과 가구를 전부 노끈이나 테이프로 결박에 가깝게 묶어 놓을 정도였다. 많은 사람이 말려 보았지만, 그렇게 하지 않으면 불안해서 잠을 잘 수 없다고 요지부동이었다. 상담을 하면서 나는 그분이 어린 시절 높은 곳에서 떨어진 경험이 있다는 걸 확인했다. 그때 받은 충격을 치유하지 못하고 지금까지 온 것이 원인이었다. 치유되지 않은 트라우마는 언제든 새로운 트라우마가 발생하면 되살아나 더욱 더 강력한 힘으로 스스로를 괴롭힌다는 걸 현장에서 여러 번 목격했다. 우리는 그것을 '중첩된 트라우마의 발현'이라고 부른다.

급성 트라우마의 증상은 다음과 같다. 이유 없는 불안과 공포, 분노와 같은 현상을 트라우마 정서 반응이라고 부른다. 또 심장이 두근거리고 호흡이 가빠지면서 식은땀이 나고 식욕이 현저하게 떨어지거나 의식이 무뎌지는 현상은 신체 반응이라고 한다. 마지막으로 계속

해서 사고 장면이 연상되거나 악몽을 꾸는 현상은 행동 반응이라고 부른다. 이런 정서, 신체, 행동의 반응들이 일상생활을 하지 못할 정도로 일어나면 반드시 가까운 병원에서 전문가의 진단을 받아야 한다.

하지만 병원에 가기 전 할 수 있는 셀프 치료법이 있다. 효과는 의외로 좋다. 모든 심리적 증상은 예고 없이 온다. 몸이 굳고 갑자기 호흡이 가빠지면 공황이 온다는 뜻이다. 그럴 때 이 세 가지 방법을 즉시 행동으로 옮겨라. 공황을 이기는 건 건강하고 안전한 몸의 기억을 정확히 각인시키는 빠른 행동뿐이다.

첫 번째는 호흡이다. 조용한 공간에 소파나 의자에 앉아 몸과 마음을 잠시 이완시킨다. 이후 코로 깊게 숨을 들여 마시고 입으로 길게 천천히 내쉰다. 이때, 머릿속으로 하나에서 일곱까지 숫자를 헤아린다. 포인트는 호흡과 머리의 숫자 세기가 동시에 이루어진다는 점이다. 이걸 10회 정도 몰입해서 하면 거짓말처럼 불안감이 가라앉는다.

두 번째는 자신을 포옹하며 토닥이고 위로하는 셀프 허그다. 트라우마의 가장 많은 병변 형태는 불안이다. 불안이 심해지면 공포가 되고 그 공포는 공황 장애가 된다. 불안이 공포가 되기 전에 차단해야 한다. 추울 때 자신의 몸을 움츠리는 모습이라고 생각하면 된다. 그리고 동시에 조용히 당신의 삶 속에 묻혀 있었던 몸이 승리한 기억들을 떠올려라. 승리의 기억이 몸과 마음에 퍼지는 순간, 트라우마는 당신에게 복종할 것이다.

그리고 세 번째 방법. 왼손을 펼친 상태에서 살포시 말아 쥐면 새끼손가락과 약지손가락이 만나는 중간 지점이 있다. 그곳을 반대 손 엄지손가락으로 지그시 1초에 한 번씩 총 10회를 숫자를 세며 누르면서 맨 마지막은 약간 큰 소리로 '10'이라고 크게 외치는 것이다. 이 자리가 한의학에서 우황청심환 혈 자리인 '소부혈小府穴'이다. 혈을 누르고 숫자를 생각하며 말하는 건 머리와 몸을 동시에 쓰는 활동이다. 불안의 공포가 오는 순간 몸이 경직된다는 사실을 이미 내 몸의 기억으로 알고 있다. 이걸 빠르게 차단해 주는 것이 바로 다른 긍정의 시그널을 주입하는 몸의 집중과 몰입이다. 소위 몸의 '이이제이以夷制夷' 전략이다.

트라우마와 공황을 극복하는 방법, 그것도 결국 내 안에 있는 긍정 회복력을 얼마나 빠르게 꺼내는가에 따른 몸의 숙련에 있다.

59

느림! 위대한 치유의 힘

- 일상의 삶에 지쳤을 때 당신은 어디로 가는가?
- 마음이 길을 잃고 헤맬 때 여러분은 어디로 가는가?

이 두 가지 질문에 대답할 곳을 분명히 아는 사람은 행복한 사람이다. 숨 가쁘게 달려온 어제. 미친 듯이 바쁜 일을 끝낸 오늘. 당신의 몸과 마음이 간절히 쉼표를 원한다면 그건 손에 꼭 쥔 펜을 내려놓으라는 신호다.

몇 년 전의 일이다. 코로나 전 내 50대 중반은 강렬했다. 슈퍼맨과 아이언맨의 중간 즈음을 달렸다. 전국에서 들어오는 한 달 평균 10곳의 강연 요청을 온전히 소화했다. 대학 강의 중간에 집필과 작품 활동까지 몸과 마음을 모두 기울였다. 그 사이를 쪼개 꼬박꼬박 운동도 하고 봉사도 다니고 창업까지 했으니 주변에선 나를 워커홀릭이라고 불렀다. 그것 때문에 2021년에 '대한민국 스승상'까지 받았으니 후회는 없으려나?

하지만 후유증은 컸다. 뇌가 셧다운되었다. 쉼이 필요하다고 신호를 보내왔다. 어디로 갈까? 무엇을 할까? 고민하던 중 스스로에게 물었다. 내가 뭘 할 때가 가장 행복하지? 그 질문으로 찾은 내 대답에 내가 놀랐다.

아무 계획도 세우지 말고
가장 행복했던 시간 속으로 들어가 보기

종이에 키워드를 썼다. 군불 때기, 늦잠 자기, 천천히 걷기, 하늘 보기 그리고 빈둥거리기. 아마 이 글을 읽는 독자들은 나를 참 유별나다고 할지 모르겠다. 어떤 독자는 그게 무슨 휴식이냐고 웃을 것 같다. 그래도 해 보기로 했다. 내 몸이 원하는 소원, 전남 해남의 겨울 군불 때기 프로젝트는 그렇게 시작되었다.

저녁 어스름 시간, 땅끝 마을 전남 해남. 시내에서도 한참을 떨어진 한옥 집에 도착했다. 인심 좋은 주인장이 알려 주는 간단한 주의 사항을 듣고, 솔잎으로 시작해서 작은 마른 가지를 넣었다. 불이 일어나면 조금 큰 가지를 넣고 마지막에 소나무 장작을 가져다 넣었다. 세상에서 제일 재밌는 일 중 하나가 불구경이라고 했다지? 불구경을 넘어 '불멍'까지 가면 최고의 힐링 타임에 도달하게 된다. 다른 나무와 달리 소나무와 잣나무가 최고의 화목으로 꼽히는 이유는 소리에 향기가 더해지기 때문이다. 부엌문 틈새로 들어온 겨울바람에 코끝은 시렸지만, 바람을 타고 불길이 아궁이를 지나 고래 굴로 깊이깊이 들어가는 모습은 감동이었다. 타다닥 타다닥, 송진과 함께 불붙은 나무가 내는 소리는 세상의 시름을 잊게 만드는 최상의 ASMR이다. 때마침 소리 없이 내리는 눈은 금세 마당을 하얗게 바꾸었다. 빨갛게 숯이 된 앞쪽에 포일로 싼 고구마 두 개를 묻어 놓고 한옥 중방으로 들어왔다. 한 부분만 콩 땜한 황색 장지가 새까맣게 탔다. 그곳이 아랫목 자리라는 표식이다. 중방의 미닫이 격자문을 여니 침묵으로 떨어지는 눈이 경이롭게 다가왔다. '아, 세상에 이렇게 아름다울 수가', '너무 좋다', '너무 좋아'. 그 짧은 시간에 얼마나 많은 감탄사를 혼자 중얼거렸는지 모른다.

2시간 동안 넣은 군불은 오래된 한옥의 중방을 뜨끈뜨끈하게 데웠다. 얇은 요를 깔지 않았다면 데일 정도의 뜨거움이었다. 따뜻한 아랫목에 얼굴만 내어놓고 말없이 30분을 밖만 쳐다보았다. 눈을 머리에 얹은 낮은 돌담너머로 수평의 산과 들. 산과 들 사이에 두어 그루 소나무가 사이좋은 가족처럼 서 있을 뿐 걸림이라곤 없다. 그곳에선 시간이 길을 잃는다.

내가 묵은 한옥 중방엔 TV가 없었다. 심심하지 않았냐고? 천만에. 텅 빈 공간과 텅 빈 시간이 주는 귀함에 시간 가는 줄 몰랐다. 군불 때고 장작 패는 정도의 작은 노동은 지친 몸을 치유하는 재활의 시간이었다. '불멍' 하고 눈 내리는 밖을 무심히 바라보는 시간은 마음을 치유하는 힐링의 시간이었다. 도시에선 시간이 나를 삼키지만 이곳에선 침묵이 시간을 삼킨다. 아침 9시가 훌쩍 넘어 잠에서 깼다. 무슨 대수일까? 작정하고 떠난 느림의 여행에서 시간은 의미가 없다. 중방

미닫이문을 열어젖히니 아침 햇살이 방안까지 주인 허락도 없이 들어왔다. 1월 한겨울의 아침 햇살이 맛있게 따습다. 그렇게 며칠을 보냈다.

자연을 다치게 하지 않고 지세에 순응해 세운 대흥사에서 유배 간 천하의 명필 추사도 만나고 이광사도 만났다. 어디 그뿐인가? 그물에 걸리지 않는 바람처럼, 소리에 놀라지 않는 사자처럼 두륜산의 바람이 걸리는 곳에서 초의선사도 만났다. 그래서인지 대흥사의 모퉁이에서 인문학의 향기가 났다.

시간이 멈춘 오후, 한 걸음 한 걸음 그렇게 낯선 길을 걸었다. 걸음을 바꿔 천천히 도착한 한옥 부엌 아궁이에 다시 불을 지피며 또 하루를 감사했다. 지금 여기 바로 이 느림의 시간이 나를 위로하고 치료하는 세상에서 가장 아름다운 순간이라고……. 불꽃은 내 귓속에다 간지럽게 속살거렸다.

텅 빈 가슴속에 감사함이 소리 없이 자리한다.

60

네 잘못이 아니야

"교…… 교수님! 숨을 쉴 수가 없습니다!"

"자…… 잠시, 나가도 되겠습니까?"

대학 전공 수업 첫날 가쁜 숨을 몰아쉬던 K군의 행동에 나를 비롯한 모든 학생들은 충격을 받았다. 아마 대학 교수 시절 전부를 통틀어 가장 놀랐던 순간으로 기억한다. 그만큼 K군과의 첫 만남은 강렬했다. 중학교 때부터 6년 동안 공황 장애를 겪었고 대학에 들어올 즈음엔 그 증상이 가장 심할 때였으니 K군의 고통과 괴로움이 상상이 가고도 남는다.

가슴을 쥐어짜는 호흡 곤란을 시작으로 온몸이 땀으로 범벅되는 건 물론 곧 죽을 것만 같은 극도의 불안 증상까지 단 하루도 맘 편히 보낸 날이 없었던 학생이었다. 이렇듯 일반적 공황 발작의 주요 증상을 대부분 가지고 있는 중증 환자였고 여기에 틱 장애 증상까지 가지고 있었다. 그럼에도 불구하고 K군은 누구보다 상담 공부를 하고 싶어 했다. 그래서 더 도움을 주고 싶었고 애착이 갔던 학생이었다.

고향을 떠나 자취 생활을 하면서 하루하루를 시시포스의 고통 속에서 살았다. 그에게 미래란 희망의 핑크색이 아니라 그저 닥쳐올 슬프고 어두운 그림자 같은 고통의 시간이었다. 그럼에도 불구하고 청소년들에게 좋은 상담사가 되겠다고 상담학과에 들어온 참 심성이 착한 학생이었다. 안타깝게도 자신의 의지와 상관없이 몸이 통제되지 않는 결정적인 고통 하나만 빼곤 말이다.

"이건 네 잘못이 아니야. 너의 의지가 약해서는 더욱 아니야. 우리 몸이 아픈 것처럼 그냥 네 마음이 아픈 것뿐이야. 결코 네 탓이 아니니 우리 절대로 여기서 포기하지 말자, 응!"

다행히 K군은 내 바람대로 잘 견뎌 주었고 한 걸음, 한 걸음 앞으로 나아갔다. 하지만 과거 6년간 약을 먹고도 치료가 되지 않았고 거듭된 학교 밖 상담의 실패는 K군을 깊은 좌절의 늪에 빠지게 했다. 당연히 그런 요인들의 축적이 자신과의 싸움에 걸림돌이 되었다.

공황 장애라는 게 하루아침에 증상이 호전되지는 않는다. 많은 시간과 자신의 노력은 물론 가족들의 협조도 동시에 요구되는 병이다. 호전의 기미가 보이지 않는 지난한 시간에 본인은 물론 가족들도 지쳐 갔다. 아버지는 모든 것이 자신의 잘못인 양 자책했고 어머니는 어머니대로 아들과 다투는 일이 많아졌다. 급기야 K군의 상태에 진전이 보이지 않고 더 악화되는 마음과 대학 생활에 힘들어하는 K군의 모습을 보고 가족들은 휴학을 결정했다.

마침 학과장이었던 나에게 K군의 아버지가 휴학을 하겠다고 전해

왔다. 하지만 내 생각은 달랐다. 학교에서 돈 주고도 배울 수 없는 사회성을 배우고, 또래 친구들의 응원과 지지를 온몸으로 받는 최고의 환경에도 불구하고 여기서 포기한다면 아이가 설 자리는 없다고 단호하게 말했다.

지금까지의 학교 밖 개인 상담이 머리 중심이었다면 여기서는 몸과 마음을 동시에 치료하면 된다고 아버지를 설득했다. 그럼에도 1년 동안 차도가 없다면 그때 가서 휴학해도 늦지 않을 거라고, 한 번 더 K군에게 기회를 주자고. 1년만 K군을 맡겨 주시면 반드시 일상생활이 가능하도록 만들겠다고. 내가 만든 프로그램을 바탕으로 진정성 있게 말씀드렸다. 그즈음 나의 '몸 치료' 프로그램이 완성되었고, 실제 임상 효과의 만족도도 너무 좋았기 때문에 K군의 부모님을 설득하는 데 큰 어려움은 없었다.

내가 이렇게 요청한 건 상담사를 양성하는 대학에서 제자의 공황장애조차 치료하지 못하고 휴학을 시킨다면 상담 교수로서의 면이 서지 않는다는 일종의 책임감 문제 때문이기도 했다. 가족 모두가 회의를 해서 K군의 휴학은 다행히 연기되었고, 그때부터 K군에게 맞는 심리 치료가 시작되었다.

마음에서 몸으로, 몸에서 또 마음으로 번갈아 가면서 심리 치료를 전개했다. 특별히 K군에겐 몸과 마음을 동시에 쓰는 음악 치료와 운동 치료를 함께 실시했다. 음악 치료는 음악을 특별히 좋아했던 K군을 위한 맞춤 치료였고, 운동 치료는 자신감과 자존감을 동시에 올려주는 최고의 치료법이었다. 그리고 행동 수정 치료법으로 직면하는 훈련과 대화 훈련을 동시에 진행했다. 칭찬과 응원, 지지와 격려는

K군에게 주는 애피타이저 같은 선물이었다. 물론 이 모든 작업은 동료 교수님들의 협조와 학과 내 학생들의 조력이 있었기에 가능했다. 음악 치료와 운동 치료 미션이 K군에게 특별히 잘 맞았다. K군이 좋아하는 쪽으로 미션을 주고 상담을 할 때면 K군의 표정이 그 어느 때보다 밝고 환했다.

하루하루 지나면서 K군의 모습이 눈에 띄게 달라졌다. 틱 증상이 잦아들었고 사람들과 눈 맞춤도 가능해졌다. 심지어 얼마 지나지 않아서는 농담까지 하는 여유도 보였다. 4학년 즈음에는 개인 발표도 누구보다 잘했다. 오랜만에 보는 사람들은 그의 변신에 크게 놀라워했고 처음 보는 사람은 K군이 6년 동안 공황으로 힘들어했다는 사실조차 느끼지 못했다. K군의 위대한 승리였다.

졸업 때 K군 아버지를 비롯한 가족들 모두가 나를 찾아와 누가 먼저랄 것도 없이 손과 손을 마주 잡고 감동의 눈물을 흘렸다. 그 눈물은 기다림과 인내가 만든 승리의 눈물이었다. 딱, 4년 걸렸다.

고마움의 표시로 K군이 나를 위해 자신이 작곡한 음악을 선물로 주었다. 25년 교직 생활 중 가장 빛나고 소중한 순간이었고 귀한 선물이었다.

"네 잘못이 아니야. 여기서 포기하지 말자!"

이제 이 말은 나와 학생들의 영원한 희망의 증거가 되었다.

긍정혁명

신념

여학생 한 명이 상담을 왔다. 얼마 전 내 강연을 듣고 눈물까지 흘렸다고 고백한 학생이다. 자신의 부족한 표현력에 많은 아쉬움과 답답함을 가지고 있었는데 용기를 내어 온 것이다. 그 용기가 귀하고 아름답다. 수업 중 내 핸드폰을 닦는 모습을 보고 소독 티슈를 챙겨 오고 직접 구운 쿠키까지 가져왔다.

엄청난 상담 스킬과 이론으로 무장한 사람이 상담을 잘할 것 같지만 사실은 아니다. 이론과 스킬은 부족하지만 진심으로 경청하고 공감하는 능력이 뛰어난 사람이 훨씬 더 많은 사람을 변화시키고 성장시킨다.

"너는 다른 사람들의 차가운 마음을 녹이는 타고난 따뜻한 심장을 가지고 태어난 사람이야. 그건 축복이지. 여기에 너의 부족함을 솔직히 인정하고 그걸 채우기 위해 멘토를 찾는 행동은 웬만한 용기 있는 사람이 아니면 하기 힘들다. 다른 사람들은 보지 못하는 돌 속에 갇혀 있는 다비드를 보고 불필요한 부분만 툭툭 제거한 미켈란젤로처럼 위대한 마음 조각가가 될 테니 절대로 스스로를 과소평가하지 말거라!"

우리만 모르는 한 가지 사실.

내 안에 거인이 산다는 것, 그 사실을 아는 순간 우리는 거인이 된다.

인정하기 힘들지만 그거 알아?
내 안에 거인이 있다는 거

61

마음에도 근육이 필요하다

15년 전으로 기억한다. 빡빡 깎은 민머리에 곱게 다려 입은 승복과 하얀 고무신을 신은 풍채 좋은 스님이 연구실로 찾아왔다. 의외의 내담자라 놀라 본능적으로 합장을 했다. 스님께서 무슨 일로 나를 찾아왔을까? 궁금함을 감추려 애쓰며 조용히 물었다.

"스님! 어떻게 오셨습니까?"

"전…… 스님이 아닙니다. 박수무당입니다!"

의외의 대답에 당황한 건 나였다. 자신이 모시고 있는 신장들이 자주 자신의 몸에서 빠져나가서 오게 됐다고 했다.

"할아버지 신, 할머니 신, 애기동자 신까지 이렇게 세 신장님을 모시고 있는데 가끔 할머니와 할아버지가 싸워요! 그럼 할머니가 기분 나쁘다고 애기동자 신과 함께 제 몸에서 나가요. 그럼 할아버지 신장이 두 분을 찾으러 또 나갑니다. 신들이 계실 때 손님들이 오시면 괜찮은데 신들이 없을 때 손님들이 오시면 참 어렵습니다. 그래서 기본 상담을 좀 배우려고 왔습니다.”

놀라웠다. 신들의 세계를 잠시 엿본 것 같은 경외 그 이상이었다.

“주로 어떤 분들이 많이 찾아오십니까?”

“애정 관련 점사가 많습니다. 바람난 남편이 언제 돌아오는지 많이들 물으러 오십니다…….”

“그래요…… 그럼, 당신 남편은 반드시 돌아온다고 답해 드리세요. 언제쯤 돌아 오냐고 물으면 꼭, 찬바람 불 때 돌아온다고 말씀하세요.”

정성껏 상담 노하우를 알려 드리니 나갈 때 상담료 대신 복채라며 봉투를 놓고 갔다. 박수무당으로부터 받은 10만 원. 그날 난 김 보살이 되었다. 아주 특별한 경험이었다.

20대 중반으로 결혼한 지 딱 1년 된 여리고 조용한 여성이 왔다. 2시간 상담 내내 울기만 했다. 각 티슈 한 통을 혼자 다 썼다. 상담이 끝난 후 나는 생수 2리터를 단숨에 들이켰다. 시어머니의 폭언과 남편의 폭력으로 그녀는 1년 만에 걸어 다니는 송장이 되었다. 아이 때문에 이혼도 못한다고 했다. 그녀의 울음은 심장이 화살에 관통당해 고통 속에서 울부짖는 짐승의 신음소리를 닮았다.

더욱 집중해서 들었다. 울음이 몰아칠 때 난 휴지만 조용히 건넸다. 그게 내가 할 수 있는 최선이었다. 그 후에 내가 자신이 만난 상담사 중에 최고의 상담가라는 그녀가 퍼트린 소문을 들을 수 있었다. 그날 난 분명 말 한마디 하지 않았다. 내담자의 아픔을 있는 그대로 진솔하게 받아들였고 내담자의 모든 것을 무조건적으로 존중하고 있는 그대로의 모습을 수용했을 뿐이다. 그리고 내담자를 깊이 이해하려고 마음으로 경청했고 몸으로 반응했을 뿐이다. 그 진정성이 그분에게 닿았던 모양이다. 때로는 말없이 상대를 포용하고 이해하려는 훈련이 필요한 것 같다.

자신이 살아야 하는 이유를 찾지 못해 하루하루 말라비틀어진 북어포처럼 죽을 날만 기다리고 있던 말기 암 환자……. 학교를 다닐 의미를 찾지 못해 학교를 포기하겠다고 선언한 중학교 3학년 학생……. 끝없는 의부증 때문에 너무 괴로워 몇 번이고 자해를 시도한 해골 같은 모습의 중년 여성……. 평생 죽도록 고생해 번듯한 사업체를 가졌지만 5년 동안 불면증 때문에 단 하루도 편히 잠을 못 잔 중년의 사장님까지……. 모두 저마다의 아픈 사연들을 가지고 나를 찾아온다.

증상만으로 보면 모두 중증의 환자들이다. 오랫동안 묵힌 상처들은 가슴속 깊은 곳에 딱딱한 돌이 되어 단단히 박혀 버렸다. 내게 온 수 많은 사람 중 내가 기억하지 못하는 사연은 없다. 그들의 상처가 바로 나의 상처였고 그들의 잠 못 드는 이유가 모두 나의 잠 못 드는 이유였기 때문이다.

지금까지 내게 코칭이나 상담을 받으러 온 벼랑 끝에 선 분들 중에 뭐 특별한 사람들이 있는 줄 아는가? 없다! 그저 평범한 우리네 이웃들이다. 난 그들의 마음에 있던 '걸림돌'을 치워 주었고, 잃어버린 '자존감'을 찾아 주었으며, 줄어든 마음 근육을 키워 주었을 뿐이다. 경청하고 토닥이며 위로하고 보듬어 주고 직면시켰을 뿐인데 그들은 그 힘으로 천천히 일어섰다.

오랫동안 주역과 명리학을 연구하셨던 아버지께서 말씀하셨다.

"성삼아. 사람들은 운명과 행복을 결정짓는 가장 큰 게 '관상'과 '사주'인 줄 아는데, 내가 오랫동안 사주와 명리를 공부해 보니 절대로 그건 아니다. '심상'이 제일 중요하다. 나눔의 씨앗을 많이 뿌리고 겸손하면서 부지런하게 살면 운명은 결코 너를 배신하지 않을 거다. 그러니 절대로 잊어버리지 말고, 명심하고 또 명심하거라."

그들을 다시 일으켜 세운 비결은 단순하지만 강렬하다. 아버지가 내게 알려 준 '심상의 힘', 즉 긍정의 '마음 근육'을 키우는 것이었다.

62

내 마음의 주치의

한눈에 보기에도 여려 보이는 중학생이 상담을 받으러 왔다. 삐쩍 마른 몸에 키는 컸고 얼굴엔 여드름, 코밑에는 솜털이 송송하게 올라와 있었다.

"선생님들 모두 저를 포기했어요. 제가 수업 시간에 자도 이젠 아무도 안 깨워요."

학교에서 선생님도 자기를 포기했다고 씁쓸히 웃던 학생. 집에선 고등학교도 가지 않으려고 버티는 자칭 문제아였다. 하지만 내 연구실까지 스스로 찾아온, 의외로 의젓하고 맑은 눈빛을 가진 학생이었다. 부모에게 전해 들은 학생의 스토리와는 전혀 다른 이미지에 나는 '부모님과 선생님들도 아이의 내면을 들여다보지 못했구나.' 하고 직감했다.

"잘 들어, 난 상담과 코칭을 하는 동안 절대 너에게 공부를 강요하거나 도덕적 의무감을 요구하지는 않을 거야. 그냥 나이 많은 멋진 친구가 한 명 생겼다고 생각하면 돼. 다만 널 친구로 받아 줄지 돌려보낼지는 첫 번째 만남에서 이야기를 나눠 보고 선생님이 결정할 거야! 이 점만 분명히 해 두자.”

‘절대로 공부 이야기는 하지 않겠다’는 나의 말에 입꼬리가 위로 올라가는 게 보였다. 꼴찌를 밥 먹듯 했던 학생의 입장에선 듣던 중 가장 반가운 소리였을 것이다. 게다가 ‘라떼 도사’가 아니라는 말에 더 좋아하는 눈치였다. 하지만 너의 상담을 받아 줄 것인가 말 것인가는 선생님이 결정한다는 말에는 살짝 흔들리는 눈빛이 보였다.

공부도 진학도 거부한 아이에겐 그동안 무슨 일이 있었던가? 척도 검사와 심리 검사를 진행하고 무의식 검사까지 모두 마쳤다. 검사 결과를 가지고 상담하면서 아이의 내면을 들여다보니 그동안 외로웠을 아이의 감정이 고스란히 내게 전달되었다.

아이는 살면서 한 번도 선생님과 부모에게 긍정적인 지지와 응원을 받지 못했다. 학교에서는 ‘잠만 자는 아이’로, 집에서는 ‘게임만 하는 아이’로 인식되었으니 무슨 기대가 있었겠는가. 유일하게 받은 칭찬이 식당에서 아르바이트 했던 때라고 했다. 결국, 아이가 집과 학교가 아닌 밖에서 자신의 미래를 찾으려 했던 것도 이것 때문이었다. 자신을 인정해 주고 칭찬해 주는 곳에서 자신의 미래를 찾겠다는 아이의 신념……. 그 작고 외로운 자신의 집 속에 어린 박새만 혼자 살고 있었던 것이다.

나의 상담 미션은 분명하게 정리되었다. ‘작은 성취감’과 ‘칭찬’ 만들기. 성취감은 자존감과 연결되고 칭찬은 삶의 의욕과 직결되어 있다. 이 둘은 성장기 아이들에겐 마음의 단백질이다. 이 영양소가 결핍되면 '거부'와 '저항'이라는 현실과 마주하게 된다. 하지만 안타깝게도 모든 것을 학교 성적과 유교적 가치관으로 아이를 평가하는 어른들의 눈에는 정답이 보이지 않는다.

"선생님이 너에게 게임 같은 미션을 줄 텐데, 이건 어려운 일이 아니야! 할 수 있겠니?"

"무슨 미션이죠?"

"매일 아침에 일어나는 시간과 잠드는 시간만 정확히 적어서 상담 올 때마다 가져올래?"

"별로 어려운 일이 아닌데요?"

시크하게 대답한 학생은 약속대로 자는 시간과 일어나는 시간을 정확하게 적어 왔다. 참으로 신기한 건 그렇게 미션만 주었을 뿐인데 뒤죽박죽 엉망진창이었던 학생의 취침 시간과 기상 시간이 눈에 띄게 좋아졌다. 당연히, 취침 시간이 좋아진 것에 대한 칭찬이 있었던 게 아니다. 약속을 정확하게 지킨 부분에 대한 폭풍 칭찬이 따랐기 때문이다. 성취감의 맛보기는 작은 것에서부터 시작해야 한다. 비록 작은 미션이지만 성공에 따른 칭찬의 보상 덕분에 학생의 자존감은 많이 향상되었다.

내친김에 이어진 두 번째 미션은 '이불 정리하기'였다. 한 단계 업그레이드된 미션이면서 처음으로 자신을 정리하는 행동 수정의 시작이다. 처음엔 서툴렀던 이불 정리 미션도 시간이 가면서 훨씬 좋아졌고, 나중에는 시키지도 않았던 방 정리까지 완벽하게 수행했다. 당연히 이어진 폭풍 칭찬은 보너스였다.

　작은 행동 수정 하나에 습관이 바뀌었고, 10주 후 학생은 180도 달라졌다. 고등학교를 가지 않겠다고 고집 피우던 아이가 대학 가서 무엇을 전공할지를 생각했고, 자신 미래의 모습을 그림으로 그려 깔끔하게 정리된 책상 위 정면에 붙여 놓기도 했다. '나비 효과butterfly effect'의 대표적인 케이스였고 '금쪽이'가 '엄친아'가 되는 순간이었다. 상담을 마치고 마지막 날 작은 편지지에 쓴 학생의 글은 추운 겨울날 화롯가의 불씨 같았다.

"선생님은 저의 주치의 같습니다.
제 마음의 주치의요."

65

가끔, 마음도 조절이 필요하다

내가 좋아하는 문구가 있다. 《논어》에 나오는 구절이다.

知之者不如好之者 好之者不如樂之者

내가 아는 것은 내가 좋아하는 것만 못하고,

내가 좋아하는 것은 내가 즐기는 것만 못하다.

이 말을 살짝 틀어 보면 이렇게 바꿀 수 있다.

정말 행복한 사람은 모든 것을 다 가진 사람이 아니라

지금 하는 일에 즐거워하는 사람이다.

어떤가? 훨씬 가슴에 깊이 와닿지 않는가?

첨단 벤처 단지인 실리콘 밸리 어느 사무실 컴퓨터 스크린 앞에 붙어 있는 '즐기면서 일하자'는 문구는 지금의 실리콘 밸리를 만든 상징적 슬로건이다. 알코올에 중독된 사람들을 우리는 '알코올 홀릭'이라고 부르고 일에 중독된 사람들은 '워커홀릭'이라 부른다. 그런데 스스로의 감정을 통제하고 합리와 논리를 따지며 사는 사람들을 뭐라고 부르는지 아는가? '로고 홀릭'이라고 부른다. 가슴보다는 머리로, 감성보다는 이성으로 사는 사람이란 뜻이다. 따뜻한 감성과 열정으로 살아왔던 우리 사회가 어느새 이성과 차가운 정서로 살아가도록 바뀌고 있음을 느낀다.

하버드대 최고의 인기 교수인 탈 벤 샤하르도 자신의 행복론 강의에서 빠지지 않고 말했던 가장 첫 번째 주장이 바로 '인간적 감정을 허락하라'였다. 자신의 감성으로 사는 것, 감성의 회복이 바로 행복의 시작이라는 뜻이다.

실제로 있었던 일화다. 어느 주인공의 아버지는 한때 우리나라 6·25 참전 군인이었다. 전쟁을 통해 공도 많이 세웠지만, 그 과정에서 너무 많은 육체적·정신적 상처를 입었다. 동료의 죽음을 바로 옆에서 목격했고 또 원하지 않게 누군가를 죽여야만 했기 때문이다. 전쟁이 끝난 후 그는 깊은 우울감에 빠졌다. 성격은 점점 난폭해지고 파괴적으로 바뀌어 갔으며, 고립감은 깊어졌다. 이 때문에 주인공 아버지의 우울감은 더욱 깊어져 갔다. 어릴 적부터 아버지의 우울감을 곁에서 지켜본 주인공도 어느새 아버지를 닮아 버린 자신을 보았다. 기쁨과 슬픔의 감정은 전염이 빠르다. 그래서 스스로 정신 병원에 입원했다.

병원에 있는 모든 사람은 이상했다. 보이지도 않는 다람쥐가 자신을 공격한다고 소리치며 무섭다고 화장실도 못 가는 사람. 몸의 일부가 굳은 경직성 환자. 천재성이 넘쳐 스스로 병원에 입원한 괴짜 사업가까지. 사연은 많았지만 모두가 조현병 환자들이었다.

자신을 상담해 주던 주치의가 상담에는 관심이 없고 자신이 마시는 커피에만 신경을 쏟고, 상담은 의례적으로 한다는 걸 알게 되었다. 그런데 우연한 기회에 환자들과의 진심 어린 대화를 통해 결코 그들이 '이상한 사람'이 아니라 다만 우리와 생각이 다른 사람들이라는 걸 깨닫는다.

눈에 보이지 않는 다람쥐가 보인다고 미친 사람 취급받는 환자에겐 다람쥐와 한 판 전쟁을 벌여 놀며 친구가 되어 주었다. 손가락을 펼쳐 보이며 몇 개가 보이냐는 괴짜 사업가의 질문에 네 개가 보인다고 대답했다가, 손가락에 집중하지 말고 손가락 너머를 보라는 선문답 같은 말을 듣고 머리가 아닌 가슴을 사용하는 법을 깨달았다.

나중에 유명한 의사가 된 그는 병에만 집중하는 의사가 되는 대신 사람들의 마음에 집중하면서 병의 원인을 먼저 진단하는 마음 치료 의사가 된다. 그가 오늘날 웃음 치료의 대명사로 유명해진 '헌터 아담스'다. 물론 영화로도 만들어졌다. 영화 〈패치 아담스〉는 머리 위주로 살아가는 많은 현대인에게 현실을 즐기는 법과 함께 마음으로 살아가는 법을 알려 주었고, 나에겐 삶의 나침반이 되었다.

얼마 전 동네 마트에 장을 보러 갔다. 물건을 다 사고 계산을 하려는데 그날따라 줄이 좀 길었다. 내 바로 앞에는 연로하신 할머니 한 분이 계산을 하고 계셨다. 동작도 서툴고 느린데 귀도 잘 들리시지 않는 모양이었다. 그 모습에서 돌아가신 어머니의 얼굴이 보였다.

점원 분이 "할머니, 6만 원입니다!" 하고 큰 소리로 말했지만 할머니께서는 잘 안 들렸는지 계속 "얼마?", "얼마?"를 외칠 뿐이었다. 점원이 기다리는 손님들 때문에 할머니의 지갑에서 돈을 꺼내 계산을 하려는데 지갑 속 돈은 3만 원뿐이었다. 난감해진 점원이 소리쳤다.

"할머니, 돈 3만 원이 부족해요. 3만 원 없으세요?"

당연히 주변 시선은 할머니에게 모였지만 할머니는 무슨 말을 하는지 모르는 눈치였다. 상황을 급히 파악한 내가 곧바로 지갑에서 모자란 돈 3만 원을 꺼내 어르신 몰래 점원에게 쥐어 드렸다. 순간 점원은 의아하다는 듯이 물었다.

"혹시 할머니 아시는 분이세요?"

"아뇨, 모르지만 그냥 계산해 주세요. 저희 어머니와 같은 연배셔서……."

내 말에 금방 눈치를 챈 종업원이 빠르게 계산을 마쳤다. 그리고 할머니에게 내가 대신 돈을 냈다고 말씀드리려는 걸 뒤에서 손사래를 쳐서 조용히 넘어가게 했다. 영화 속 주인공 패치가 나에게 가르쳐 준 가장 소중한 가르침은 즐김과 행동하는 마음 사용법이었다. 침묵하는 100톤의 지식보다는 실천하는 1그램의 행동하는 정의가 세상을 긍정적으로 바꿀 수 있음을 확인한 시간이었다.

세상이 지독하게 시끄럽다. 정치는 한 치의 양보도 없고 대한민국에서 한 번도 일어난 적이 없는 사건들이 연일 언론을 도배하고 있다. 아무리 세상이 시끄러워도 머리가 마음을 이긴 적은 없다.

64

내 삶의 경력을 스펙 대신 감동의 스토리로 채우자

졸업 시즌이 다가오면 대학 4학년 학생들의 빈자리가 눈에 띄게 많아진다. 어디로 사라지는지는 본인만 안다. 하늘로 올라가다 스멀스멀 사라지는 연기 같다. 모두가 취업되었다는 소식이라도 들리면 그나마 다행인데 그런 소식도 없다. 예전에 화려하게 치러졌던 사은회는 대학가에서 사라진 지 이미 오래다. 취업하지 못한 제자들을 보는 교수들이나 자리를 잡지 못해 교수들 보기가 민망한 학생들 모두 서로의 마음이 편치 않아서다.

다들 어디 갔나 궁금해서 따라가 보면 일부는 어학 연수, 일부는 인턴 현장, 일부는 자격증을 위한 학원으로 제각각 흩어져 있다. 최근에는 밀린 봉사활동과 단기 아르바이트에서도 종종 목격된다. 나머지는 어디에 있냐고? 오직 성적으로만 자신의 미래를 보장받는 직장인이 되기 위해 모두 도서관이나 학원에서 동안거冬安居 중이다.

변화된 세상과 기업이 요구하는 엄청난 무게의 스펙을 대학 4학년까지 모두 따내려면 그들의 어깨가 무겁다. 그럼에도 불구하고 최근에는 과거에 없던 인성 평가까지 더해져 취업 준비생들을 당황하게 한다. 기업의 채용 방식과 이력서 양식까지 모두 달라졌다. 블라인드 면접에서부터 오디션 면접과 회식 면접이라는 기상천외한 이벤트 면접까지, 무림의 고수를 뽑겠다는 기업체의 의지가 실로 눈물겹다.

요즘에는 개인 정보를 제외한 국가직무능력표준NCS을 기반으로 취업 준비생들의 직무 능력을 직접적으로 평가하는 새로운 면접 형태가 대세로 자리 잡고 있다. 한마디로 껍데기보다는 알맹이를 찾겠다는 의미다. 그래서 요즘 취업 준비생들에게 가장 필요한 것은 자기만의 이야기다. 똑같은 스펙 쌓기로 만들어진 이력서보다는 비교 불가, 반박 불가, 대체 불가, 강력한 나만의 스토리로 만들어진 이력서 같은 것 말이다.

영화 〈파워 오브 원〉의 중반부에는 주인공 PK가 12살에서 18살로 넘어가는 지점이 나온다. 자신이 살아온 과거를 회상하며 고등학교 수업 중에 자신의 이야기를 발표하는 장면이다. PK의 발표를 모두 들은 선생님은 그의 발표를 칭찬한다. '죽음'과 '좌절'이라는 부정의 시간에서 '음악'과 '화해'라는 긍정의 압축적인 삶을 살아온 PK에 대한 격려를, 그 속에 숨어 있는 '사랑'과 '화합'의 소중함에 감동을 전했다. PK의 비교할 수 없는 탁월한 경험과 화합의 메시지는 결국 영국의 옥스퍼드대학에 장학생으로 입학 할 수 있는 자격으로 연결되었다. 남들과 비슷한 스펙이 아닌 '나만의 이야기'라는 유일성이 감동을 주었다는 이야기다.

세계에서 알아주는 유명 대학에서 단순히 공부만 잘하는 학생을 뽑을까? 분명 그것만이 기준이 아니다. 고대 이집트 사후 세계 천국의 입구에서 신이 던졌다고 하는 두 가지 질문처럼 내 삶의 기쁨만 찾을 수 있는 사람인지, 남에게도 기쁨을 줄 수 있는 사람인지를 귀신처럼 찾아낸다. 남을 감동시키는 스토리는 분명 아무나 만들 수 없는, 신이 인간에게 내린 세상에서 가장 아름답고 위대한 최고의 선물이다. 스토리에도 감동이 녹아 있어야 한다.

세계적인 변화 전문가이자 강연자, 저술가, 그리고 끝없는 영감을 불러일으키는 '마케팅의 천재'라고 불리는 세스 고딘은 언제든 바꿔 끼울 수 있는 '평범한 톱니바퀴 인생'을 살지 말라고 충고한다. 대신 누구도 대체할 수 없는 '특별한 린치핀'으로 살기를 권고한다. '린치핀Linchpin'이란 마차나 자동차의 두 바퀴를 연결하는 쇠막대기를 고정하는 핀의 이름이다. 동시에 누구도 대신할 수 없는 꼭 필요한 인재로 조직의 핵심점, 구심점이란 뜻도 함께 갖고 있다. 마케팅의 천재 세스 고딘은 자신의 핵심 철학인 '린치핀'을 통해 우리에게 평범하지 않은 삶을 주문하고 있다.

'별종'들만 살아남는 세상이다. 세스 고딘은 성공이란 평범한 사람이 아니라 평범하지 않기를 선택한 사람에게 온다고 조언한다. 흰 바탕에 검은 점이 박혀 있는 얼룩소들 사이에 보랏빛 소가 있다면 모두들 그 소를 주시할 것이라고, 나란히 서서 남들보다 조금 더 앞서가기 위해 노력하기에는 모두 너무 똑같아졌다고 말한다. 같은 위치에서 똑같은 옷을 입고 발걸음을 맞춰 걸으며 앞서가기를 고민하지 말라고 권고한다. 그것보다는 아예 다른 옷을 입고 새로운 길을 향해 걷

는 편이 훨씬 돋보이기 쉽다는 차별의 철학은 시스템에 안주하지 말
고 틀 속에 스스로를 가두지 말라는 의미의 발언이다. 안정의 스펙보
다는 별종의 스토리를 선택하란 소리다.

마차를 움직이는 가장 중요한 툴은 수레바퀴이다. 마차는 세상의
은유고 바퀴는 세상을 움직이는 사람들의 은유다. 그런데 자세히 들
여다보면 바퀴는 크게 두 개의 역할을 가진 툴이 존재한다. 수천 년이
흘러도 바퀴가 가지고 있는 이 기본 구조는 크게 바뀌지 않았다. 언제
나 바꿔 끼울 수 있는 여러 개의 바큇살과 그들을 고정하는, 아무나
대신할 수 없는 린치핀. 세상은 평범한 스토리를 가진 바큇살들과 자
신만의 스토리를 가진 린치핀으로 구성된다는 사실을 마차의 수레바
퀴를 통해 읽을 수 있다.

〈죽은 시인의 사회〉의 '카르페디엠Carpe diem'과 〈파워 오브 원〉의
'레인메이커Rainmaker'는 한 사람의 변화, 한 사람의 실천이 얼마나 위
대한 힘을 가지고 있는가를 단적으로 보여 주는 감동적인 린치핀 스
토리다.

인생은 짧다. 남들과 똑같은 스펙을 위해 시간을 허비하지 말자.
나만의 스토리를 만들며 세상을 자신만의 그림으로 완성할 때가 바
로 지금이다.

65

우리 모두는 흔들리는
파도 위의 작은 배

중소기업 CEO와 심리 치료를 오랫동안 진행했다. 상담이 끝나 갈 무렵 내담자가 나에게 수도승 같은 질문을 하나 던졌다.

"교수님! 교수님께서는 인생이 뭐라고 생각하십니까?"

가볍게 던진 질문이 아니었다. 그분의 표정에서 묻어나는 진지함이 질문의 무게를 가늠하게 했다. 오랫동안 중소기업을 운영하면서 남들이 부러워할 만한 정상의 위치까지 올려놓았지만, 갑자기 찾아온 번 아웃 증상으로 삶의 의미를 잃어버린 그였기에 더욱이 가볍게 느껴지지 않았다.

"음⋯⋯. 저는 인생이 흔들리는 파도 위의 작은 배라고 생각합니다."

말없이 고개를 끄덕이며 공감해 주던 내담자의 표정이 오랫동안 잔상으로 남았다. 왜 그분은 마지막 상담에서 고승 같은 질문을 던졌을까? 그리고 나는 왜 즉흥적으로 그런 답변을 했는지 스스로도 궁금했다. 순간의 질문에 자동으로 튀어나오는 답은 무의식적 신념의 표현이다. 그 대답을 반추해 보니 평소 내 무의식 속에 있었던 배는 나의 아바타이자 오래된 투사였고 그림자였음을 알았다.

대한민국 근대 화가 중에서 가장 비중 있는 화가를 꼽으라면 단연 화가 이중섭1916~1956이 으뜸이다. 그가 남긴 작품 대부분은 소와 아이들과 관련되는 작품들이다. 그중에서 내가 가장 의미 있게 생각하는 작품이 '현해탄'이다. 얼마 전까지 이 작품의 소장자는 삼성의 고 이건희 선대 회장으로, 그가 수집한 이중섭의 작품 104점 가운데 한 점이었다. 하지만 모두 국가에 기증하면서 현재는 국가 소유로 국립현대미술관에 소장되어 있다. 그 그림 속에 배가 등장한다. 수많은 배의 스토리 중에서 이중섭의 '현해탄'에 그려진 배는 완벽한 이중섭 자신의 모습이다.

1950년 12월 북쪽에 남겨 놓은 어머니와 생이별을 하고, 2년 뒤 아내인 마사코와 두 아들을 일본으로 보낸 뒤 이중섭의 마음은 비어 갔다. 그리움에 또 다른 그리움이 보태지고 여기에 자신의 고독과 외로움이 더해지면서 나온 작품이 바로 '현해탄'이다. 1956년 서울 적십자병원에서 영양실조와 간경화로 인해 41세의 젊은 나이로 사망하기 딱 2년 전의 작품이다.

이중섭 화가의 그림에 등장하는 배는 거친 현해탄의 파도에 맞서지 못하는 약하고 무능한 자신의 한계가 오롯이 담겨 있다. 자신을 삼킬 것처럼 굵고 거친 파도에 비해 배는 작고 연약하기 짝이 없다. 그럼에도 불구하고 이 파도를 꼭 넘고 싶다는 간절한 마음은 배 위에 가늘게 그려진 돛대에서 오롯이 읽힌다. 한없이 가늘고 약한 돛대지만 그 모양이 십자가를 닮았기 때문이다. 절박함과 구원을 바라는 마음의 무의식적 표현이다. 그래서 그 작품이 더 아프게 다가온다. '현해탄'을 볼 때마다 느껴지는 절절함은 같은 부성을 가진 이들이 공유하는 슬픔의 공감이다. 화가 이중섭에게 인생이란 거친 파도위의 작은 배였을 것이다.

배에 대한 강렬한 기억은 100년 전 일화에도 있었다. 앞선 글에서 좀 더 상세하게 언급했던, 2014년 남극횡단에 도전해 실패한 세기의 탐험가 어니스트 새클턴의 배 이야기다. 노르웨이 출신의 아문센, 영국 출신 스콧의 뒤를 이어 남극을 탐험했던 탐험가 새클턴은 영국 BBC 방송에서 발표한 지난 1,000년 동안 가장 위대한 탐험가 10인 중에서 5위로 선정되었으며 그 명단에서 유일하게 탐험에 실패한 인물이었다. 실패한 탐험가가 인류 역사상 가장 위대한 탐험가라니 의외일 것이다.

새클턴의 프로젝트는 대단했다. 아문센이나 스콧과 똑같은 여정인 남극점 정복 대신 남극 대륙을 횡단하겠다는 엄청난 계획을 세운 것이다. 하지만 그의 꿈은 3개월 만에 남극의 얼음에 의해 좌절되었다. 다들 이젠 죽었다고 포기한 바로 그 순간, 새클턴은 전원의 생존을 위해 자신의 모든 것을 던져 대원들을 구출하는 것으로 탐험의 목적을 바꾸었다. 이전의 목적보다 더 절실하고 강렬한 생존의 이유와 삶의 의미가 생겼다.

그의 신념은 단단했고 책임감은 강력했다. 사람들이 살고 있는 사우스조지아섬으로 가기위해 1,000km 떨어진 곳으로 무동력 돛대뿐인 배에 자신을 포함한 5명의 대원이 올라탔다. 당연히 그의 자리는 가장 앞쪽이었다. 시속 100km의 강한 허리케인의 바람에 맞섰고, 아파트 7층 높이인 20m의 높은 파도를 넘어 결국에는 사람들이 살고 있는 섬의 뒤편에 도착했다. 그리고 그 빙하의 설산을 맨손으로 넘어 사람들이 사는 마을로 갔다. 지금까지 빙하로 덮인 그 산을 맨손으로 넘어서 살아 돌아온 사람들이 한 명도 없었기에 그 사실만으로도 그들은 전설이 되었다. 그리고 무려 635일 만에 대원 모두는 단 한 명도 죽지 않고 생환했다. 그 중심에 섀클턴이 있었다. 이후에 사람들은 그를 '위대한 실패한 탐험가'라고 불렀다.

섀클턴의 행동이 이토록 빛났던 이유는 그가 뛰어난 리더십의 소유자라서가 아니었다. 그것은 모두가 좌절하고 포기할 수밖에 없는 절망의 상황에서 결코 좌절하지 않았고 27명의 승조원들이 신념을 잃지 않게 만들었기 때문이다.

1912년 인류가 만든 가장 위대한 배인 타이타닉호가 침몰했다. 결코 침몰하지 않는 배라는 의미로 '불침선'으로까지 불렸다. 하지만 그곳에서 2,200여 명의 승선자 중 1,500여 명이 죽었다. 이중 바닥, 16개의 방수 격실, 특정 수위가 되면 자동으로 닫히는 문 등 절대로 침몰하지 않도록 심혈을 기울인 배가 가라앉은 이유는 인간의 자만 때문이었다.

2014년의 세월호를 언급하고 싶지 않다. 하지만 우리가 잊어서는 안 될 교훈이 그곳에 있기 때문에 우리는 머리가 아닌 가슴으로 기억해야 한다. 우리의 인생은 거친 바다 위에 떠 있는 배이기 때문이다.

수많은 화재와 충돌, 돛대의 부러짐에도 불구하고 결코 침몰하지 않았던 영국 선박 박물관에 있는 낡은 배에 대한 짧은 단상이 그 어느 때보다 강렬하게 다가온다.

우리 모두는 흔들리는 파도 위의 작은 배다.
우리의 신념이 침몰하지 않는 한
결코 우리의 배는 좌초되지 않을 것이다.

잘 생각해 봐!
우리의 과거는 바꿀 수 없지만
우리의 현재와 미래는 바꿀 수 있잖아!

그 확고한 믿음이
긍정의 시작이야!

명심해!
결국 긍정은
내 안의 빛을
찾아가는 여행이야!

생전에 박두진 시인에게 아들이자 화가인 박영하 작가는 생의 화두였고 담론이었다. 전시장에 걸린 작가의 비구상 작품의 제목은 모두 '내일의 너'였다. 나는 전시장에서 박두진 선생님의 육성으로 그 제목의 의미를 직접 들었다. '가능성'과 '포기하지 않고 가능성을 찾아가는 여정' 모두를 포함하고 있다는 선생님의 말씀을.

결국,
긍정은 내 안의 빛을 찾아가는 우리의 아름다운 여정이 맞았다.

66

용서가 품고 있는 위대한 승리

나를 힘들게 만든 사람을 죽이고 싶어 하는 사람들이 많다. 결코 그를 용서하고 싶지 않다고 한다. 그래서 그 대상을 향해 지칠 때까지, 내 안의 에너지가 모두 소진될 때까지 분노를 쏟아 낸다. 자연스러운 감정이다. 한참을 그렇게 살다 보면 분노의 크기만큼, 분노의 시간만큼 미운 대상보다 내 몸의 상처가 훨씬 커져 있다는 사실을 뒤늦게 발견한다. 누군가를 미워한다는 사실이 공평하지 못해서 아프고 죄 없는 내가 더 고통스러운 현실에 괴롭다.

그럼에도 불구하고 어느 시점에서는 그 대상을 용서해야만 한다. 그것은 분명 죄 지은 자를 위한 선행이 아니다. 이 지독한 괴로움에서 벗어나기 위한, 나를 위한 선택이기 때문이다. 용서가 그래서 힘들다. 그래서 심리학에서 용서를 '위대한 승리'라고 부른다.

50대 중반의 마음씨 착해 보이는 중년 남자가 연구실을 방문했다.

불편하고 힘든 이야기를 꺼내는 중에도 예의와 품위를, 그리고 평정심을 잃지 않으려고 애쓰는 기색이 역력했다. '이렇게 착한 심성이니 당연히 상처도 크겠구나!' 속으로 한 말이 무심결에 튀어나올 뻔했다.

부인이 자신의 사업 부도로 인한 모든 빚을 남편에게 던져 놓고 잠적했다고 한다. 해외에 있는 아이들과 함께 감쪽같이 사라진 아내. 그 때문에 그는 살아 있는 송장이 되었다. 그리고 더 충격적인 건 결혼 전 7살짜리 혼외 자식까지 있었다는 사실을 아내의 파산 때문에 알았다고 했다. 경제적 파산에서 인간적 배신감에 따른 충격까지……. 죽기 위해 농약 3병을 사 놓고 3일 동안 울었다고 한다.

내담자는 죽음보다 더 두려운 용서를 위해 나를 찾았다고 했다. 아니, 살기 위해서 나를 찾았다고 했다. 담담히 자신의 비극을 이야기하는 그분의 표정에서 구도자의 모습까지 읽혔다. 나에게 오는 순간, 이미 그분은 모든 걸 용서했다는 걸 직감으로 알았다.

미워하긴 쉬워도 용서하긴 어렵다는 내 말에 그분은 깊은 공감을 표했다. 나는 그럼에도 불구하고 누군가를 용서한다는 것은 그 사람의 죄까지 용서한다는 뜻이 아니라고 분명히 말했다. 그리고 당신의 용서는 자신을 살리기 위한 용서라는 것을 말해 주는 순간, 내담자는 조용히 눈물을 흘렸다. 무엇이 힘드냐는 내 질문에 상황이 힘든 게 아니라 잊어버린 트라우마가 꿈으로 재현되는 게 힘들다고 했다. 머리로는 지웠는데 몸의 기억이 남아 유사한 상황이 재현되면 예외 없이 가위에 눌린다고 했다. 그는 그 지독한 몸의 기억까지 모두 지워 버리고 싶어 했다.

가해자로부터 진심 어린 사과를 받지 않는 한 트라우마는 그의 상처를 오랫동안 괴롭힐 것이다. 하지만 한 가지 분명한 사실은, 그가 가진 긍정의 빛으로 몸의 감각을 살리는 순간 그의 무의식도 빠르게 회복될 거란 것이었다.

심리 상담을 하다 보면 일부 사람은 용서를 자신이 다른 사람에게 은혜를 베푸는 것이라고 알고 있다. 그래서 가끔 프로그램을 거부하기도 한다. 형식은 맞지만 본질은 아니다. 용서는 물속의 자신을 들여다보는 행위를 닮았다. 물속에 비친 모습은 타인이 아니라 언제나 자신이다. 분탕 친 물에선 자신을 발견할 수 없지만 평강한 물에선 자신의 얼굴이 그대로 투사되기 때문이다.

그래서 용서 프로그램은 화와 분노 때문에 괴물이 되어 버린 자신의 마음을 있는 그대로 품어 주고 치유해 주는, 자신에게 베푸는 은혜다. 자신의 분노와 슬픔을 켜켜이 쌓아 놓고 타자를 용서하는 행위는 위선이다. 그래서 용서는 항상 자신에 대한 용서에서부터 시작된다는 걸 절대 잊으면 안 된다. 결국 용서란 자신의 사랑에서부터 출발한 타자에 대한 포용의 사랑인 셈이다. 용서가 성공적으로 끝나면 평강해진 자신의 모습을 볼 수 있는 것도 바로 그것 때문이다.

영화 〈센과 치히로의 행방불명〉에서 외로움의 대명사 가오나시는 스스로에게 가한 학대 때문에 괴물이 된다. 분노의 아드레날린은 감마선에 쏘인 헐크처럼 자신의 영혼은 물론 육체까지 변화시키고 파괴한다. 가오나시의 탐욕과 헐크의 펌핑된 근육은 자기 분노 조절 장애를 겪는 사람들이 보게 될 미래의 자화상이다. 센이 내어 준 경단, 그것은 사랑이란 이름의 자기 치유다. 모든 것을 삭이는 경단은 사랑의 다른 이름이다. 그것이 바로 용서다.

2017년에 개봉되어 1,441만 관객을 동원한 〈신과 함께-죄와 벌〉(2017)의 히든 코어가 희생이었다면 이듬해 공개된 〈신과 함께-인과 연〉(2018)의 히든 코어는 용서다. 천 년 전 고려 최고의 무장이었던 강림이 의형제 해원맥을 죽이자 자신을 돌봐 준 덕춘이 해원맥을 위해 다시 강림을 죽인다. 꼬리에 꼬리를 무는 원한의 고리를 끊어 준 것은 천 년의 시간이다. 천 년 동안 49명의 망자를 환생시키면 새로운 삶을 얻을 수 있다는 희망을 위해 강림은 자신의 모든 것을 걸었다. 자신의 잘못을 진정으로 용서받고 싶었던 절절한 마음 때문이다.

자신의 모든 과거와 과오를 알고 있는 강림은 과거를 전혀 모르는 해원맥과 덕춘, 둘과 저승에서 희로애락을 함께해야 했다. 그렇게 세 차사가 함께한 천 년은 고통의 시간인 동시에 치유의 시간이었다. 강림에게 그 천 년을 버티게 해 준 유일한 원동력은 용서란 이름의 사랑이었다.

《용서치유: 용서는 선택이다Forgiveness is a Choice》라는 책으로 유명한 미국 위스콘신대학교의 로버트 엔라이트 교수는 용서를 함으로써 얻어지는 이익이 용서를 하기 전보다 많게는 수십 배까지 증가한다고 말했다. 우울증에서 벗어나는 것은 물론 이전에 없었던 삶의 에너지와 증가된 집중력, 한결 편안해진 마음까지 일반적 기대치를 넘어선다고 한다. 특히 마음에서부터 출발한 소소한 변화에서 신체적 변화까지 생각한다면 용서는 빠르면 빠를수록 좋은, 가장 의미 있는 마음의 기적이라고까지 말했다.

생리학적 건강 상태를 직접 알아보기 위해 심장병 환자들을 대상으로 한 실험은 용서의 가치를 더욱 빛나게 했다. 용서하는 그룹을 A,

용서하지 하지 않는 그룹을 B라고 임의로 나누었다. 통제된 조건 속에서 진행된 이 실험에서 용서하는 A 그룹은 용서를 하지 않는 B 그룹에 비해서 심장 상태가 눈에 띄게 좋아졌다고 했다.

누가 물었다.

"교수님, 그럼 용서는 어떻게 하죠? 용서만 하면 몸이 좋아지는 거예요?"

이런 질문은 성급한 나머지 하나만 알고 둘은 모르는 것이다. 오랫동안 쌓인 먼지를 터는 데도 시간이 걸리는데, 하물며 마음의 앙금이 그렇게 빨리 없어질 수 있겠는가? 그래서 용서에도 준비와 연습이 필요하다.

67

내 안의 트라우마가 만든
배트맨과 조커, 두 개의 가면

빛은 어둠을 만들고 어둠은 빛으로 존재한다. 어쩌면 우리의 행복은 빛과 어둠이 둘이 아님을 깨달을 때 비로소 그 실체에 한 걸음 다가설 수 있는 게 아닐까?

어둠이 두려운 것이 아니다. 오히려 어둠의 전조와 함께 공포가 몰려오는 바로 그 순간이 가장 무섭다. 태풍의 중심이 고요한 것처럼 어둠의 중심은 오히려 평온하다. 두려움을 어떻게 극복할 것인가? 그 질문이 초등학교 때 풀지 못한 수학 문제처럼 오랫동안 내 머릿속에 남아 있다. 내 안의 보이지 않는 빛으로 어떻게 어둠을 걷어 낼 것인가? 그 방법만 알 수 있다면 오늘의 시련은 오히려 감사와 희열이 될 수도 있다.

나에게 던져진 오랜 숙제 같은 화두는 2005년에 나온 영화 〈배트맨 비긴즈〉와 2019년에 나온 영화 〈조커〉로 씨줄과 날줄처럼 엮여 실

마리가 잡혔다. 배트맨의 브루스 웨인과 조커의 아서 플렉, 이 둘의 공통점은 모두 천성이 착했던 사람이면서 성장 과정에서 지독한 트라우마를 겪었다는 점이다. 두 인물의 평범했던 모습이 어쩌면 일상을 살아가는 우리의 모습을 닮아 있다. 영웅과 악당, 요즘 말로 '히어로'와 '빌런'의 DNA가 태어날 때부터 정해진 게 아니라는 뜻이다.

만약 인간의 본성이 태어날 때부터 한 가지로 정해졌더라면 동양에서는 맹자와 순자가 그렇게 싸우지도 않았을 것이고, 서양에서는 루소와 홉스가 또 그렇게 싸우지 않았을 것이다. 어떻게 보면 조선 후기 실학자 다산 정약용께서 인간은 천성이 선을 좋아하고 악을 싫어하는 경향이 있다고 주장한 '성기호설性嗜好設'이 인간의 본성을 가장 합리적으로 잘 설명한 걸지도 모른다.

천성이 착했고 트라우마를 겪었다는 공통점을 가진 브루스 웨인과 아서 플렉은 어떻게 서로 다른 가면을 쓰게 되었을까? 또 무엇이 이 두 사람의 본성에 영향을 미쳤을까? 한 걸음 더 과거로 들어가 보자. 이 둘이 거쳐 온 과거의 시간 속에 힌트가 있지 않을까?

어린 브루스 웨인은 고담시 최고 재벌 가문의 외동아들이다. 웨인 가 대저택에서 여자 친구 레이첼 도스와 놀던 중 오래된 우물 밑으로 떨어진다. 우물과 연결된 어둡고 습한 낯선 동굴에서 갑자기 자신을 덮친 수많은 박쥐의 공격에 정신을 잃는다. 우물로 떨어지면서 받은 몸의 충격, 어둡고 습한 곳에 홀로 남겨진 두려움이라는 머리의 기억, 갑자기 자신을 덮친 수많은 박쥐들로 인한 죽음의 공포까지 9살 브루스 웨인은 그 짧은 시간 동안 태어나서 처음으로 트라우마를 느꼈다. 그에게 첫 번째 트라우마는 '어둠'이라는 공간과 '박쥐'라는 대상이 만든 실체적 공포였다.

아들의 상처를 위로해 주고 기분 전환을 위해 아버지 토마스 웨인과 어머니 마샤 웨인은 함께 오페라 공연 〈메피스토펠레〉를 보러간다. 영화 제작자의 의도겠지만 웨인 가족이 보러 간 공연이 하필 독일 전설에 등장하는 악마 메피스토펠레스다. 생긴 모양도 박쥐를 꼭 닮았다. 아니나 다를까, 오페라 공연 도중에 등장하는 악마의 모습에서 브루스는 박쥐의 모습을 연상한다. 순간, 호흡이 가빠지고 맥박이 미친 듯이 뛴다. 공황의 대표적인 증상이다. 위험을 감지한 부모님이 브루스를 데리고 공연장을 급히 빠져나온다. 잠시 진정될 시간도 없이 고담의 뒷골목에서 튀어나온 총을 든 노숙자에 의해 엄마와 아빠는 브루스가 보는 앞에서 죽는다.

첫 번째 두려움과 공포의 상처가 채 아물기도 전에 닥친 두 번째 트라우마. 자신의 잘못으로 부모님이 돌아가셨다는 죄책감이 그의 왼쪽 가슴에 돌이 되어 박혔다. 그리고 극복하지 못한 어둠과 박쥐의 공포까지……

성인도 감당하기 힘든 선을 넘어 버린 중첩된 트라우마의 두려움으로 무려 14년을 지옥 속에서 보낸다. 그리고 부모가 물려준 엄청난 재산과 자신의 미래를 뒤로하고 미련 없이 고담시를 떠난다. 23살의 청년 브루스가 찾으려했던 것은 14년간 자신을 괴롭힌 두려움의 실체였고 죄책감이었다. 브루스가 스스로 찾은 답은 딱 하나. 선과 악의 정체를 몸으로 경험하는 것. 그리고 그 속에서 두려움을 극복하는 몸의 단련. 머리가 아닌 몸으로 해법을 찾는 길을 선택했다. 그리고 그 선택은 옳았다. 영화 속에서 어둠의 멘토, 듀커드를 만나 두려움과 직면하는 방법을 배운다. 적어도 이 부분에서 만큼은 감독이 심리학자의 조언을 구했을 거라는 합리적 의심을 느꼈다.

자신의 죄의식을 분노로 덮지 않고 당당하게 맞서라는 조언을 받아들여 결국 브루스는 두려움과 공포의 대상이었던 박쥐를 완벽하게 제압하면서 스스로 두려움의 대상이 된다. 몸의 단련이 만든 결과였고 두려움을 장악하지 않았다면 절대 나올 수 없는 실존이다. 긍정의 선순환은 결국 두려움의 정확한 실체를 알고 스스로 공포를 극복하려는 지독한 몸의 단련이 만든 기적이었다.

아서는 어땠을까? 브루스만큼 부유한 환경은 아니었지만 나름 순수한 마음을 가지고 열심히 살았던 인물이었다. 딱 한 가지 차이점이 있다면, 브루스의 불행은 외부의 충격에서 시작된 것과 달리 아서의 불행은 자신의 문제에서 시작되었다. 웃음을 통제하지 못하는 신체적 질환과 사회적으로 고립된 정신적 질환. 여기에다 살아가면서 겪은 사회적 편견. 그리고 애증의 대상이었던 어머니의 정신적 질환과 사생아로서의 자신의 위치까지 하나에서 열까지 영화 속 그의 독백처럼 그는 단 한 순간도 행복한 적이 없었다.

그런 일그러진 환경에서 자란 아서가 거친 세상을 살아 보겠다고 몸부림칠 때 마지막 방주는 사회적 보호 시스템이다. 안타깝게도 고담시는 예산 문제로 마지막 방주의 문을 닫아 버렸다. 고통을 인내할 수 있는 임계점을 넘어선 아서의 선택은 피에로 가면 속에 감추어진 자신의 진짜 감정을 드러내는 것뿐이었다. 변하지 않는 지옥 같은 환경, 나아지지 않는 감옥 같은 현실, 마지막의 선택은 광기와 혼돈을 통해 세상이 뒤집어지길 바라는 분노의 감정일 것이다.

시시껄렁한 농담과 유머로 세상을 웃으며 살아가자는 뜻으로 만든 용어 조크가 살인자의 대명사 조커로 변한 원인이 비단 조커에게만 있었을까? 작게는 외로운 가오나시 같은 친구의 아픔을 외면했던 나의 책임, 사회적 약자와 동행하지 못했던 우리의 책임, 상담 예산을 줄여 삶의 의미마저 놓게 만든 국가의 책임까지. 돌아보면 우리 모두의 책임은 아니었을까?

넌 태어날 때부터 악인, 난 태어날 때부터 선인, 세상에 이런 배역을 받고 탄생한 사람들이 어디 있겠는가? 자기 얼굴의 가면과 상관없이 긍정의 빛을 찾아다닌 사람들과 부정의 그림자를 찾아다닌 사람들만 있을 뿐이다. 아무리 많은 긍정의 빛에 둘러싸여 있어도 그림자를 찾는 사람이 있고, 아무리 어두운 그림자 속에 있어도 빛을 찾는 사람은 있다.

결국 세상은 몸으로 구하고 찾고 두드리는 자의 몫이다.

68

나와 세상을 움직이는 힘,
공기 반 소리 반

눈이 안 보이면 사물로부터 멀어지지만,

귀가 안 들리면 사람으로부터 멀어진다.

전 세계 위인전에서 단 한 번도 빠지지 않았던 헬렌 켈러의 말이다. 소리는 세상을 인식하는 가장 소중한, 신이 준 또 하나의 선물이다. 그래서 음악인류학자 스티븐 펠드가 그의 '음향인식론acoustemology'에서 세상의 다양한 청각 정보를 통해 '앎'을 경험한다고 했는지 모른다. 이렇듯 소리는 세상과 소통하는 통로이자 실존의 이유다.

평소 내가 좋아하는 가수가 있다. 한국의 '마이클 볼튼'이라고 불리는 임재범이다. 목소리에 감성이 묻어 있는, 한국에서 몇 안 되는 가수 중 한 명이다. 그런 그가 2011년 5월 22일 〈나는 가수다〉라는 프로그램에 전격적으로 나왔다. 그날의 대전을 네티즌들은 '5·22 대첩'

이라고 불렀다. 아마도 한국을 대표하는 기라성 같은 가수들이 모두 나와서 그랬을 것이다. 대한민국 '소울'의 대표 가수 이소라, YB, 김범수, BMK, 박정현, 김현우까지. 그 속에 임재범도 있었다.

임재범은 '나는 가수다'에서 노래 3곡을 불렀다. 자신의 노래 '너를 위해', 남진의 '빈잔' 그리고 윤복희의 '여러분'. 가수가 경연에서 부르기 위해 선택한 곡이라는 것은 가장 자신 있는 노래란 의미도 있지만, 다른 측면에서 읽으면 자신의 또 다른 내면을 투사한 곡이란 의미도 있다.

그런데 노래를 부르는 임재범의 모습이 평소 모습과 많이 달랐다. 가수들이 자신의 존재감을 드러내는 소중한 자리에 머리를 밀고 온 것이다. 민머리가 전하는 아픔의 이야기를 굳이 말하지 않아도 나는 알 수 있었다. 평소 노래를 잘해 가창력 면에서 한국의 다섯 손가락 안에 들 정도로 인정을 받고 있는 건 잘 알았지만 이번은 달랐기 때문이다. 노래 속에 말로 표현하지 못하는 무거운 침묵의 독백이 가시를 드러내고 있었다. 그의 목소리가 그랬고, 그의 눈빛이 그랬고, 노래를 듣는 내 오감의 느낌과 아픔의 자극이 그랬다.

"일반적 감성으론 도저히 저런 소리가 나올 수 없어! 저건 노래를 부르는 게 아니라 창자가 끊어질 정도의 한 맺힌 절규야! 절창의 소리 말이야!"

노래를 듣는 동안 나도 모르게 터져 나온 감탄이었다.

영화 〈서편제〉(1993)에 소리꾼 유봉(김명곤 분)이 양딸 송화(오정혜 분)에게 소리를 가르칠 때 눈까지 멀게 해 가며 소리 안에 그토록 담고 싶어 했던 한의 소리가 2011년에도 나올 수 있음을 임재범은 소리로 증명했다. 직감으로 무슨 일이 있을 거라 생각한 나는 모든 자료를 다 찾아보았다. 나중에 알았다. 왜 그런 소리가 나올 수밖에 없었는지, 그리고 슬픔과 아픔이 왜 화려한 가면을 쓰고 나왔는지를……

오랫동안 그는 감기처럼 조울증과 우울증을 함께 앓았다. 조울증을 심리학적 용어로 '양극성 정동 장애'라 부른다. 그만큼 기분의 기복이 심하다는 뜻이다. 소위 가수라는 사람이 우울증 계통의 병을 오래전부터 앓았다는 것은 무대에 거의 설 수 없었다는 뜻이다. 당연 수입은 없었다. 가수가 자신의 차도 없이 다녔다는 것이 그걸 증명한다. 그럼에도 불구하고 그가 버틸 수 있었던 건 자신의 사랑하는 가족이 있었기 때문이었다. 자신의 모든 것을 이해하고 기다려 주는, 자신의 분신 같았던 부인이 갑상선암으로 투병 중이었던 것이다.

초라한 가장, 무기력한 인생에 그는 꺽꺽대고 울었다. 머리를 밀고 함께 아파하는 것, 그것이 그가 할 수 있는 전부였다. 그의 노래는 죽어 가는 부인을 살리기 위한 마지막 몸부림이었고 절규였다. 가족들을 위해서 가난한 가수가 할 수 있는 최선은 그들을 위해 자신의 모든 걸 담아 노래를 부르는 일뿐이었다. 그래서 그는 자신의 슬픈 이야기를 담을 노래에 바람의 눈물을 넣었다.

당신을 위한 노래 '너를 위해'를 첫 곡으로 아무것도 가진 것 없는 우리에게 남은 건 사랑이란 의미의 '빈잔', 당신이 외로울 때 마지막까지 당신 곁을 지키겠다는 의미가 담긴 '여러분'까지. 그렇게 임재범은 노래를 통해 자신의 이야기를 전했고, 슬픔까지 극복하려 했다.

하루에 3시간만 자며 혼신의 힘으로 마지막 무대를 만들었다. 다가오는 두려움과 조울증의 공포는 가슴속 깊은 곳에 자리한 '붉은 심장의 힘'으로 극복했다. 그리고 장수가 날린 마지막 화살의 궤적처럼 그의 시선은 무대를 향했다. 마지막 노래를 끝내고 돌아서는 임재범의 눈에 비친 노을빛은 이중섭이 피를 토하며 그려 낸 거친 황소의 붉은 눈빛을 닮아 있었다. 온전히 자신의 노래로 굴곡진 이야기를 끝낸 임재범은 마지막 곡인 '여러분'이란 노래로 대한민국 모든 사람을 울리고 결국엔 '전설'이 되었다.

오디션 프로그램의 단골 심사 위원으로 유명한 박진영이 〈K팝스타〉 참가자들에게 아쉬운 평가를 할 때면 늘 지적하는 말이 있다.

"노래 속에 공기 반 소리 반을 넣어야 해!"

여기서 '소리 반'은 내용을 의미하고 '공기 반'은 말의 전달을 넘어서, 더 이상 말로써 표현할 수 없는 진정성까지 담으란 뜻인데 그 모범이 임재범이 불렀던 '여러분'이다.

울음을 삼키는 사람, 자신도 모르게 흐르는 눈물을 닦아 내는 사람, 전율에 빠진 사람까지 방청객들이 몸으로 들려준 한결같은 소리는 '행복한 카타르시스'였다. 2017년 6월 임재범 씨의 부인 송남영 씨는 세상을 떠났지만 그동안 누구보다 행복했을 것이다.

6분 21초. 가수 임재범이 '여러분'을 불렀을 때 걸린 시간이다. 나는 그 짧은 시간에 어떤 감동적인 영화보다 더 극적인 영화를 만들 수 있음을 알았고 엄청난 이야기를 함께 나눌 수 있음을 알았다. 시각은 의식을 다스리지만 소리는 무의식을 자극함을 알았고 시각의 힘보다 더 강한 게 소리의 힘임을 비로소 알게 됐다. 노래가 끝난 후에도 여운이 가시지 않은 듯 동화 속 소녀 같은 표정을 짓고 있던 한 여성이 보여 준 아름다운 감동의 모습을 난 영원히 잊을 수 없을 것이다.

신을 위한 음악이 결국엔 인간을 위한 음악이었다. 그 또한 신의 뜻이리라.

마음이 내는 소리까지 들을 수 있게 해 준 신께 그저 감사할 따름이다. 내 안에 깃든 신성이 당신 안에 깃든 신성께 경배한다. 세상에서 가장 위대한 소리는 '감사합니다', '고맙습니다' 그리고 '당신 덕분입니다'다.

69

무욕이 만든 위대한 세계

바람과 시간은 사람을 성숙시킨다. 그래서 숙성된 사람들에게서는 바람 냄새와 시간의 깊은 맛이 함께 배어 나온다. 한때 최고의 지성과 권력을 동시에 가졌던 욕망의 끄트머리에 서 있어 본 사람이 있었다. 모든 걸 잃고 한 뼘도 되지 않는 낡은 초가에서 9년을 보냈다면 과연 그 욕망이라는 무형의 그림자는 어떻게 변했을까?

19세기 초반의 조선은 추사 김정희의 시대였다. 요즘으로 따지자면 박사 과정 1년차에 불과한 학생으로서 청나라 최고의 학자와 독대해 극찬과 함께 그 실력을 인정받은 인물이 추사였기 때문이다.

추사가 만났다는 옹방강翁方綱, 1733~1818과 완원阮元, 1764~1849이 누구던가? 옹방강은 청대 최고의 금석학자金石學者면서 동시에 서예가며 경학經學의 대부였고, 완원은 청조문화의 완성자라고 일컬어지는 거유巨儒였다. '보담재寶覃齋'라고 부르는 서재의 이름도 옹방강의 호인

담계覃溪에서 가져왔고 '완당阮堂'이라는 아호도 완원으로부터 얻었다고 하니 추사와 그들의 깊은 관계를 넉넉히 알 수 있다.

經術文章海東第一
조선에 이러한 영재가 있었던가?

옹방강이 추사를 보고 건넨 말이다. 청대 최고의 석학들에게 찬사에 가까운 칭찬을 들은 추사의 프라이드가 얼마나 높아졌을지 가히 짐작하고도 남는다. 두 명의 지도 교수 밑에서 추사는 6개월 단기 유학을 정말 알차게 보낸다. 추사가 금석학에 남다른 안목을 가지게 된 것도, 해동의 유마거사維摩居士라 불릴 정도로 불교에 심취한 것도, 조선의 3대 다성茶聖으로 불리게 된 것도 모두 두 지도 교수와의 인연에서 시작되었다고 할 수 있다.

승승장구란 표현이 딱 맞는다. 명문가 출신에다 정치적 입지도 탄탄하고 총명함과 부지런함까지 가졌으니 성공하는 이에게 필요한 최고의 덕목은 모두 갖추었다. 당대 최고의 명필에다 훌륭한 문장까지 합쳐져 명실공히 '시서화詩書畵' 삼절의 진정한 통섭까지 이루었다. 조선 최고의 문필가들이 그에게 몰리는 것은 어찌 보면 당연했다. 추사가 즐겨 쓴 현판 글씨 무량수각無量壽閣의 '무량수無量壽'처럼 영원한 영광을 누릴 것처럼 보였다.

하지만 권불십년이라고 했던가? 그의 탄탄했던 입지도 정치적 상황에 따라 급변했다. 1840년, 추사의 나이 54살, 인생의 절정이어야 할 완성기에 뜻하지 않은 시련이 다가왔다. 안동 김씨 세력이 집권하면서 윤상도의 옥사와 관련한 누명으로 만신창이가 되어 제주 유배 길에 오른 것이다. 여섯 차례의 고문과 36대의 곤장은 초로初老의 추사가 처음으로 당한 육체적 고통이었다. 뼛속까지 파고든 장의 고통이 추사의 이성까지 비틀었고, 가슴 깊은 곳에서부터 분노와 슬픔이 차올랐다.

시절의 야속함을 곱씹으며 제주도 귀양길에 친구 초의선사를 만나기 위해 전남 해남의 대흥사에 들렀다. 그곳에서 우연히 '대웅보전大雄寶殿'이라는 현판을 보는 순간 안 그래도 불편한 추사의 심사가 더 틀어져 버렸다. 초의선사의 안목까지 거론하며 당장 떼어 내라고 몽니와 고집을 부리는 통에 결국 원교 이광사李匡師, 1705~1777의 현판을 떼어 내고 추사가 써 준 '무량수각無量壽閣'의 글씨를 걸어 놓았다. 영어囹圄의 몸이 되어 제주도로 귀향을 가는 마당이었지만 목까지 찼던 추사의 자존심이 그때까지 살아 있었던 모양이다.

추상같이 칼칼한 김정희의 노기와 분노 그리고 두려움 때문에 초기 반년 동안은 풍토병인 학질과 신경통, 급격한 시력의 저하 등으로 말할 수 없는 고생을 했다고 한다. 마음의 분노가 육체의 병을 키운 것이다. 화병의 전형이자 TMS(긴장성 근육염 증후군)의 대표적인 증상들이다. 추사 같은 조선 최고의 지성인도 욕심을 내려놓고 자신을 다스리는 것이 얼마나 어려운 일인가를 보여 주는 단적인 예이다.

심리학에서는 시간이 약이라는 말을 잘 사용하지 않는다. 대신 좋은 환경과 좋은 사람들과의 만남이 치유에 도움이 된다는 말은 한다. 순박한 제주도민의 마음씨와 제주도의 풍광은 추사의 거친 마음을 어루만져 주기에 충분했다. 또한 몰입할 수 있는 학문과 집중할 수 있는 서예는 최고의 자기 수련인 동시에 마음 치유였다.

추사의 유배 5년차에 나온 '세한도歲寒圖'와 모든 걸 내려놓은 인생의 말년 과천에서 그린 '불이선란도不二禪蘭圖'는 조선왕조 500년 역사를 통틀어 서권기書卷氣 문자향文字香의 극치로 칭송받는다. 이유는 작품 속에 담긴 무욕이라는 아름다운 정신 때문이다.

'추운 시절의 그림'이란 뜻을 가지고 있는 '세한도'는 추사가 제주도 유배 5년차이던 1844년, 복권에 대한 기대도 희망도 어느 정도 희미해 졌을 때 그린 그림이다. 쉰아홉에 이르러 권세도 끗발도 없는 자신을 위해 제자였던 우선藕船 이상적李尙迪, 1804~1865이 자신을 잊지 않고 귀한 서적을 보내 준 데 보답하려고 그렸다. 고마운 제자를 위해 자신이 할 수 있는 최고의 정성을 작품 속에 담았다. 그 어떤 화려한 수사도 잘 그리려고 애쓴 흔적도 없다. 그저 담담히 자신의 소회와 처지를 한 폭의 그림과 294자의 한자로 담아냈을 뿐이다.

'불이선란도不二禪蘭圖'는 또 어떠한가? 이 작품은 노년의 추사가 과천에서 쑥대머리 시동侍童 달준達峻에게 그려 준 그림이다. 추사가 제주에서 유배를 마치고 삶의 마지막 불꽃을 피우려고 할 때, 반대파의 탄핵으로 인해 함경도 북청으로 두 번째 유배를 떠난다. 그곳에서 평민 출신의 달준을 만나게 되는데, 늘 자신의 먹을 갈아 준 인연으로 '먹둥이'라고 부르던 아이였다. 그는 추사가 귀양에서 돌아와 과천에 은거할 때도 어김없이 그 곁을 지켰다. 곁에서 수족처럼 자신을 도와 준 것에 대한 고마움으로 그에게 주기 위해 무심無心으로 난을 쳤다. 욕심을 내려놓은 마음이 하늘의 본성을 그려 내게 했고 불이선不二禪의 경지에까지 오르게 했다는 내용이 담겨 있다.

조선 왕조 500년 역사를 통틀어 가장 높은 정신적 가치를 담고 있다는 작품이 자신을 도와주는 아이에게 주려던 선물이었다는 사실은 엄청난 역설이다. 무욕이 이룬 위대한 성과다. 풍경이 아닌 뜻을 전하려고 그린 바다의 비린 냄새가 묻어나는 '세한도'. 청계淸溪와 관악冠岳의 심산유곡에서 불어오는 풀 이끼 냄새가 나는 '불이선란도'. 욕심과 집착을 버린 무욕과 이타심의 경지가 만든 정신의 결정이다.

탱자나무로 가시나무 울타리를 만든 곳에서 집 밖으로 못나가게 하는 가장 지독한 귀양살이인 위리안치圍籬安置는 어떠했을까? 얼마나 적적하고 외로웠을까? 제주도의 바람은 추사의 심사를 또 얼마나 어지럽혔을까? 9년간의 제주 유배가 끝나고 한양으로 돌아가던 추사는 다시 대흥사에 들렀다. 그리고 초의선사에게 자신이 귀양길에 떼라고 한 이광사의 현판이 있냐고 물었다. 이에 초의가 있다고 하자 자신의 글을 떼어 내고 이광사의 현판을 다시 달아 줄 것을 부탁했다고 한다. 귀양이라는 시련이 추사의 욕망을 바람처럼 날려 보냈던 것이다.

귀양길에 추사가 써 주었다는 무량수각의 현판은 현재 해남 대흥사의 천불전에 걸려 있다. 이광사의 대웅보전 글씨와 마당을 사이에 두고 서로를 비켜 바라보고 있는 모습에 절로 미소가 번진다. 화해의 마당이자 무욕의 공간이기 때문이다.

그리고 보면 추사가 쓴 무량수각이란 글씨는 어찌 보면 그가 변해 온 마음의 모양 같다. 글씨와 그림은 밖으로 드러난 무의식의 형상이다. 제주 유배 6년차인 1846년에 제주도에서 자신의 고향인 예산 화암사에 현판으로 써 준 무량수각과 비교해 보면 마음의 변화가 잘 드러나 매우 흥미롭다. 유배지로 향하던 1840년 해남 대흥사에 써 준 무량수각에는 두툼한 욕망의 기름기가 배어 있다면 유배 6년차 화암사의 무량수각에는 무욕의 골기가 반짝거린다. 제주의 바람과 시간이 욕망의 기름기를 뺐다.

**칠십 평생 벼루 열 개를 구멍 냈고
붓 일천 자루를 몽당붓으로 만들었다.**

추사가 친구 권돈인에게 보낸 편지에 있는 구절이다. 제주의 모진 바람, 그리고 먹과 함께한 수많은 시간은 조선 최고의 지식인 추사를 자유인으로 만들었다. 그가 뚫어 버린 10개의 벼루와 닳아 버린 천 자루의 붓은 무욕으로 가기 위한 가장 정직한 길이었는지도 모른다. 현실에서의 무욕은 우리에게 치열한 자기 연마를 요구하고 있다.

해남 두륜산 자락에서 가파른 언덕길을 30분쯤 올라가다 보면 우리나라 차의 성지라고 불리는 일지암—枝庵이 나온다. 숨이 턱턱 막힐 즈음에서야 일지암의 한 귀퉁이를 겨우 볼 수 있다. 초의선사가 39살 때 짓고 머무르며 40년간 차 문화를 부흥시킨 곳이다. 다산과 추사의 추억이 깃든 이곳 일지암은 차의 성지인 동시에 인문학의 성지다.

'일지—枝'란 한 가지란 뜻이다. 산에는 수많은 나뭇가지가 있다. 하지만 날아가는 새가 쉴 가지는 오직 한 가지면 된다는 무욕의 정신이 일지라는 이름에 담겨 있다. 힘들게 올라온 일지암에서 비움의 정신과 초록 비 머금은 녹차의 깊은 맛을 함께 느낄 수 있다. 그때 받아들이는 녹차의 맛이 바로 세속의 욕심이 부질없음을 알게 해 주는 '무욕'의 맛이다.

70

모든 삶의 완성은 결국 '사랑'이다

이 제목은 내가 가장 좋아하며 자주 쓰는 문장이다. 여기에서 사랑의 출발점은 '나'이고 도착지는 '너'이다. 이성보다 감성을, 감성보다 사랑을 강조한 말이다. 경주와 포항에서 지진이 났을 때도 즉시 현장으로 달려가 심리 치료와 지원을 했던 것도 어쩌면 이 말 덕분이었을지도 모른다. '가슴속에 잘 묻어 둔 보석 같은 문장 하나가 때론 세상을 밝히는 힘이 될 수도 있구나'라는 걸 실감하면서 살고 있다.

영화 〈바람의 파이터〉에는 최배달이 일본 전설의 검객 미야모토 무사시宮本武藏, 1548~1645의 《오륜서》를 들고 기요스미산으로 들어가게 된 계기가 나온다. 최배달이 이때 보여 준 몸의 이야기는 그를 전설이 되게 한 여정이었다.

1945, 전쟁에서 패망한 일본은 모든 것을 잃었다. 산업의 기반은 물론이고 먹는 것조차 넉넉지 않았다. 인심은 흉흉했고 모두 고슴도

치처럼 온몸에 날을 세우고 살던 때였다. 무엇보다도 패전으로 인해 무너진 자존감은 일본인들의 가슴에 큰 생채기를 남겼다. 특히 패전국을 통제하기 위해 파견된 미군의 횡포가 일본인들의 자존심을 건드렸다.

미군은 왜곡된 권력으로 점령지 일본 여인들을 무자비하게 겁탈하고 희롱했다. 길거리에서 술에 취한 채 자국의 여인들을 아무렇지 않게 희롱하는 미군을 아무도 말리지 않았다. 아니, 말리지 못했다. 일본인들은 무기력했고 의지도 없었다.

침묵하고 있는 다수의 일본 사내들을 뒤로하고, 최배달은 단신으로 여인들을 겁탈하는 미군들과 싸웠다. 밤마다 미군들을 박살 내고 여인들을 구하는 얼굴 없는 그에게 사람들은 일본의 막부 시대 영웅인 '구라마텐구鞍馬天狗'라는 별명을 붙여 주었다. 그의 의협심이 명성을 얻으면 얻을수록 그를 잡으려는 미국 CID(범죄수사국)의 추적도 심해졌다. 그 즈음 최배달은 도피 도중 신문 〈아사히〉에서 인기리에 연재 중이던 인기 작가 요시카와 에이지의 소설 《미야모토 무사시》를 감명 깊게 읽고 그를 찾아간다.

작가는 세칭 '구라마텐구'가 최배달인 걸 알고 놀라워하면서 몸도 피할 겸 미야모토 무사시처럼 자기완성을 위한 고투에 임하기를 자연스럽게 권한다. 최배달은 작가의 안목 있는 제언을 받아들인다. 최배달의 이야기는 이렇게 탄생했다.

작가 또한 누군가의 아내이자 딸일 수 있는 여인들이 백주대낮에 미군에게 겁탈당하고 있는데도 아무도 나서 돕지 못하는 일본 남자들의 실상을 보았다. 그리고 식민지인 자국의 여인들이 겁탈당하고 능욕당했던 사내가 오히려 적국의 여인들을 구한 역설적인 스토리에 무한한 감동을 받았다. 소설 속 미야모토 무사시의 자기완성은 어쩌면 그런 최배달의 은혜에 보답하는 요시카와 에이지의 선물은 아니었을까?

최배달의 기요스미로의 입산은 지독한 자기와의 싸움이었다. 18개월 동안 양쪽 눈썹을 번갈아 가며 밀며 고독한 사투를 견뎌 낸다. 두 손가락만으로 물구나무를 서고, 나무를 정권이나 발로 차 부러뜨렸다. 대련 상대가 없어서 주변에 있는 모든 것이 넘어야 할 대상이 되었다. 참나무와 얼음 덩어리, 심지어는 개울가의 차돌까지 수련 상대였다.

새벽 4시에 기상해 산 정상까지 왕복 2시간을 오르내리고, 오전에는 기초 체력 단련, 오후에는 실전 훈련. 미친 듯이 고함을 지르고 나무를 치고 차는 기합 소리에 '기요스미산의 도깨비'란 별명도 그즈음 생겼다. 극한의 육체적 수련은 침묵하는 몸의 아우성으로 완성되었다.

이후 전 일본 가라테 대회에서 우승. 전 일본을 돌며 수많은 고수들과의 실전 대인 '도쿄야부리', 즉 도장 깨기를 시작한다. 교토 송도관의 원류 니조 도장의 니조 십걸을 가볍게 격파하고, 자신의 공개 처형을 선언한 일본 내 고수들과 30 대 1의 무사시노 혈전까지. 적어도 일본에서 그를 넘어선 자는 없었다. 일본을 완전히 제패한 후 세계로 나가 무술 고수 100명과의 대결에서도 단 한 번도 패하지 않고 전 세계 무도계까지 평정하는 데 성공한다. 그 후 맨손으로 황소와 대결해 소뿔을 꺾는 등 믿기 힘든 신화 같은 일화들을 남겼다. 정직한 몸이 남긴 기록들이다.

최배달의 이러한 전설 같은 기록의 완성에 힘의 논리만 있었다고 생각하면 오산이다. 최배달이 남긴 위대한 어록 중 내가 개인적으로 가장 좋아하는 대사는 이것이다.

"무도의 궁극은 사랑이다."

정신적 수련의 궁극을 맛보지 않은 무도인은 도달 할 수 없는 무武의 절대 경지다. 생사를 넘나드는 최강의 파이터로 평생을 살아온 최배달의 어록이라 더 절절하다.

도장 깨기를 하며 전 일본 열도를 돌 때, 최배달은 검귀劍鬼라고 불렸던 료마 7단과 조우한다. 그가 혈서로 쓴 도전장을 최배달에게 보낸 것이다. 이에 최배달도 물러서지 않고 도전을 받아 혈투가 시작되지만, 칼 든 자를 맨손으로 상대하는 건 아무래도 공정한 싸움은 아니었다. 수세에 몰리며 위험에 처한 절명의 순간, 최배달은 자신의 한쪽 어깨를 내어 주고 상대의 급소를 공격하는 최후의 승부수를 던진다. 료마의 칼날이 자신의 왼쪽 어깨를 파고드는 순간 료마의 명치를 정확히 타격했다. 자신의 모든 살기를 모아 내지른 타격에 료마는 내장 파열로 그 자리에서 즉사한다.

아무리 도전에 의한 정당한 싸움이었다고는 하나 사람의 죽음은 정신적 트라우마로 남았다. 그 길로 최배달은 모든 싸움을 멈췄다. 싸움 대신 용서를 빌러 떠났다. 진정한 사내의 행보다. 자신에 의해 죽은 료마의 가족을 찾아 속죄의 길을 떠난 것이다.

물어물어 찾아 간 곳은 검귀 료마의 가족이 살고 있다는 가나가와 현의 하코네산이다. 23살 때 입산 후 두 번째다. 첫 번째의 입산이 자신의 육체적 한계를 극복하기 위한 것이었다면 두 번째 입산은 자신의 정신적 한계를 극복하기 위한 것이었다.

남편을 죽인 사람을 이해하고 용서하는 게 어찌 말처럼 그리 쉬울까? 굴욕적인 냉대와 적대시에도 불구하고 최배달은 묵묵히 자신의 잘못을 말이 아닌 행동으로 사죄한다. 헛간에서 날고구마로 끼니를 해결하면서 새벽이면 일어나 밭을 갈기를 수백 일. 하코네산에서 최배달은 참회와 겸손이 무엇인지를 비로소 깨닫는다. 무의 완성이 결코 육체의 완성이 아니라 정신의 완성이라는 본질을 말이다.

료마의 부인도 결국 그 진정성을 받아들여 최배달을 용서하고 인정한다. 훗날 최배달은 제자들에게 무도가 사람을 죽이는 데 쓰이는 것이 아니라 사람을 살리는 데 사용되어야 함을 강조했는데, 이 말이 바로 하코네산의 정신적 수련에서 완성된 것이다. 어디에서 들어 본 말이다.

김한민 감독의 〈최종병기 활〉에서 조선 최고의 명궁사 남이가 적군인 청나라 장수를 살려 두고 돌아설 때, "왜 날 쏘지 않는 것이냐?"는 질문에 "내 활은 죽이는 것이 목적이 아니다."라고 대답하던 남이의 목소리와 닮아 있다. 역설적이지만 사실이다. 무도와 활의 공통점은 상대를 다치게 하거나 죽일 수 있는 살수殺手임에는 틀림없다는 점이다. 하지만 정신적 수련이 궁극에 오른 사람은 오히려 사람을 살리는 쪽으로 방향을 튼다. 무도를 비롯한 모든 정신의 상수는 나와 상대 모두를 살리는 것이다.

　최배달의 무도 정신을 한 단어로 압축한다면 '신독愼獨'이다. 생존을 위해 삶의 모든 것을 바친 범부들의 생애 또한 존중받아야 한다. 하지만, 가끔은 아주 가끔은 우리도 무림 고수의 한칼처럼 '무자기無自欺' 정신을 추앙해 보면 어떨까 싶다. 신독과 무자기는 긍정과 의식 혁명이 만든 사랑의 결정이다. 지독한 사랑은 그렇게 기도의 그림자를 닮았다.

꼴찌 교수의 **긍정 혁명**

초판 1쇄 인쇄 2025년 7월 5일
초판 1쇄 발행 2025년 7월 10일

지은이 김성삼
펴낸이 조승식
펴낸곳 도서출판 북스힐
등록 1998년 7월 28일 제22-457호
주소 서울시 강북구 한천로 153길 17
전화 02-994-0071
팩스 02-994-0073
인스타그램 @bookshill_official
블로그 blog.naver.com/booksgogo
이메일 bookshill@bookshill.com

ISBN 979-11-5971-695-9
값 18,000원

* 잘못된 책은 구입하신 서점에서 교환해 드립니다.